拆掉思維裡的牆

改變心智模式，過你想要的人生

古典——著

目錄

4 心智模式決定命運

5 成功學不能學

6 如何找到熱衷一生的事業

7 原來我還可以這樣活

8 幸福是一種轉換力

推薦序

讓我們的生命有自己的價值

俞敏洪・新東方教育科技集團董事長

還記得第一次見到古典是2002年。他在新東方樓下發GRE[1]班的傳單，我邀請他到我辦公室，並且對他說：「我希望你成爲一個比我更好的詞彙老師。」他告訴我他叫古典，後來，他成爲新東方優秀的老師。我知道那一年，是他人生中的一個絕望之年：失戀，想逃離出國，放棄自己的專業。新東方眞正吸引他的，應該是新東方從絕望中尋找希望的精神。

後來，我們有了更多的接觸，我們會一起到北京延慶的康西草原騎馬，也會在教師培訓會議上見面，因爲古典是新東方的培訓師之一。2008年，汶川地震，全國告急，我從美國飛回北京，一落地就直奔災區。在去災區之前，我就得知古典已經在災區做志工了。受到古典的啟發，新東方向災區先後派遣了幾十名老師做志工，爲災區的孩子們做心理輔導，給他們上課。古典的愛情也和災區志工有關，新東方的一名女老師，和古典在災區工作時，同甘共苦，最後互相愛慕，終成眷屬。

古典的理想不僅僅是成爲一個新東方的優秀老師，他希望能夠通過自己的努力，成爲一名優秀的人生道路設計師，向青年人傳播他的理念，傳遞他的生命價值。他從零開始，重新規劃了自己的人生。他收集並研究各種成功案例和心理案例，並且按照自己的方式編成課程，把其中的道理講給其他人聽，古典逐漸形成了一套自己的理論體系，儘管還是有點青澀，但可以看到他思想的大氣。這本《拆掉思維裡的牆》就是他的思想成果之一。

在這本書裡，古典講了很多關於生命的價值、積極的心態與職業發展的故事，這也是他在新東方的成長經歷與所感所得。通過一個個小故事和案例分析，再結合親身感受，他把「思維之牆」對人的限制講述得淋漓盡致。這種自我剖析與自我超越並存的快感，使閱讀這本書變得非常有趣。

新東方老師的著作一般都是英語學習讀物，能夠寫出思想性和趣味性並存的人鳳毛麟角。古典的這本書，我能夠一口氣讀完，表明了其內容的可讀性和觀點的新穎性。非常高興能看到，古典在幾年的不斷努力之後，找到了自己的發展路徑和心靈寄託，而且開始為更多的人提供幫助。

❶ 美國等國家研究生入學資格考試。

推薦序——

拆掉思維的柵欄

傅盛・獵豹移動CEO

有一年年底，我獨自一人，從北京開車到廣州，一路近3000公里，都在思考一個問題：人和人的差別究竟在哪？人和人之間爲什麼會有差別？我想到了一個詞：拆掉思維的柵欄。

後來，我在機場看到了《拆掉思維裡的牆》這本書，心有戚戚。我一般不看成功學的書，事實上我也不認爲這是一本成功學的書，因爲作者的思考給了我很多啟發。

我發現，有時候限制就是限制本身。你認爲做不到，你就眞的做不到；你覺得自己可以更強大，你就眞的會變得更強大。

你有沒有想過，眞正限制我們的，是我們思維裡看不見的牆，而這堵牆很大一部分來自內心的不安全感。

我認爲安全感的本質不是你眞的安全，而是你不害怕危險，敢於面對困難。記得有人問過我：「上市後最大的收穫是什麼？」我說，最大的收穫可能就是內心的所謂安全感，面對這個世界時，內心的想法沒有了那麼多限制。

每個人都在追逐安全感，這很正常，但很多人成了安全感的奴隸。什麼是安全感的奴隸？

就是害怕改變，保持現狀，聽信他人。追求安全感是人的本能，但安全感的獲得必須通過內心眞正的強大。安全感是給予，不是索取。恐懼越多，索取越多，不安全感反而遞增。

正是因爲很多人對這個世界充滿了恐懼，當生活中遇到困難時，我們很多人才不自覺地變成受害者，這就叫「受害者心理」。這種恐懼和不安全感，滋養了一種受害者心態。遇到困難的時候，你總會覺得世界不公平，充滿了各種問題。這本書的作者把這種模式稱爲「受害者天堂」。

什麼叫受害者天堂？就是受害者最願意去的地方。大家聚集在那兒，彼此安撫，覺得人生果眞如此。作者還總結了受害者天堂的幾個法則。

受害者天堂的第一個法則叫推卸責任，保住面子。

一切問題都不關我的事，不是我的錯。

如果一個孩子沒學好，父母問起來，受害者就會說，不是我不好好學，是老師講得不好；如果一個任務沒完成，上司質問時，受害者就會說，不是我的問題，是客戶太變態。

受害者有一整套這樣的邏輯：不是我的問題，是別人不好；不是我的問題，是我小時候沒這個條件；不是我的問題，是這個社會太浮躁。**在受害者天堂，大家從來沒犯過什麼錯，美德都是他的，錯誤都是別人和社會的**。

當然，他們也沒做成過任何事情。作者在書中提到，受害者也不需要成就什麼，他們只要不斷地傾訴和編故事就好了。但問題在於，這個故事一開始很眞實，後來慢慢就開始誇大，然後自己也慢慢相信了——他生活在一個老闆變態、老婆不可愛、老師不好的世界裡。

很多同事向我抱怨自己有多難，其實那些所謂的「難」，在我面前根本就不算什麼。我們創業的時候多難呢？那個時候，因爲要趕工作，我連爺爺最後一面都沒有見到。下了汽車後，我都不敢回去，坐在路邊哭了好久。就在那種情況下，我每天還要打電話催促大家幹活。

但是，每當我說到這兒時，他們還有一招，他們會說，你是老闆，所以應該的啊。這就是蛋和雞的問題。難道我從第一天開始就是老闆嗎？這又是個萬能的破解法。

總之，在受害者天堂，一個人做不好事情，絕對不是個人能力的問題，而是這個事情有問題。

受害者天堂的第二個法則就更進一步了，叫安心做壞事。

在職場中，很多人每天不努力工作，也可以心安理得，爲什麼？因爲他們覺得，這個公司太爛了，這個老闆太變態，太不理解我們，所以我這樣就很好了。

美國有一項研究，在新新懲教所中，幾乎沒有哪個罪犯會承認自己是壞人。他們會爲自己的所作所爲辯護，他們都堅信自己不應該被關進監獄。**很多做壞事的人都擁有一個完美的受害者故事。**

當部門經理的時候，我會告訴組裡的人，跟著我很苦，要是覺得不舒服就換一個機會，但只要你留在這裡一天，就要對得起自己的每一天。別說對得起這家公司，首先得對得起自己，還有什麼比自己的時間更寶貴的呢？所謂的爲公司打拚，不就是爲自己努力嗎？如果這個都想不通，還心安理得，就別一起幹了，否則，不如自己找一個更舒服的環境。

事實上，這個世界根本沒有讓你舒服得一塌糊塗的環境，必須自己變得強大，才能勇敢地面對這個世界。

受害者天堂的第三個法則叫分享「淒慘故事會」。

受害者都有一個共同嗜好，就是比慘。大家聚在一起分享各種淒慘故事，最後演變成淒慘故事會。

這種淒慘故事會，不只存在於人們茶餘飯後的談資，整個社會都變了樣。比如，每個電臺都有一檔節目或好幾檔節目，在講述誰比誰慘。在這種節目裡，老婆必須出軌，男友一定不忠，兒子肯定不孝順，收視率還相當高。因爲看過這些節目的人都會找到安慰，原來世界上還有這麼慘的事情。

每個人都在別人的受害者故事中獲得不少廉價的快樂和虛無的安慰。

作者在書中也舉了很多生動的例子。在受害者天堂，如果你失戀了，你的女閨密會聚集過來陪你喝酒，說男人沒有一個好東西（難道她們都試過了？）；如果你上午被老闆罵了一頓，你會很快地被吸收進公司的受害小隊，他們中午聚餐的主要任務就是一起討論老闆有多變態（我也不知道自己被討論過多少回了）；如果小孩子不小心摔倒在地，哇哇大哭，家長不會責怪小孩沒走好，而是會打地板說「地板錯錯錯」，最後小孩子開心地笑了。

我們在這樣一個天堂裡，居然浸泡其中，慢慢習慣，然後沉浸，開始分享。

受害者天堂幫助「受害者」輕鬆獲得同情和幫助，就像一個人生病之後，就覺得可能有人會看望他一樣。他們在這個舒適的受害者天堂，陷入了無盡的情感黑洞。

但是，怎麼辦呢？其實核心就是自己去掌控。首先要承認一個殘酷的現實——這個社會就是不那麼公平，但這並不影響你在社會上快樂地工作。

那麼，如何才能從一個受害者變成一個掌控者呢？

不妨先進入一種誠實的思考：不管什麼情況，你都可以負全責。只要你願意，你就可以做得更好，甚至可以做一種心理假設——如果把所有經歷過的事情重新倒推一遍，所有條件都不改變，只有自己改變，你能否得到一個更好的結果呢？如果答案是Yes（是的），那麼你就開始進入掌控者的角色；如果你的答案是No（不是），那你認爲自己以前已經做得足夠好了，所有的不好都是別人的問題。

回想跟徐鳴創業的時候，我們兩個人經常把自己鎖在辦公室裡相互檢討，不斷反省哪件事情沒做好，哪件事情還可以更好，會不會有更好的選擇。我以前認爲這是個簡單的問題，後來跟很多人交流，發現這個問題並不容易，因爲很少有人願意去面對否定的自己，那個過程很痛苦，需要不斷拋棄過去的自己。

你經歷過的所有事情，其實都是你的財富。

這讓我想起柳傳志寫給楊元慶的那封信，當你是一個「火雞」的時候，別人不會認爲你比他大，這時候，你可以反思一下，我眞的做得足夠好嗎？

這個世界就是這麼不公平。你做得只是好一點，別人是不認的；你必須做成一隻鴕鳥，比雞大得多的鴕鳥，到那個時候，所有人才會說你好。

如果你覺得世界不公平，可能本質上還是你不夠強大，你還沒有做得足夠好。

其實，人與人之間的差異並沒有我們想像中的大，與其說是智商的差異，不如說是思維的差異。我們生活在一個處處不公平的世界，我們無法改變這個世界的規則，無法改變自己的過去，但至少可以改變我們面對這個世界的心態，改變自己對於過去的看法，用一種新的思維模式，重新面對這個世界。

如果你願意，你總是可以掌控點什麼。誰沒有痛苦，誰沒有糾結呢？除非你的受害者模式讓你深深陷入抱怨與自憐之中。只要你願意用一種掌控者的心態去重新面對自己的工作和生活，你就會感受到幸福。

序言

你看世界的角度，決定了你的樣子

人和人之間，爲什麼差距和差異會那麼大，而且越來越大？是因爲各自的天賦、環境的不同，還是思維方式、做事方法？是運氣不佳還是選擇不對？自 2003 年從事教育行業以來，這個問題就不斷拉著我，穿過種種人生。

人的視野像手電筒，未知世界如茫茫黑夜。走在清涼黑夜裡，大師如同閃亮的星星，在頭頂若隱若現，我抓緊自己的手電筒，照著腳下，一步步前行，偶爾見幾個同路人，心生歡喜。

這個問題像天上的月亮，一直照著我。

我讀過很多書，見了很多人，於是有了些想法，並把這些想法在自己創辦的公司中去驗證。有些對了，有些錯了，就有了些認知，帶著這些認知去諮詢、授課、寫作，繼續思考。思考所得，積累下來，便成了書。

這些年來，我一共寫了《拆掉思維裡的牆》、《你的生命有什麼可能》、《躍遷》三本書，翻譯了兩本著作，編著了兩本教材《大學生職業發展與就業指導》、《生涯規劃師》，加上「得到」App（應用程式）上寫的 110 萬字的《超級個體》成長課，整體下來，有了近 300 萬字的數量。

此刻，距離第一本書《拆掉思維裡的牆》出版，正好11年。

11年是一個人從青澀到而立，是一隻狗的大半生，是一本書的好幾個輪迴。

從《拆掉思維裡的牆》到《你的生命有什麼可能》再到《躍遷》的歷程，就是這11年來我關於個人發展思路的升級之路，是從個體論到系統論的發展之路。

人和人之間，爲什麼差距和差異會那麼大，而且越來越大？

大家可能會告訴你，是因爲沒有刻意練習，沒有SMART[1]目標，是時間、精力管理沒做好，是讀書方法不夠高效，是你的個性和職業不符，是你的優勢沒有發揮出來。

而《拆掉思維裡的牆》的觀點是，問題出在最底層——你看世界的角度，即心智模式的問題。

✓ **安全感不是拿回來的，而是給回來的。**

✓ **無趣之人，其實是無膽之人。**

❶ SMART目標管理原則，其中的S代表specific（具體的），M代表measurable（可度量的），A代表attainable（可實現的），R代表relevant（相關的），T代表time-bound（有時間限制的）。

✓ 成功就是越走越近。

✓ 壞的開始等於成功的三分之一。

這本書將心智模式的7個問題一個個拆解：**怎麼看待成功，要不要躺平，如何有安全感，如何活得有趣，怎麼做自己，怎麼做職業選擇，如何理解與家人的衝突，並都給出了轉變心智之道。**

神擋殺神，有牆拆牆。很多人也在我的微信公眾號進行過60道「心智之牆定位器」的免費測評，通過定位報告，初步看到了自己的思維之牆。《拆掉思維裡的牆》的核心思想是**自我全責**——如果你全然爲自己負責，你就有能力改變命運；如果你不擔起這個責任，任何方法論的缺陷、環境和基因的不公，都會成爲你推責的對象——這樣的人生只有抱怨，沒法進步。我們後來把書評裡出現最多的一句話變成了這本書初版時的副標題——原來我還可以這樣活！

不過舊牆拆掉，新問題又出現了。

當人們知道了自己能夠全責選擇人生的時候，他們是更自由還是更迷茫了呢？一陣興奮過去，他們更迷茫了——以前我們還可以怪社會、怪父母、怪上司，現在只能怪自己啦，那接下來該怎麼辦？

這是人類進步的必經過程。尼采曾經大呼「上帝已死」，但這之後，歐洲人並沒有更幸福。人從上帝那裡拿回了自由——再沒有人總給我記著小本本，讓我等待末日審判了；也沒有了天命，沒有了安排，好爽！但他們馬上意識到，沒有了造物主的安排，他們必須自己安排自己，並爲結果負全責。這和高三學生到了大學，第一學期突然沒人管了的懵懂感是一樣的。之後長達30年，歐洲整體陷入了虛無主義，然後，現代化、科學的思潮就出現了。

認知的打開，必須有科學方法論的支撐，否則就僅僅是個顱內高潮。

《你的生命有什麼可能》就是這麼出來的，它是承接《拆掉思維裡的牆》的實踐手冊。《拆掉思維裡的牆》是心法，《你的生命有什麼可能》是技法。我在《你的生命有什麼可能》這本書裡提出了「**人生四度**」理論：除了追尋名、利、權的主流價值，人生至少還有4種努力方向，即高度、深度、溫度和寬度。另一個理論是「**三葉草**」**模型**，即除了沿著職級、工資的框架向上爬，每個人還可以通過培養興趣、提升競爭力、培養定見，推動自己的「**興趣—能力—價值**」內在成長飛輪，把職業改造成「在熱愛的領域努力地玩」。

有了這些切入點和方法論，人生會多出很多可能。

《你的生命有什麼可能》的傳播程度遠不及《拆掉思維裡的牆》高，可能因爲想做到的人遠遠比想知道的人少吧。

對於個人發展的差異之問，在這個階段，我會說，**看清人生眞相，做聰明的努力，爲自己負全責**。

但等到寫《躍遷》時，這個答案有些不同了。

一是週期長了，對個人發展的問題觀察已經拉長到10年。一年看不明白的事，三年有點眉目，十年清清楚楚。二是我的眼界也開闊了，從熟悉的教育培訓、人力資源和心理學，走到了互聯網、電商、職業教育、知識付費等行業。三是視角的多變，我從諮詢師逐漸成爲經營者和投資人，經常早上做諮詢、下午開管理會，偶爾還參與個投資決策。多層次的站位，讓我深度理解「做自己」這件事，哪些完全是文字上的理想主義，哪些是眞實生活裡的光，必須堅持下去。

當再回來看這個問題，我發現「做聰明的努力」這個答案，逐漸被「**選擇大於努力**」取代。當年進入互聯網、汽車、電商這些快速發展行業的人，或選擇某個專業領域深耕的人，無論在收入、眼界、思考深度還是幸福感上，都遠遠比他們的同學要好（除了髮量）。即使行業衰落，他們轉型的選擇空間也比別人多。雖然過去的選擇常常是無意識的選擇，但這整整一代人的人生實驗總結出的規律，卻可以指導我們的未來。

小成靠聰明的勤奮，大成靠明智的選擇。

從短期來看，心態認知方法論最重要；從長期來看，開闊視野、做好選擇、借力系統是人生複利。這種規律短期被小得小失、快意情仇掩蓋，等到這種複利拉出一條陡峭的增長曲線，外人會驚呼：他們在「躍遷」！

這裡再強調一下，我說選擇大於努力並不是說要偷懶不努力，恰恰相反，做選擇是所有能力中最難的一項，它是你所有經驗、認知和勇氣的體現。要做好選擇，需要戰略層面極大的雄心和定力，還需要很多認知和工具。

《躍遷》這本書討論的就是「**借力**」二字。書中拆解了古往今來實戰高手的策略——高手爲什麼都有自己的「暗箱」；他們如何定位自己，成爲頭部；如何借力他人，連線學習；如何系統思考，層層破局；如何培養自己的眼光和定力。

人和人之間，爲什麼差距和差異會那麼大，而且越來越大？在這個階段，我會說，**不僅要聰明的努力，更要和大時代、大系統共生，借力與連線並用，實現躍遷。**

近十年，**從個人論到系統論，同樣的觀點轉變也發生在企業管理、個人成長領域。**公司培訓的熱門課，從「把信送給加西亞」、「請給我結果」的心態突破，到「高效能人士的7個習慣」、「時間管理」的方法論升級，再到「抓住風口」、「點線面體」的整體戰略共識。

在心理領域，一個人的困境不再僅僅被認爲是他（她）的認知、情緒，甚至是精神的問題，而更多的是被放到原生家庭、社會文化大背景下討論。

比如，一個小時候受過原生家庭傷害，盯著孩子練鋼琴時，總忍不住暴怒的父親尋求諮詢。過去，諮詢師的建議往往是覺察、深呼吸、轉念，找安全的地方自我療癒，然後面對孩子純粹的愛。但這套修煉也太難了吧！當爹修煉成這樣的時候，孩子估計也都成年了。

家庭系統諮詢的思路，則是把孩子和父親當成系統，一起面對這個問題。讓孩子聽到爸爸的煩惱，最後讓孩子意識到，爸爸的很多怒火不是衝自己來的，而是爸爸沒能控制好他自己。孩子先是不再自責和害怕，甚至會嘗試理解和原諒爸爸。爸爸也學會了在事後及時道歉，並且獨自去完成自己的功課。在融洽的父子（女）關係裡，這件事情成爲他們更親密的機會。系統觀點認爲，重要的不是單個元素，而是元素之間的關係。

不難看出，系統論的思路更快，它不強調對錯，而是直擊問題。

從認知到方法論再到系統論看問題，這是人類認識事物、層層展開的認知過程。

不過，這不是說小明吃了7個包子飽了，小強現在就該直接吃第7個包子，我們還是需要從思維「拆」起——沒有「自我全責」，就不會有「聰明的勤奮」；缺乏基本的執行力，就別談什麼「高手戰略」。這三部曲，還是要一步步慢慢來。

這就是《拆掉思維裡的牆》、《你的生命有什麼可能》和《躍遷》的脈絡，也是把它們串到一起的初心。金庸先生把自己作品之書名首字編了首詩：飛雪連天射白鹿，笑書神俠倚碧鴛；而我只夠湊個對聯：**思維可拆牆，人生能躍遷**。

交代了三本書的脈絡，接下來說說新版《拆掉思維裡的牆》有什麼不同。

記者曾問圍棋大師吳清源，平日研究誰的棋譜，吳清源說自己的。一位棋手研究最多的棋譜，一定是自己的。一位作家閱讀次數最多的書，也一定是自己的。修訂其實比寫還要難，就是要反覆看自己的文字看到吐，再慢慢加加減減。

新版針對集體的「躺平」、「慢就業」等話題，增加了整整一章，共17000多字；調整了部分章節結構；刪減並更新了最新的理論、案例、典故、考據124處；調整了一些文字表達，讓它更加適合今天讀者的口味，大概有400多處；封面重做，版式重排，部分插畫重畫，讓視覺整合統一。

最後說說整體下來的感悟。

在《躍遷》裡，我借用彼得・德魯克的觀點總結出自己的創作閉環：用諮詢驅動，用講課整合，用寫作產品化；還搞出來一個IPO（輸入問題、解決問題和輸出產品）閉環，煞有其事。很多知識型工作者表示很喜歡，並將其用作工作方法論。

但老實說，這套方法不是想清楚再開始的，而是做明白回來歸納的。當初，別說寫這本書，就是寫作於我都是一個偶然。我第一本書的編輯澤陽，當時是我的學生，聽了我的課後對我說：「現在聽你講課要2000多元，有沒有可能寫本書，以後別人學就只要幾十元？」這個問題打動了我，於是開始寫作。

自此以後，我的寫作一發不可收拾，這一路上，很多前輩提攜我、支持我，爲我作序、推廣；很多同行同事關心我，給我很多建議和回饋意見；家人以我爲榮，即使寫作犧牲了很多陪他們的時間。與此同時，這十年來，在中國個人發展領域湧現出越來越多、越來越好的原創作品，以及越來越多善思會寫的讀者，這讓我十分興奮。今天我還在寫，並且準備一直寫下去，寫得更多。

這就是人生的有趣之處：出發常常是偶然的，到達卻是你選擇的。手攥著一顆小珍珠，就可以出發，遲早你會找到很多珍珠，找到穿珍珠的線，把它們串成項鍊。

回到開頭那個拿著手電筒找答案的夜裡，月亮和群星依舊在頭頂，我卻不再是那個步行探索的人——現在的我在滑雪。

時代的趨勢、社會的系統和種種機會，是月光下泛著銀色光芒的大小山峰，我順著山形，保持重心，腳尖輕輕用力，判斷自己要拐入的一個個路口和坡道。慢慢地，眼前的視野越來越寬，耳邊是風聲和雪花的輕撫，月亮當空，我的心裡越來越安定了。

古典・2021年9月

1

有意思
比有意義更重要

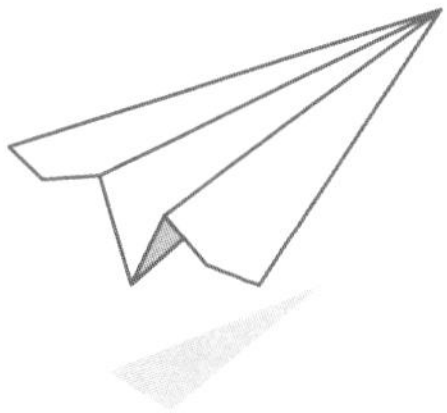

不要去想人生的意義

「你覺得人生的意義是什麼？」
「什麼是我能熱愛一生的事？」
「什麼是我最獨特的天賦和熱情？」

我做諮詢，天天都會遇到這樣的提問。

我的回答常常是：「就從做點你覺得有意思的事開始吧！有意思比有意義更重要。」

大家往往會很詫異地盯著我，覺得我墮落了。他們以爲我要正色告訴他們，要做生活的高手，不能「躺平」，要爲夢想奮鬥，要爲中華崛起而讀書，要拚命刻意練習，要相信自己是10萬小時的天才，因爲殺不死你的會讓你更強大。

抱歉，這些這本書都不會講。當然不講不代表我反對，我只是更想說：**有意思比有意義更重要。**

對於意義的追尋和精彩的熱愛，我已經刻在了骨子裡，這在我的文字裡到處都能看到。

人生的意義是什麼？

這個問題像是我的某種慢性病，在我的生命裡每隔幾年，每進入一個新領域，每遇到一個新階段就跳出來，折磨我，質問我。王小波說，人在年輕時，最頭疼的一件事就是決定自己這一生要做什麼。我不知道他年長以後頭還疼不疼，反正我還是一直覺得很困惑。

大學時，我讀羅曼．羅蘭的《約翰．克利斯朵夫》；我信仰羅素的人生意義：對愛的追求、對知識的渴求和對人的悲憫；很多個除夕之夜，我都沒看晚會，一個人戴著耳機聽唐朝樂隊的重金屬搖滾；3月，我去過海子的故鄉，為他默哀。

後來去了新東方，我感動於「從絕望中尋找希望，人生終將輝煌」的新東方精神，我相信「每個人都是一棵樹，只要給予足夠多的養分，終將成長為自己喜歡的樣子」的人本主義，我信仰「People are Ok」（人是沒有問題的）的教練原則；我把賈伯斯的人偶放在桌子上，提醒自己要改變世界；我的案頭放著《人類簡史》、《反脆弱》，相信《原則》、《有限與無限的遊戲》；我還請很多人給我講老莊，講《金剛經》、《心經》、《大學》，還有熱心的佈道者給我講解《聖經》、《古蘭經》，這些經典都深深震撼過我的心靈。

這些都是我追尋意義的腳步。

不過這幾年，我對人生意義、底層邏輯開始逐漸鬆綁。我發現人其實並不需要這麼多意義和模型，而且很有可能，學得越多越困惑，意義太多，就很難指導具體的生活。你要找到的，是現在最有感覺的那一個。

比如說經營公司這件事。很多人知道，我除了是一名作者、一個生涯規劃師，還是一名創業者。我創辦的「新精英生涯」已經是一家14年老店。中國七成左右的職業規劃師，都在新精英生涯學習過。我們的目標是幫助30%的中國人成長，成長為自己喜歡的樣子。

但慢慢地就會有一些朋友或投資人過來勸我：古典，你要把公司做大啊！10多年過去了，你的公司還這副樣子？你為什麼不再多努力，融資、上市啊？

這些話聽起來都很有道理，也有意義：

- ⊙公司上市，對於跟了我這麼多年的老同事，可以拿到一筆豐厚的回報，對得起他們；
- ⊙把公司做大，在更多的地方、更好的場地開發更多課，能幫助更多的客戶接觸新精英生涯；
- ⊙豐富職業生涯的產品線，拓寬營收管道，對公司本身的健康發展也有意義……

所以，有一段時間，我和我的同事開始寫標案企畫書，密集地見投資人，拜會投資機構……甚至最後已經和一家頂級的投資機構達成意向，按照他們建議的賽道設置了方向。但我始終隱隱覺得哪裡不對。

我羅列了那麼多把公司做大的意義，卻始終沒有問自己一個問題：「這件事，自己興奮嗎？我覺得有意思嗎？」

這個問題讓我冷靜下來。

我意識到，當時我們還遠遠沒有做好準備——生涯規劃領域還遠遠沒有大眾化，也沒有足夠多的需求、足夠的人才可以誕生出一家上市公司；作為創始人，我在商業方面還欠缺很多能力，需要找到對經營有熱情的合夥人；我們甚至要回答：一家針對個人發展的公司，有必要上市嗎？

此刻的融資，對我來說，更類似於給自己做了這麼多年的創始人交了一份答卷，「你看，我做得還行吧！」但這份得分只有80分的答卷，我又要交給誰呢？

在最後時刻，我決定暫停上市計畫。

我逐漸意識到，跳過自己的感受，僅靠巨大意義和價值來說服自己做事，是個坑：

- ✓ 出版社編輯說，影響力就是話語權，把思考變成文字，幫助社會進步最有意義。你要多出幾本書啊！
- ✓ 公益人對你說，面對受難的人，我輩怎能背過臉去？幫助弱勢群體最有意義。
- ✓ 新東方老領導會說，有沒有考慮過回來一起做？先在大平臺積累資源，以後再出去創業，速度更快啊！
- ✓ 團隊會說，我們幾個兄弟在一起奮鬥這麼多年，多賺點錢分了，大家開開心心地過日子，多有意義。
- ✓ 爸媽會說，人生就這一輩子，要好好地平平靜靜地過日子，教育好子女（「最好生個男孩」，我替我爸說一句）最有意義。

你看，他們說得都對，每件事背後都特別有意義：讀書有意義，寫作有意義，講課有意義，出版有意義，創業有意義，做大有意義。但是你還是不知道該怎麼選。無論怎麼選，事情都需要踏踏實實地去做很久，如果你的心力和精力跟不上就什麼也做不出來，那就等於做啥都沒意義。

我也犯過錯誤，比如只是因爲覺得有意義勉強接下來的項目，就很難做得好、做得久，最終把情懷做成了尷尬。

抱歉，沒有能在開篇以一個成功人士開頭。因爲我始終堅持：**眞誠比智慧更重要**。**沒有什麼能通往眞誠，眞誠本身就是道路**。

我們應該追尋人生的大意義嗎？有兩個心理學實驗，似乎能驗證我的感受。

一個故事來自維克多・E.法蘭克。我們都知道法蘭克是個猶太人，二戰期間被迫害關進了集中營，後來成了存在主義心理大師。

集中營裡糟糕的飲食、超負荷的工作，讓很多人受不了折磨而死去。但讓人詫異的是，最先死去的卻是原來被認爲最應該活到最後的人——那些身體健壯、受過良好教育的男性，而那些羸弱的老婦人卻往往活到了最後。

他通過仔細研究發現，那些身體健壯、受過良好教育的男性，一輩子被教育要做有意義的事、重要的事，來到集中營後，這些人反而覺得沒有意義、沒有出路了，有的選擇自殺，有的則在絕望中離開人世。倒是很多老婦人，整天思考怎麼把「家傳項鍊掛到兒媳婦脖子上去」，從而完成傳承百年的願望。爲了這個「不可推卸」的責任，她們最後很好地活了下來。

爲大意義而活的人因爲看不到頭而毀滅；活下來的人，則是在糟糕的生活裡找到了切實的、可實現的、可追求的小意義。

心理學家斯蒂格（Michael F. Steger）花了十多年時間，在「生命意義」這個話題上有了更深刻的洞察。他發現，知道自己生命意義的人，會更健康、更長壽。那怎麼才能發現自己生命的意義呢？他進一步把生命意義分成了**意義擁有**和**意義追求**兩個維度。❶

意義擁有是指，你能感受到自己的生命擁有什麼意義，清楚自己在追尋什麼。意義追求是指，你還在思考和探索：我的生命還有什麼意義？我到底該追尋什麼？我過成這樣是天降大任於斯人，還是拿了個倒楣劇本？

你看，意義擁有用來感知當下，意義追求則是追尋未知；前者支撐當下，後者拓展未來；一個走心，一個走腦。

接下來的結論有點反常識。斯蒂格進一步發現，越感知意義，我們的幸福感、自我價值感就越強；而越追求意義，我們的幸福感、生活滿意度和積極情緒就會越低。對，你沒看錯，是「越低」。

可見，追求意義是很費幸福感的事，所以哲學家、喜劇大師好像都不太快樂。

王陽明年輕時候也走過這條彎路，他是一個「富二代」＋「官二代」，立志當「聖人」，這是個大計畫。他天天在家裡「格竹子」，思考世界終極真理，結果什麼也沒搞出來。突然有一天，他受到巨大的迫害，先被投到大牢裡關了三年，後來被迫從北京返回老家，又一路被追殺，假裝自殺才好不容易擺脫了那兩個殺手。再後來被發配到蠻荒之地，一天目睹三個和他同命運的人死

❶ 楊慊，程巍，等．追求意義能帶來幸福嗎？[J]．心理科學進展，2016，24（9）：1496-1503.

去。於是，他徹底放棄了追尋，躺在石頭棺材裡，做了個思想實驗：死了會怎樣？他發現死了也不太可怕，「聖人之道，吾性自足，向之求理於事物者誤也」。這就是著名的「龍場悟道」。

王陽明都挑戰不明白的事，我們就更難走通了。回到普通人身上，如果你覺得現在活著沒什麼意義，還總關起門來思考「我的人生有什麼意義」、「我的使命到底是啥」、「我該如何改變世界」這種問題，你不僅很難想通，而且會越來越喪，最後陷入惡性循環：

思考意義

↓

想不明白＋很不快樂

↓

我一定是還沒找到答案

↓

繼續思考意義

↓

更加迷茫和不快樂

結果就是，你要麼陷入迷茫，要麼進入虛無，覺得凡事不如「躺平」。這是不是完全和思考「人生有什麼意義」這個初心背道而馳呢？

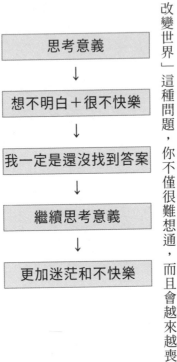

有個學生過來向我抱怨。

「古典，我的人生毀了，我只差兩分就能上北大，可現在只能在這個爛學校。我永遠也不可能變成我希望的精英了，我的人生還有什麼意義呢？」

為了證明這個「永遠也不可能」，他接著舉例子。

「你知道這兩所大學差距有多大嗎？北大有1000多萬冊藏書，我們這個鬼學校，只有不到10萬冊，完全沒法比。」他歎氣道。

「那你看了幾本呢？」

他矇了，撓撓頭說：「3本吧。」

我當然不是要對這個學生說，你要過得越爽越好，「躺平」拉倒。人除了眼前的苟且，得有點詩和遠方，但要去遠方，你往往先要走出眼前這攤苟且。

偉大的夢想不是想出來的，而是做出來的。

我想說的是，**你現在能感知什麼意義、認同什麼目標，就先好好地體會這個意義，爲這個目標行動**。

如果你現在希望自己在某方面做個很厲害的人，那就踏踏實實地讓自己去練習；如果你覺得當下重要的是賺錢，讓自己租個好點的房子、養隻喜歡的貓，那就踏踏實實地去賺錢。

你可能並不需要馬上就成爲精英，拯救世界，你可以先把自己「撈」出來。當你有一天能改變世界的時候，你會有感覺的。反過來，那些天天想假大空意義的人，一旦發現驅動不了自己，就會轉而教唆別人尋找意義：

✓ 對「碼農」說：你的App每天都會服務很多使用者，讓他們生活更便利、充滿幸福感。

✓ 對公路收費員說：你的存在讓公路更通暢，家人更快團聚，安全到家。

✓ 對考試通不過的人說：殺不死你的會讓你更強大，這次失敗能讓你把知識再鞏固一次！

✓ 對被潑髒水的人說：你自己是不是也有做得不好的地方？你要不要反思下自己啊？

修養好的人聽完，可能出於禮貌表示認同，但心裡不爲所動；要遇到性格火爆的，可能就不是什麼好聽的話了。比如有人勸郭德綱大度一點，郭德綱說：「我最煩那種不知道什麼事，就勸我要大度一點兒的人。你知道我經歷了什麼？」

所以，我的建議是，不要去想什麼憋不出來的大意義，就從你感到有意思的事開始做起。能看到詩和遠方固然好，如果看不到，實踐一下你關心的小目標也挺好。

價值不分高低，每一個都很珍貴

你也許會說，不對，人生需要一個宏大的意義，這樣人生才有價值。比如我就聽過一個「三個工匠」的故事。

三個工匠蓋教堂。

一個無精打采，一個興致勃勃，一個兩眼放光。第一個工匠認為他在為生計被迫勞動，第二個工匠認為他在賺錢養家，第三個工匠認為他在為神做聖工。

這個故事常用在企業培訓中，想傳達的意思是，**當你看到做事背後的更大意義，你的人生會完全不同。**

結論並沒有錯，但落腳點有問題。

首先要恭喜這三位工匠，他們在邊做邊想，而沒有躺在家裡苦思：蓋教堂的意義是什麼？養家糊口的意義是什麼？人類需要工作嗎？工作的意義又是什麼？

想不想得出來答案另說，不出一個月三個人都得餓死。

但我並不覺得第三個工匠最偉大，我覺得他們一樣好。

在真實的生活裡，你會發現這三個工匠往往來自不同的環境，有不同的境遇，面對不同的難題，這些都影響著他們追尋不同的意義。第二個工匠也許來自大家庭，從小受到族人的支持，學得這門手藝，養活一家人對他來說是件既浪漫又辛苦的事。第三個工匠也許從小受到宗教或美學的薰陶，這讓他能穿透圖紙看到宏偉的大教堂。至於第一個工匠，他有那麼不堪嗎？也許他正掙扎在生存線上，快點賺錢填飽肚子，沒有什麼不好。等他吃好了、穿暖了，他也會開始想更多的意義。

古龍的小說《多情劍客無情劍》裡講述了一對廚子在飯館打烊後，在後面廚房給自己炒了盤菜，找了點小酒，很愜意地對飲，舒服了一兩個時辰。古龍說，他們還活著，就是因爲一天還有那麼一兩個時辰。我喜歡古龍這種閒筆，好的作家藏不住價值觀。

對這些人來說，這就很有意義。

命運把我們丟到不同境地，接受自己擁有的，追尋自己想要的，做好自己能做的，這就是最好的意義。即使這個意義看上去沒那麼「有意義」也不要緊。

我曾經帶幾個企業家去鄉村小學探訪，那裡是我們定點捐贈的公益學校。在校長辦公室門口，我們看到了款項分配公告：

捐贈款額度：每月300元。

發放人：張二狗（編的假名）。

情況說明：家裡父親工傷致殘，母親智力減退，姐姐輟學在家。

和我們一起去的一個企業家「炸」了。她是個有愛心、有良知的人，她質問陪同的校長：「你們怎麼能夠通過暴露孩子的隱私來發錢？你知道這對孩子的心靈會造成多大傷害嗎？」

校長面對指責，轉過身來，不卑不亢地說：「我當然知道這樣對孩子的傷害很大。我也是師範大學本科畢業。但你知道嗎？我們這個班每個孩子的家庭都很苦很苦，很多人一個星期只帶著3斤大米來學校，連菜都吃不起。我不這麼寫，這筆錢就發不到這個孩子手上，這個孩子就連來都來不了了。」

所有人都愣住了，我們都知道，他說得對——在任何話語體系中，饑餓都是更大的眞理。這世上也許未來、也許另一個學校會想出更好的方法，但在此時此地，這位校長做的才是眞理。

這種價值，是不是比概念上的公益更接地氣？

順帶說一句，我做公益很多年，非常反感那種「詐屍表演」型捐贈，即爲了社交或者立人設，在朋友圈號召一堆人各自捐點錢，然後找個攝影師開車找個鄉村小學，捐錢，拉橫幅，拉著孩子們合影，然後在朋友圈發圖配上矯揉造作的文字感悟，但從此對捐贈對象不聞不問。他們這是用孩子的尊嚴完成自己的愛心演出。如果出於對窮困的無知，是蠢；如果明知故犯，是壞。

所以，**我們是不是允許，每個人可以有基於自己水準的生命意義？**或者，**我們至少應該承認這種沒那麼高大上的目標，也很有意義？**

這些年，總有成功人士苦口婆心地對年輕人說，你們要有宏大理想，不要庸庸碌碌，不要追求熱門，要思考爲中華崛起而讀書……這些道理固然好聽，但常常不好用。年輕人聽不進去，因爲那是這些成功人士現在要追尋的意義。

回到這些成功人士年輕的時候，他們何嘗不是爲了一個城市裡的安穩之所、一個喜歡的人或一份更高的收入而奮鬥，才到達今天的高度呢？

反過來說，如果一個人活到了50歲，還在堅持自己十五六歲懵懵懂懂時立下的志向，這些年，他沒有格局的提升，沒有更高的追求，這樣的人生是不是也挺狹隘、挺悲哀的？

立志很重要，但要讓一個人20歲、30歲決定自己一生，實際挺荒謬的。生命是一個持續不斷的積累過程。人的各種能力、眼界會隨著年齡的增長而成熟，他能一扇一扇地推開他面前的門，看到更大的世界。

有一次我和俞敏洪老師一起吃飯，同桌有個小同學很崇拜他，一直盯著他。找到一個機會，他就用《贏在中國》的語言慷慨地問：「俞敏洪老師，當年你為什麼要放棄北大教職，開辦新東方這樣的學校？」

老俞放下筷子，有點尷尬地說：「嗯，當年我是被開除的。」

這位同學有點失望，歇了一會兒又問：「那你辦校的第一性原理是什麼？」

老俞估計沒理解什麼叫「第一性」，他說：「我老婆嫌我掙錢少，於是我就出來開班了。」

那位同學最後拋出了個大話題：「那是什麼讓你決定上市，用美國人的錢做中國人的教育？」

老俞又說：「我就是不知道能上市，於是一個班一個班好好地教，一個學生一個學生好好地服務，結果就自然成了。」

我和老俞一起講過萬人的勵志大講座，也曾喝酒講過許多玩笑話，但那一瞬間，是我最欣賞他的時刻。

偉大的夢想是事後總結出來的，當時，你需要的就是一個行動的小意義，比如：

- ⓥ 用幾年時間體驗一下一線城市的熱門行業，看看世界有多大；
- ⓥ 有個想賺錢的野心，然後踏踏實實地幹；
- ⓥ 用自己的積蓄養好一隻貓，把牠安置在自己租下來的、按自己喜好佈置的一個向陽的套房，週末時和好友痛快地玩一盤劇本殺……
- ⓥ 未來的三年裡，你要做點什麼有意思的事？
- ⓥ 如果還想不通，那麼未來一年呢？一個月呢？一週呢？一天呢？未來一小時呢？

行動起來，走出自己的一小步。

有意思比有意義更重要

「有意思比有意義更重要。」

我想現在也許你更能理解我這句話的意思。

有意義聽上去很崇高，還有各種名人故事加持，但其實很多只是事後總結，並不一定適合你。有意思就不一樣了，它們來自你的內心感受，讓你覺得有意思的事，意義往往也就藏在其中。

如果說，「有意義」來自社會的提倡、榜樣的牽引，那麼，「有意思，我想試試看」又是怎麼來的呢？

「人爲什麼做他們所做的事？」哲學家、思想家鑽研這個問題已經2000多年了。古希臘哲學家蘇格拉底、柏拉圖說，人的行爲是爲了享樂。20世紀初，佛洛伊德學說認爲，人被驅動，是因爲潛意識裡有生本能和死本能，也就是說，人的動機來自自己也不懂的本能和潛意識。

到20世紀60年代，亞伯拉罕．馬斯洛畫出了著名的需求金字塔，說人的動機是要滿足自身需求，完成對自己的期待。到80年代，愛德華．L.德西、理查德．瑞安提出了自我決定論，他們認爲動機主要和人的認知有關，這也是目前心理學最被主流認同的理論（見下頁）。

自我決定論認爲，人之所以爲人，除了滿足基本的生理需求，還有獨特的心理需求。我們的內在動機裡天然蘊藏著三種需求，即自主感、勝任感和歸屬感。

拿上班來說，什麼工作是你願意主動去做的呢？

自主感會想：「我能不能自己掌控工作節奏和內容？」

勝任感會想：「這件事我能學得會、搞得定、做得好嗎？」

歸屬感則會在意：「我喜歡和這群人工作嗎？」「我覺得服務這群人有意義嗎？」

這三種感受越強，這件事對你就越有意義，你的心就會主動給你搖旗吶喊，這叫作**內部動機**。

不過這個世界上完美符合你心意的工作不好找，大部分工作給你的感受是：「我就是爲了掙點錢。」爲什麼掙錢呢？因爲不掙錢就沒飯吃、沒錢花、不自由、「注孤生」❶。

這種爲了外部原因（如收入刺激、父母誇獎、社會榮耀等）實施的行爲，驅動的就是**外部動機**。

動機心理學發展歷史			
	第一代（20 世紀初）	第二代（20 世紀 60—70 年代）	第三代（20 世紀 80 年代後）
歷程	哲學範疇、未獨立研究領域	行爲主義向認知轉變	以目標爲核心研究對象，與認知結合更緊密
核心概念	意志本能	期望目標、成就動機	自我決定論
代表人物	佛洛伊德 克拉克・赫爾	馬斯洛 大衛・麥克利蘭 弗雷德里克・赫茨伯格	愛德華・L. 德西 理查德・瑞安 卡羅爾・德韋克 彼得・戈爾維策

資料來源：開智學堂認知與閱讀訓練營秋季班。

「人爲什麼做他們所做的事？」

我們做大部分事情，都是內外動機的結合。一件事內部動機越多，這個人的表現和創造力就會越好，也越持久、越容易成功。

這就是爲什麼，你越是把過程本身當成獎勵，表現就越好；反過來，越是求結果，越是給自己設定「一定要成功」的框框，越會「死」得慘。你現在明白爲什麼那些「我要一年讀100本書發朋友圈」、「我要每天6點起床打卡」的動作，往往最後堅持不下來，堅持下來也收穫不多——因爲你的動機更多的是在炫耀，而不是享受。

心理學家劉軒有一次和我聊天，說起他在美國求學的兩次考試經歷。

第一次是考SAT（美國高中畢業生學術能力水準考試）。他為了這個考試複習了好幾個月，眼睛熬成了熊貓眼，天天還心驚膽跳。在考試前一天，他竟然染上水痘，根本沒辦法參加考試。事後想起來，這是嚴重的心理壓力導致的免疫力降低，看似不幸，其實是心病。

第二次經歷是他想考當地很好的一所私立學校，也是整天擔心得要死。最後他爸爸對他說的一句話幫他化解了這個心病。

「你去試試看，反正你也考不上。」

劉軒聽後一下子就放鬆了，這個考試變成了一次「試試看」，甚至是遊戲。那次考試，他表現不錯，被錄取了。

劉軒的結論是：狀態最重要。

有意思比有意義更重要，說的是內在動機的指標比外在動機更靈敏，更指向成功。所以，爲自己製作一個「有意思問題清單」，問問清單上的每件事情：有意思嗎？

- **在毫無壓力的時候，我也願意這麼選嗎？**
- **如果有代價，我願意付出這個代價嗎？**
- **這件事的難度我搞得定嗎？我能持續在這件事上做得很好嗎？**
- **我有足夠的資源嗎？**
- **我喜歡和這個領域的人在一起嗎？**

當遇到新選擇，你不妨試試看這些「有意思」的問題。它們像一個漏斗，幫你把事情篩了一遍，留下的就是最接近「有意思」的事情，也是最好的選擇。

有意思，就是你的那把尺。你經歷的「有意思」的事情越多，你就擁有越大的自主權、能力和安全感，你也能慢慢打開更多有意思的事，讓生活變得越來越有意思。

至於那些正確而無感的事，可以先放一放。它們要嘛還不到時候，要嘛根本不是你的菜，要嘛根本就沒那麼正確。

❶ 註定孤獨一生。

你也許還會擔心，如果一直這麼有意思，是不是就沒法成爲一個有大格局的人？不會的，人生好像爬山，你坐在家裡打算怎麼爬珠峰，怎麼能想得明白？你要做的是先爬自己能搞得定的香山；在香山頂上，你也許會遇到人邀請你去爬五臺連穿路線；在那裡，你有機會遇到專業登山隊員，他們會告訴你可以去四姑娘山訓練試試看；最後，你也許眞的有機會挑戰珠峰。

這就是人生的「爬山演算法」：全力以赴地爬上你目之所及的一個小山頭，你會看到更多的山，看到下一個山頭和路。就這樣憑著「有意思」一個個地把你關心的事做到極致，你會走到你想像不到的高處。

所以，有意思比有意義更重要。

別想什麼大意義，先成爲一個有趣的人。

好好「躺平」，放自己一條生路

「如果我沒有什麼覺得有意思的事，我該怎麼辦？『躺平』可以嗎？」

「『躺平』很好，躺舒服了再做事。」

有一次在我的視頻號系列對談欄目「八典一客」中，李松蔚老師給我講了一個故事。

有個學生來諮詢，他一直想找工作，但怎麼都邁不出第一步——寫簡歷。就是一份簡歷，卻怎麼都寫不出來，要嘛是覺得措辭不對，要嘛是寫出來自己都覺得沒啥亮點，這讓他深深地懷疑自己。

李松蔚回應：

「如果你寫不出簡歷，那就別寫了。我們就休息一週吧。但你要多做一件事：每天寫半個小時，寫多寫少沒關係，寫完就把它刪掉。這樣，就等同於沒有寫嘛。所以恭喜你哦，你永遠都不會有一份簡歷，也就不需要去面對後邊的壓力啦。」

這個提議很有意思吧。於是這位同學回去每天寫，寫完就刪，他感覺很有趣。

但這個學生比較狡猾，他每天寫得都不一樣。一開始寫些沒壓力的個人資訊，慢慢地膽量變大了，越寫越多，後來竟然都敢寫項目經歷了。

而且，他刪的時候也不真的刪，只是移到了資源回收筒。

一個星期以後，他把回收筒的東西全部恢復，拼成了一份完整的簡歷。

他說：「我的簡歷寫好了。」

我喜歡這個故事，這裡有諮詢師對談的技術，更重要的，是諮詢師對人性的信心。

諮詢師深深地知道，沒有人會一直「躺平」，追尋價值是人的本能。當你真的放過了自己，允許自己躺三個月、半年，躺到你覺得沒有什麼好抗爭的，躺到你的外在動機鬆綁，躺到你覺得沒意思了，你自然可以左右轉轉頭，找點有意思的事情幹。

佛家說，放生能積累功德。放生烏龜能不能積德我不知道，但是我們最應該做的是**放生自己**——放下對自己不切實際的期待，才能看到生機勃勃的全新道路，這就叫放自己一條生路。

有一首歌的歌詞說：「幸福的方式只有兩種，一種是所有夢想都實現，一種是放下了不該有的怨念。」

我也有類似的經歷。

不知道你小時候有沒有這種階段，我有段時間覺得自己特別帥（唉，看我現在這個樣子……）。

12歲的我每天早上起來照鏡子，推敲領子要不要外翻，髮型是左分還是右分，上學路上看到汽車反光鏡還要上去瞄一眼，對變形的臉拋一個微笑。有段時間，我嚴肅地認為，自己那麼帥，以後搞不好能當明星，我還讀什麼書啊。天啊，我是不是要給命運一個機會啊！

這種狀態一直持續到我有一天蹺課溜到電影院，老闆如神啟般地連續放了三部電影：周潤發的《縱橫四海》、《賭神》和金城武的《不夜城》。

那天下午我徹底崩潰了，電影散場，人群如鳥獸般散去，我被釘死在那把充滿煙味和汗味的人造皮革椅子上——我深深地意識到，我這個死樣子，不管怎麼打扮、梳什麼髮型，都無法帥過周潤發和金城武。我的人生徹底絕望，我活著還有什麼意義？

不過這種絕望大概只持續了一週。

我發現，當不再糾結穿什麼衣服、做什麼帥動作的時候，我明顯覺得自己輕鬆了。我開始真正發現、感受和享受那些後來滋養我，並成為我人生支柱的東西——音樂、人文、哲學、旅遊和好朋友。

從成為周潤發的路上我給自己放了個生，這個故事太羞恥，以至我都不好意思說。一直到很多年後同學聚會時講出來，結果大家說：「咦，我也有這麼一段。」

在做別人的路上給自己放生，你才能走上屬於自己的路。今天從事職業生涯規劃這個領域，也許我也是希望放生更多人的力量吧。

當走入覺得過不去的低谷期，就放自己一條生路，好好「躺平」：可以鍛煉身體，相信好的體魄無論是承受低谷還是迎接高潮，你都需要。出去走走，多遇見些有趣的人和事；不愛動的，也可以好好讀些人物傳記。想遇見有趣的靈魂，還可以看看我每週三晚上的直播，我每年會介紹100個有趣的人給你。工具書之類的，可以先放一邊。或者就像一隻冬眠的熊一樣，好好睡覺，靜待未來。

躺著躺著，你會看到黑暗裡隱隱閃光的點，那是漫長隧道的另一端，然後你向著那裡走出一步。哪怕這一步超級超級小——有意思之路也就開始了。

千萬別訂太大的計畫

如果你已經開始決定採取行動做點改變，那容我再絮叨一句。

千萬不要一上來就一年讀 100 本書、每天跑 5 公里、堅持早起 300 天……一開始把計畫訂得小點更好。要有多小呢？要有史蒂芬的計畫那麼小。

美國有一位叫史蒂芬·蓋斯的哥們兒，他決定改變自己的人生，於是制訂了一個計畫：運動計畫——每天做 1 個伏地挺身；讀書計畫——每天讀 2 頁書；寫作計畫——每天寫 50 個字。

你也許會問：這也叫「計畫」？

是的，而且，這還是很有效的計畫。正是這樣一個微不足道的計畫，幫助這個「天生的懶蟲」在兩年後，練習出了理想的體格，寫出了比過去多 4 倍的文章，讀書量是過去的 10 倍，成為著名的個人成長作家。

史蒂芬·蓋斯說：「**我的經驗法則是把我想要的習慣縮小，直到小得不可能失敗為止。**」

「微量開始，超額完成」，這套策略被他寫成一本書，叫作《微習慣》。這本書內容不多，144 頁，少到很難讀不完。

史蒂芬在書裡講過一則貓的故事。

他家的喵星人很怕雪。第一次他把貓直接放到雪地上，小貓怕怕的，迅速地跑回屋裡了。第二次他把貓放在雪地的邊緣，這時候，小貓開始好奇、試探，慢慢地自己走到雪地上了。

其實，我們的潛意識也像那隻貓。小心，別讓自己的「大計畫」把它嚇跑。

我們大部分的計畫失敗，恰恰和這個過程相反。我們總是一開始給自己訂一個宏偉的、有意義的大計畫：每天6點起床，每天跑5公里，一週讀一本書，開始學習英語……

然後咬牙堅持，一直到完全堅持不下去，開始狠狠批評自己。

比如我，我想參加馬拉松比賽，於是在網上下了一個跑步計畫，開始操練自己。第一天跑5公里，我喘到不行，但是我告訴自己，一定要堅持跑完！

這樣咬牙堅持了一個月，我速度沒上來，膝蓋傷了。這時候才想起來要找個教練。

我的教練聽完我的計畫，和我說：「你的問題就是太用力了，記住——**沒人是僅僅靠毅力完成馬拉松訓練的**。很多人每個月跑300公里、500公里，這些人是堅持嗎？他們是跑得超級享受！

「怎麼享受呢？那就是要從身體最舒服的狀態開始。」

「從今天起，我會不斷地提醒你，降低速度，保持心率，累了就走一段兒，心率降下來再跑，不著急。跑完你覺得神清氣爽，那就是身體在分泌多巴胺，想明天繼續玩，你就可以逐漸加大訓練量了。」

當年10月，我的第一個馬拉松完賽了。

成績超爛，但，挺有意思的。

再後來，我遇到專門做「戰拖小組」（戰勝拖延小組）的高地清風，他對我說，他對拖延症的看法也在改變，很多人的拖延，其實是一開始的目標就不對，要嘛是追尋外在動機太強、自己無感的目標，要嘛是給自己安排了完全不靠譜的強度。

這種目標，挑戰它幹嘛？拖下去不幹，其實最好。

有一次看到有人採訪《武林外傳》的編劇甯財神，「你是怎麼寫出這麼厲害的神劇本的？」甯財神說：「每集我都覺得爛透了，不過不管多爛，每天至少寫一頁，一直保持到咬牙寫完50集。」

計畫要訂得小一點，小到不能再小，小到你完全自主，小到你毫不費力掌控，小到你不會在任何人面前失敗。

當然，比小更重要的是做，有時會做很久，久到老天願意獎勵你點兒什麼。

該羨慕這一代年輕人嗎？

2020年有一本叫《我的二本學生》的非虛構文學書非常暢銷，作者是黃燈老師。

她是湖南汨羅人，1995年在岳陽大學畢業，被分配到國營紡織廠。兩年後，工廠倒閉，她成了下崗女工。重新複習，她考上了武漢大學的文學系研究生，在中山大學讀文學博士，在廣東金融學院當老師。

她所接觸到的學生，大多數來自廣東各地，還有一些來自貧困地區。她發現，從2007年到2016年這10年裡，學生們的境遇有明顯的落差。2016屆的學生，沒有多少人能留在廣州、深圳這些大城市，他們的畢業工資根本賺不回高昂的房價，他們也不再有什麼大理想，一進入學校就爲房租和找工作發愁……

10年間，學生們的命運有這麼大變化，而如果和自己相比，那落差就更明顯了。她因爲出生在20世紀70年代中期，僅僅早生了10年，就躲開了「留守兒童」的命運；她畢業包分配，還趕上了國產博士能留校任教的機會和合理的房價，在一線城市也能安身立命……

她提出一個觸動社會神經的問題：老一代人應該羨慕年輕人，因爲他們擁有更大的世界，但我不羨慕今天的年輕人。

我喜歡黃燈老師的視角，也對這個話題著迷。前面談到遇到低谷要給自己放生，更多的是針對自己的人生階段；但放到整個社會來說，這一代年輕人的起點會不會真的太高？

這一代人從「過勞死」、「996」❶到逃離北上廣，再到「躺平」，到底是時代的問題，還是我們真的比較軟弱？爲什麼上一代人總在罵下一代人「垮掉」，下一代人則反駁道：「那是因爲我們這個時代太慘了，什麼倒楣事都讓我們趕上了，你們什麼好事都趕上了，占盡便宜還賣乖。」

我給這個畫面腦補了一集吐槽大會，還寫好了段子：

大家好，我是古典！（腦補掌聲）

歡迎來到今天的年代專場——60、70、80、90、00後比慘大會！

掌聲劈里啪啦地響起來。

首先上場的，是90後選手：

22歲那一年，我終於畢業啦。我要努力，我要奮鬥。我爸說，你看看現在的房價，你奮鬥個啥？別逗了孩子，房子車子都給你買好了，開不開心，意不意外？

折騰3年，孩子能上幼稚園了。我爸說，恭喜你！你現在可以生兩個娃啦！

又過了7年，我剛把二娃送進幼稚園中班門口，我爸告訴我，恭喜你，你們現在可以生老三

❶ 996是指早上9點上班，晚上9點下班，每週工作6天的工作時間制度。

了！開不開心，意不意外？

將來65歲才退休，如果那個時候還沒掛，你還可以拉扯你那個孫子孫女啊，開不開心，意不意外？

90後口吐鮮血，像電風扇一樣左右均勻地搖著頭——誰有我慘？

80後選手一臉不屑，第二個上臺發言：

剛才90後說他人生悲慘，比人生悲慘更慘的，是比別人慘。

我們上小學時，大學不要錢；我們上大學時，小學又不要錢了。

我們沒上大學的時候，大學生超級金貴；我們讀完大學，大學生滿地跑，不值錢了。

我們沒參加工作的時候，工作都包分配；等我們參加工作了，打破腦袋才能混個職位。

我們還沒上班的時候，房子是包分配的，不花錢；等我們開始賺錢的時候，房子只能買了；等我們賺了點錢，我們啥都買不起了。

你們覺得自己要累死，我們是不敢死、不敢結婚、不敢生、不敢不生，生還不敢多生，誰比我慘？

……

好了，再寫估計編輯會剝奪我的出版權了。我的脫口秀不好笑，充滿爛哏。

但我想借此回應一下之前的那個疑問：爲什麼上一代人總在罵下一代人「垮掉」，下一代人則回擊這是時代問題，上一代人才是既得利益者？60後說70後垮掉，70後說80後自私，80後說90

後腦殘，90後看著00後對80後說，你看你們的娃這麼殘，還好意思說我腦殘？

哪一代最慘？

我小時候有本書叫作《哈佛女孩劉亦婷》，我媽買回來仔細閱讀，還經常以劉亦婷爲標竿指出我的不足：「你看人家劉亦婷在你這個年紀都會背1萬個英語單詞了。」我說：「媽，人家劉亦婷媽媽在你這個年紀，都出書了。」

每個人都知道，這種爭論毫無意義。我雖嚮往大唐盛世，但撞破了腦袋也無法穿越，因爲每個時代都有自己的好和壞，就像《雙城記》的開頭：

那是最好的年月，那是最壞的年月；
那是智慧的時代，那是愚蠢的時代；
那是信仰的紀元，那是懷疑的紀元；
那是光明的季節，那是黑暗的季節；
那是希望的春天，那是失望的冬天……

如果你盯著糟糕，這個時代就會前所未有的糟糕；但如果你盯著機會，那麼這個時代也會有前所未有的機會。今天這個時代，就看你怎麼玩。

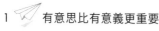

不同的時代，有不同的玩法

「**神廟逃亡**」

50後、60後，面對的是多年的社會動盪、自然災害，他們的大部分時間面對的都是饑餓、運動、市場化、下崗、畢業分配……在大時代裡，他們沒啥選擇，活著就是贏。

拿遊戲打比方，他們玩的是「**神廟逃亡**」——路在他們身後不斷坍塌，他們要不斷奔跑，才不會掉落谷底。

這種遊戲的倖存玩家，他們培養出勤奮、堅毅和節儉的品格，也培養出內心裡「必須按點完成任務」的強迫症。這群選手會不斷地催你跑步完成以下任務：升學、高考、結婚、買房、生小孩、小孩上學、高考、買房、生小孩……總之，一定要按部就班地走到終點，好好走到人生終點，那就對了！

「**跑跑卡丁車**」

70後、80後玩的是「**跑跑卡丁車**」——走得慢雖然不會死，但走得最快的人得分最高。

這兩代人面對的是「市場化」的社會。單位不再什麼都管，少了穩定感，卻也多了機會。

80後是第一代獨生子女，物質不缺，但精神孤單。在他們最能拼搏的青年時期，中國社會以每年超過12%的增速爆發（當然，同時爆發的還有房子的價格）。大機會每隔幾年就有一波，抓好一個就能上船……同齡人第一批下海的、搞房地產的、買房的、進互聯網的、買股票的，都發展得很好。

如果這兩個年代的勝出者和你分享經驗，他們肯定會推崇這種打法：有野心、抓住機會、快速反應。與此同時，「抓住機會上車」的危機感深深刻在他們的骨子裡。這種精神在自己身上，是消費主義、終身學習或成功學；帶到下一代，是「雞娃」❶、學區房和虎爸虎媽。

「當個創世神」

那90後、00後玩的是什麼呢？他們開始玩虛擬遊戲「當個創世神」（這是一款在自己星球上的虛擬建造類遊戲）。沒有了那些生生死死的險，也沒有快快慢慢的比較，你死不了，而且資源無限，唯一要比的就是創意和想像力。

00後活在一個手機可以觸碰到全球資源和商品的時代。父母把房子買好了，養老金也多多少少存了一些，自己手頭還有點小錢（據統計，00後在18歲前的存款均值是人民幣2570元）。今

❶ 雞娃是指父母爲了讓孩子能讀好書、考出好成績，不斷給孩子安排學習與活動，讓小孩能有足夠競爭力去拼搏。

天的科技發達，人類甚至有機會活到100歲，但這個時代再難有過去的經濟增速、爆發式的機會，人們也沒那麼大物欲……

這代人聰明、敏感、好奇，有著前幾代人前所未有的眼界和想像力，但他們也面臨自己的難題——賺錢養家，跑得更快，都是很清晰的需求。但「更有創意，活出自己」似乎是一個無從著力的難題。美學家貢布里希會說，沒有比完全不受約束的自由更加難以忍受的東西了。

新精英生涯在2014年承辦了當年的亞太區生涯大會，請來了日本生涯發展協會（JCDA）的創始人。她聽到我們的議題都是「如何抓住機會」、「怎麼判斷趨勢」，非常羨慕，她說他們協會討論的主要方向是如何讓日本年輕人愛上工作。

我們當時還有點驚訝，覺得有點好笑，心想日本同學怎麼這麼頹呢？

她說，今天的日本年輕人是一種塑膠袋生涯，有風就飛一段，沒風就在地上待著。你踢他一腳，他就嘩啦一聲動一下；你不踢他，他就虛無地躺在地上。

不到10年，我們就開始遇到了這個時代。

前段時間看李雪琴在說自己的人生規劃，居然也用到了塑膠袋：

> 人生就像攢塑膠袋，不管什麼外賣袋、買菜袋、買衣服袋，我都攢起來。當有一天，有個東西你不知道用什麼裝的時候，打開你攢塑膠袋的櫃子，總有一個袋適合你。

創作遊戲玩不好，就很容易搞成塑膠袋生涯。

那麼哪一代人最容易？看下來，哪一代人都不容易。

「神廟逃亡」很苦，但技巧性不強，拚努力、毅力會贏；「跑跑卡丁車」很累，且焦慮虐心，但拚資源（比如爸）會贏；「當個創世神」直面虛無，直面意義，看似沒限制，其實最難，那是佛陀出家之前在皇宮裡感受到的痛苦，可我們大多數人哪裡有那種大智慧？

這也回應了前面的疑問，**爲什麼這幾十年來，每一代人都質疑下一代「垮掉」、「腦殘」**。因爲時代在快速變化，中國社會整體快速突破了一個又一個層級的問題，把每一代人都裹挾進了不同意義的追尋裡。50後、60後要解決生存問題，按部就班走到終點是意義；70後、80後要解決競爭問題，抓機會跑贏大盤是意義；90後、00後面臨創造問題，活出自己才是意義。

你看，現在50後、60後退休了，還長壽了，他們也面臨著活出自己的意義。他們開始如自己的孫輩一樣，跳舞、社交、刷抖音、旅遊、玩樂……他們當年的自己如果看到今天的自己，也許會搖著頭說：「這群老頭兒老太太，垮掉了。」

其實不是不行，就是不同而已。

關於價值觀的爭吵，本質是個代際衝突問題。

老一輩人覺得這點知識、人生態度可重要了，一定要學，所以編入課本；年輕人覺得爲什麼學這些啊，如果讓他們自己設計，他們肯定讀「王者榮耀」研究生。

他們的爭論，其實是對一個問題談不攏，即在未來的世界裡，學點什麼最有用，該怎麼玩才能贏。

未來的世界裡，該怎麼玩好創造類遊戲？熬得久、跑得快這種玩法，在創造性時代是贏不了的。

創造類遊戲的唯一玩法，是回來做自己。

請注意，我說的不是「去做自己」。沒有見到更大的世界，沒有見過不同的別人，怎麼知道什麼才是自己？你得看過了世界，才有世界觀；你得看到了全部，才能安心守住局部；你得看到了自己的優勢和侷限，才能**回來做自己**。

找到熱愛的領域，做極限運動員

我的朋友都知道，我喜歡冒險，尤其喜歡騎越野摩托車。我喜歡一個人面對茫茫天地的感覺。

2021年5月，我從青海雅丹穿越回來，認識了旦旦。旦旦是青海最棒的越野車手。這次他是我們的領騎人，那天的目的地是他的家。

旦旦的技術非常好，我們騎了4個小時的路，他實際1個小時就能跑完。山上很冷，我們都穿著衝鋒衣加護甲，他則一身單衣。遇到轉彎，旦旦不怎麼減速，後輪似乎有魔力，總在懸崖邊穩穩地滑過去。

到了他海拔4000多米的家，我們都被這個「家」的簡樸震撼了。這個家就是一個不到10平方米的帳篷，走進去，裡面只有一個煤爐、幾條睡覺的被褥和幾箱壓縮食品。走出帳篷，山上是300頭羊和幾十頭牛。帳篷旁邊停著他的摩托車。他沒有什麼家人，不想著結婚，也沒有什麼其他愛好，就是騎車。

教練跟我說，頂級運動員都是這樣——**從小就練，心思單純，對冒險發狂**。

我觀察下來，的確是。

比如遇到一個大坡，我會猶豫一下，心裡開始盤算：會不會太陡？有沒有更好的路線？我們有5天賽程，第2天衝這個坡值不值得？要不要留點兒體力？會不會摔車？腦子裡一猶豫，就錯過了最好的時刻，反而容易摔車。

我發現頂級車手從來不這麼想，他看到坡就興奮：太有意思了，上！

於是也就上去了。

認識旦旦讓我明白兩件事：在越野摩托車這個領域，我最多也就算個中流水準。因爲我還在計算性價比，還沒有把自己完全賭上。我不是這個領域的極限運動員。

這種心力，作爲愛好可以，登頂是不可能的。

從越野摩托車上學到的第二件事是，其實我們永遠贏不了一個極限運動員。

我們職業規劃師經常說，行業之間有「可遷移技能」，所以跨行不難。如果你要跨過去做到優秀，這個結論是對的；但如果你要通過跨行成爲頂級高手，那不可能，因爲每個領域的頂級高手都是極限運動員。

極限運動員有什麼特點呢？他們對自己的領域極爲狂熱。比如你和他們聊，翼裝飛行是全世界最危險的極限運動，10個裡面有3個會掛掉。普通人都覺得——這是瘋子吧！找死！好的極限運動員則是一臉羨慕——這也太爽了，接近生命極限啊。

紀錄片《赤手登峰》裡，主人公亞歷克斯·霍諾爾德成功地徒手爬完酋長岩下來，這是人類第一次挑戰成功酋長岩！他的女朋友在下面等了一天，熱烈擁抱他並且說：「我們慶祝一下吧！辦個 party（聚會）！」他羞澀地說：「不要了，我要練習。」於是手抓著房車的門，開始練習

起手指引體向上——他已經開始構思下一個冒險活動了

極限運動員，就是這麼狂熱。你和他的差距，不是能力，而是價值觀。

這個時代的玩法，就是找到熱愛的領域，成爲極限運動員。

喜歡艱苦奮鬥的人，顯然不這麼看。

過去10年，很流行一個「一萬小時天才」理論：任何人在一個領域刻意練習一萬小時，都能成爲這個領域的專家。這個理論成名自麥爾坎·葛拉威爾的《異數》，理論則源於 1993 年安德斯·艾瑞克森、克蘭佩、特施-勒默爾的一項心理學研究。

他們針對10名音樂學院的小提琴學生，研究他們練習時長和水準的關係，最後得出結論：練習時間越長的學生，小提琴技能水準也就越高。後續他們針對西洋棋高手、運動員的研究也顯示，平均一萬小時的刻意練習，是成爲世界級選手的門檻。

這個理論叫「刻意練習」，後來又被標題黨改成「一萬小時天才」理論。該理論認爲正確地努力就能成功，這也太符合大眾口味了吧。這篇論文因引用頻繁，也成爲心理學領域的網紅文。

26年後的2019年，心理學家布魯克·N.馬克納馬拉（Brooke N.Macnamara）和梅加·邁特拉（Megha Maitra）重複了1993年的這項心理學研究，結果卻完全出乎意料：

這次他們找了13個小提琴選手進行實驗，結果發現：水準比較差的選手，練習時間的確比較少，平均是6000小時；但水準一般的和水準優秀的選手，練習時間幾乎沒區別，都達到了11000小時。更氣人的是，優秀選手的練習時間還比水準一般的選手少一點。

2016年，布魯克（對，還是他，這哥們兒和「一萬小時」槓上了）還分析了33項有關刻意練習和運動成績之間的關係，他發現，刻意練習對運動員成績的影響只有18%。

可見，到了某個階段，光靠努力就上不去了。吃苦能熬出來優秀，但熬不出來卓越。

這是不是挺符合我們日常感知的：學霸是用功學習的人，但往往不是學習時間最長、錯題本最多的人。

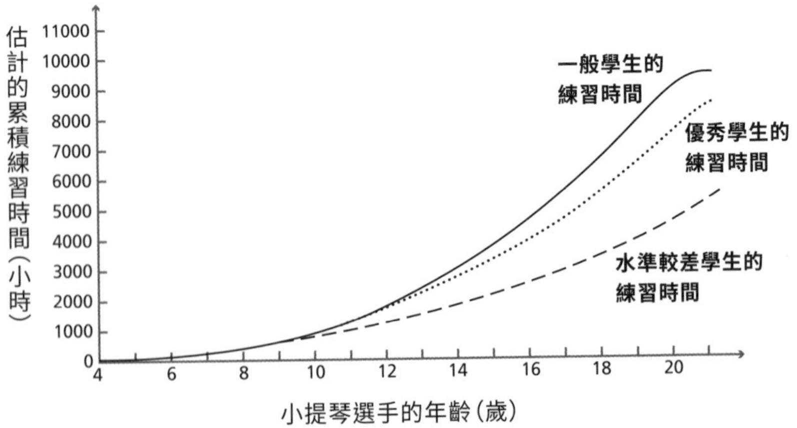

那還有什麼決定了技能水準呢？

基因是很重要的部分。有一項針對 15000 對雙胞胎的研究顯示，同卵雙胞胎一個人畫畫好，另一個人擅長畫畫的概率就很高；同一對同卵雙胞胎裡，即使一個人練習很多，也不會比另一個人出色太多。

講到這裡，我們的成功公式就變成了：

卓越＝天賦×刻意練習×時間

不過，能力卓越就一定能成功嗎？

任何一個領域的成功，都可以概括成「實力」和「運氣」的結合。在「反饋清晰，主要靠實力」的領域，比如短跑，幾乎 100% 靠實力，能力和成功高度相關。但如果這個領域「反饋模糊，要靠運氣」，技能和成功就關係不大。我們經常說的商業、創業、投資以及籃球、足球這種複雜場景，運氣就超級重要。

說句氣人的話，在很多領域，走好運可能比刻意練習更重要。

那又怎麼提高走好運的概率呢？我們看看商業界的極限運動員——「九敗一勝」王興的例子。

這個時代的通關法則

年齡相仿的創業者裡，我很欣賞美團創始人王興。他現在的成功，我們先不說，回到他創業的原點，和大家講個好玩的事。

王興清華大學畢業後去美國讀博士。2003年，看到互聯網社交在美國如火如荼，王興決定中斷學業，回國創業。

他拉了兩個人：一個是他的清華同窗王慧文——當年睡在他下鋪的兄弟。當時王慧文在國內讀研究所，王興極力勸他一起退學。王慧文忍不住問：「你會寫程式嗎？」王興說：「咱們可以學啊。」

於是，兩位「勇士」就各自退學，滿腔熱血地捧著編寫程式書，邊學邊開始寫程式。

王興找到的第二個人是賴斌強，王興的高中同學。

賴斌強當時在廣州做軟體工程師。收到王興的郵件，過完春節他便辭掉工作，去北京加入了王興和王慧文的團隊。

見面第一句，賴斌強問：「產品怎麼樣了？」

得到的回答是：還沒有呢，我們還在學編寫程式。

「你會編寫程式嗎？」「咱們可以學啊。」

「產品怎麼樣了？」「還沒有呢，我們還在學編寫程式。」

這個人太好玩，也太大膽了。

後來的故事，大家也知道了，王興的創業歷程被人總結為「九敗一勝」。校內網、飯否網、海內網……一個個專案開風氣之先，又由於各種原因不得不賣掉或關閉。直到創立美團，從「千團大戰」中脫穎而出，王興才終於在互聯網江湖占據了一席之地。

誰能想到這是一個連編寫程式都不會的人開始做的事？

怕什麼？可以學！

王興是不是也是商業創業領域的極限愛好者？心思單純，全情投入，別人眼中的風險，他根本就沒有在意。

有一次我和追光動畫的投資人 Figo 聊起他的投資經。追光動畫一直在投資自製動畫，《白蛇》《羅小黑戰記》《哪吒》《姜子牙》背後都有他們的參與。

Figo 非常贊同「每個高手都是極限運動員」的觀點。他說投資人要找的就是趨勢之上的極限運動員，然後支持他們做。不管成不成功，他們都是成功率最高的人——如果他們都不成，就沒人能成了。

講到這裡，極限運動員最容易走好運，似乎也有了答案。

極限運動員成功率最大，因為他們總在長期地、不計成本地嘗試。愛迪生不是第一個發明電燈概念的人，他就是個發明狂，300多種材料一樣一樣地試；王興也不是一下子就找到了美團模式，他就是忍不住一次又一次地創業，「九敗一勝」地嘗試。不斷嘗試的人，走好運的概率會更高。

我們綜合前面的公式，可以得到一個結論：

成功＝卓越×概率

卓越＝天賦×刻意練習×時間

概率＝正確的方式×熱情×時間

如果我們把刻意練習、正確定位、長期投入等都作爲「正確的方式」，那麼：

成功＝正確的方式×熱情×天賦×時間

稻盛和夫曾給出過一個類似的公式：

成功＝思維方式×熱情×能力

稻盛和夫說，思維方式決定了努力的方向，有了正確的方向，那就不斷以最高的熱情投入，不斷打磨自己的能力，一定能成功。稻盛和夫的文字，第一次讀都覺得是濃濃的「雞湯」，第二次讀是「雞精」，你再認眞讀，其實他是下金蛋的那隻「老母雞」。

我們經常說「天道酬勤」，這四個字在起步階段是對的。比如，你英語四六級考試（College English Test）沒考過，上班基本業務流程都搞不明白，這基本上屬於不用心，刻意練習100個小時基本都能搞定。但如果你準備成爲高手，勤奮發狠就不一定能成了，你還得靠一點天賦，再碰一點運氣。

成功遊戲就是一個沒法算性價比、可能很努力也無法實現的事。如果你看透了這個遊戲，還願意持續狂熱地投入，恭喜你，你將有機會成功。

高手相爭，比的都是價値觀。

死在打字機上的艾西莫夫

關於努力、熱情、能力和成功的關係，我想我已經講得足夠多了。最後還要講一下以撒・艾西莫夫，純粹是因爲我熱愛他，我想告訴你的是人可以有多熱愛、多狂熱。

科幻小說家艾西莫夫這輩子寫了480多本書。他在一篇短文〈死後的人生〉中談到了自己的生死觀。現節選部分文字：

幾個月之前，我做了一個夢，我記得清清楚楚。（我一般不記得我的夢境。）我夢見我死了以後去到天堂。我環顧四周，知道我身在哪兒——綠色的田野，輕淡的雲彩，芬芳的空氣，還有那遙遠的、隱隱約約的天堂裡的合唱聲。那位記錄天使寬厚地微笑著和我打招呼。

我奇怪地問：「這是天堂？」

記錄天使說：「正是。」

我說：「肯定搞錯了，我不屬於這兒，我是無神論者。」（我醒來後，記得很清楚，我為自己的始終如一感到自豪。）

記錄天使說：「沒有錯。」

「我是無神論者，有這個資格嗎？」

記錄天使說：「我們決定誰有資格，不是你。」

我說：「明白了。」我朝四周看了看，遲疑片刻，然後轉向記錄天使，問道：「這兒有沒有打字機，我可以用嗎？」

這個夢的意義對我很清楚。我感到天堂就是寫作，我在天堂裡度過了半個多世紀。我一直很清楚這一點。

艾西莫夫是寫作的極限運動員。

他「一直夢想著自己能在工作中死去，臉埋在鍵盤上，鼻子夾在打字鍵中」。

這種熱愛不僅僅塑造了一個偉大的科普作家，也深深地影響著整個科學事業。

美國著名天文學家、科普作家卡爾．薩根在悼念艾西莫夫時說：「我們永遠也無法知曉，究竟有多少第一線的科學家由於讀了艾西莫夫的某一本書、某一篇文章，或某一個小故事而觸發了靈感；也無法知曉有多少普通的公民因爲同樣的原因而對科學事業寄予深情……」

其實，我本人就是其中一個。

這個時代的成功方式，正在從天道酬勤走向天道酬「情」。在一個機器比你勤快一萬倍的時代裡，從「有意思」的事開始，逐漸找到自己的天賦和熱情，投入全部，是這個時代的成功方式。

旦旦、王興、艾西莫夫都是各自所熱愛領域的極限運動員，他們都有一些共同特點：

- ✓ 他們有天賦，也花了大量時間正確練習；
- ✓ 他們在某個點上，做到世界級的好（好吧，其他部分往往很爛）；
- ✓ 他們爲這件事投入了一切，他們無視性價比，持續挑戰極限，創造可能。

就好像你問一個登山者：你爲什麼要爬山？他會說，因爲山就在那裡。

別人笑我太瘋癲，我笑他人看不穿。做自己熱愛的並對此有天賦、有意義的事，把這件事做到極致。一般人覺得這樣太冒險，其實這些人覺得自己最安全，因爲極限運動員總有兩份回報：一份在過程裡，他們已經足夠享受；另一份在成功後，成不成功也只是副產品罷了。

他們都會有過恐懼（甚至現在還有），但因爲實在太熱愛，以至戰勝了恐懼。正是這種內心的勝利，讓他們對世界的影響力遠遠超出了自己的領域。

找到自己的極限運動，全力投入，這就是這個時代的通關法則。

2

讓有趣的生命撲面而來

是生活無聊還是你無趣？

你有沒有發現，在職場和生活中有這麼一些人（我稱為「沒興趣一族」），他們好像從來都沒有什麼特別的愛好，也沒有什麼特長。他們做什麼都一般般，工作沒有太多激情，工作了四五年，做的事情和以前也差不多。你問他為什麼會這樣，他會告訴你：工作不就這樣嘛，還能怎樣？

姜文年輕時主演過一部影片《本命年》。裡邊有一句臺詞：「工作沒勁，不工作也沒勁；找對象沒勁，不找對象也沒勁；要錢沒勁，不要錢也沒勁。都沒勁。」這句臺詞像極了「沒興趣一族」的狀態。

另一些人（我姑且把他們叫作「感興趣一族」）卻好像對什麼都很感興趣。他們每天都像一次新生，興致勃勃，充滿好奇。在生活裡，他們也是樣樣精通：攝影、寫作、跳舞、音樂、運動……這些人似乎是上天的寵兒，又像是從偶像劇裡走出來的主人公，優秀得讓人仰望。我們常常聽人對「感興趣一族」說：「你太厲害了！你怎麼什麼都會？」

上天為什麼這麼不公平，讓一些人擁有用不完的精力和好奇心，什麼都優秀，而我卻對什麼都不感興趣，什麼都做不好？也許下面這個故事會帶你找到答案。

週日去郊外旅遊，你走到一個沒有路牌的三岔路口。只有一條路能夠到達你想去的峽谷，另外兩條路則通往不知名的地方。現在是中午，時間還算充裕，你的食物和水也足夠，你會怎麼走？

小明和小強在不同的時間到達路口，他們都碰到了這個問題。

小強選擇試著往前走。他想，即使走錯路，也比原地不動強。他快步向前走去。一個小時後，他不得不重新回到起點。但是小強很開心，他興致勃勃地告訴朋友們他在路上看到的美麗風景，也許下次他們可以往那邊走。說完這一切，小強又開始嘗試第二條路。他一路唱著歌，蹦蹦跳跳地走下去。

小明呢？他認為，有⅔的概率也不一定有收穫。如果沒有確定的答案，還不如就在原地待著呢！也許會有認路的人經過，告訴我確切的答案呢！小明就這樣等啊等，直到時間很晚了，他覺得自己不能不走了。可是萬一走錯了路該怎麼辦？他慢吞吞地往前走，一直想著迷路的種種狀況……終於，在三個小時後，他看到路的盡頭被一條河流攔住。

「天啊，我早就應該想到的！沒有搞清楚哪一條是正確的路就不要來！」小明很沮喪地一屁股坐在河邊，連回去的勇氣都沒有了……

小強和小明在一個月後的一次聚會上碰到，小強在給現場的朋友講他的一段「最奇妙的旅行經歷」，小明聽出來，小強講的就是他去過的那條河。「你瞎扯，那是一條錯路，而且一點也不好玩，除了一條大河擋住路，什麼也沒有，沒意思。」小明說。

「不會吧？」小強說，「你沒有看到河中間那些白鷺和蓮花嗎？那是我犯過的最美麗的錯誤。」

小明聳聳肩：「你這麼一說……好像有吧，不過我對這個沒有什麼興趣。」

這個故事裡面的人，哪一個像你？

我們身邊既有「沒興趣一族」小明，也有「感興趣一族」小強。小強們總是興致勃勃地投入一個又一個冒險，他們經歷豐富，收穫很多，當然失敗也很多。小明們則是對什麼都提不起興趣，只有到了不得不行動的時候，他們才被迫抱怨著入場。他們失敗很少，也嘗試得很少，因爲他們覺得嘗試沒有什麼意思。

有趣是無條件的投入

「有趣」之人和「無趣」之人的區別到底在哪裡？

我們先看看什麼是「興趣」。興趣（interesting）的英語源於拉丁語詞根 inter，意爲「在……之間」，後面再加上代表最高級的「est」和代表當下的「ing」。這彷彿在告訴我們，興趣就是以最高級（est）的形式投入當下（ing）的事情中（inter）。

也就是說，興趣就是讓你完全置身於事物之中。當你眞正投入當下的事情中，不管這件事情多麼簡單、多麼微小，你都能感受到無窮的樂趣。正如瑜珈教練告訴你的，只要認眞地投入你的呼吸——這個每天你做過無數次的事情——就能感受到無盡的樂趣。

佛家的禪宗也有關於投入的故事：

有源律師：「和尚修道，還用功否？」

大珠慧海：「用功。」

有源律師：「如何用功？」

大珠慧海：「饑來吃飯睏來眠。」

有源律師：「一切人總如同師用功否？」

大珠慧海：「不同。」
有源律師：「何故不同？」
大珠慧海：「他吃飯時不肯吃飯，百種需索；睡時不肯睡，千般計較，所以不同也。」

吃飯的時候吃飯，喝水的時候喝水，那就是修行。可惜大部分人不是這樣：在吃飯的時候想著工作，在喝水的時候又想著吃飯，在工作的時候想著出錯，在戀愛的時候擔心分手，在擁抱的時候還在看錶……

所以，我們還是凡人。

在做職業生涯規劃這幾年，我見過非常多的人，其中很多人的問題在於，「不知道自己有什麼興趣」、「好像對什麼都有興趣」。但如果你問他們：「聽說你很喜歡行銷，為什麼不試試呢？」他們就會回答：「萬一失敗了該怎麼辦？」

你知道他們的問題在哪裡了吧，這些人都是不敢投入的「無興趣一族」。他們好像從來沒有想過投入當下。也就是說，他們從來沒有感到過樂趣，他們總在思考：「讀這本書有什麼用處？」「萬一做不好怎麼辦？」……這讓他們無法從任何東西中獲得樂趣，自然也就無法產生興趣。擔憂之牆永遠把他們和樂趣隔離開來。他們就好像那種糟糕的讀者，剛打開小說的第一頁，就忍不住翻到最後去看結局，從而完全失去了閱讀的快樂。

所以，認識到當下的投入才能帶來快樂很重要。下面是我的一段經歷：

在一次吃飯的時候，一個朋友表演了一個橡皮筋近景魔術（就是劉謙在2009年央視春晚上表演的那個魔術）。我們覺得相當有趣，當場開始學習。一開始，我是最笨手笨腳的一個，不是穿幫，就是把橡皮筋彈到隔壁桌的碗裡。大家一看我表演就說：「你表演的不是魔術，是魔術揭祕吧。」還有人說：「你以為你是劉謙啊！」

但我還是覺得有趣。在回家的路上，我還用手比畫這個魔術。後來，我又在網上找到劉謙的所有魔術視頻，一幀一幀地看他如何換手指，如何誤導觀眾，如何做動作。一有表演的機會，我就主動給身邊的人展示。當然，有時候是「魔術表演」，有時候還是「魔術揭祕表演」。一個星期後，我成功地表演了這個魔術。即使面對當天和我一起學習魔術的那幾個人，他們明明知道我在換手，也看不出我是怎麼做到的。

我有什麼收穫呢？我可以在課堂上變魔術讓大家開心，也可以在家裡哄哄我妻子。更加重要的是，我多了一種讓自己快樂生活的方式。我覺得我在魔術方面也很有天賦，這讓我自信滿滿。

樂趣源於全情投入，而不是投入後的結果。正是因爲這樣，樂趣可以是無條件的。

一個嬰兒在玩的時候咯咯笑，並不是因爲這個遊戲會讓他獲得什麼；我們在演奏樂器的時候開心，也不只是爲了拿個鋼琴十級證書；我們在聽笑話時哈哈大笑，並不是因爲我們要記住它，以備吃飯時給別人炫耀；我們在看小說的時候覺得心嚮往之，並不是因爲這本小說書封上寫著「本書能減壓」。

快樂就是快樂，投入的快樂是無條件的。

現在我們對投入有了下面的理解：

- ✓ 嘗試有可能成功，有可能失敗；
- ✓ 成功的嘗試能收穫到成果；
- ✓ 不成功的嘗試能收穫到智慧；
- ✓ 不管成不成功，投入都能帶來快樂。

既然這樣，爲什麼不停止你內心對後果的擔憂，全身心投入呢？

在職業生涯課程上，我們一個學員分享了她在新東方少兒師資班中的一段經歷：

在少兒師資班學英語的4個月裡，給我印象最深的是同學Maggie（瑪姬）。我們大多數人都是剛畢業幾年，想學完課程，趕緊找份工作，養活自己。而Maggie不一樣，你從她的吃穿用度就能看得出來，她家境優渥，不用上班，因為孩子上學了，她閒得無聊，才報了這個班，算是給自己找點事做。我們把她劃為另一類人。

我慢慢地觀察到，雖然沒有就業壓力，但Maggie從來不遲到曠課，筆記也做得工整詳細，甚至缺課的同學會借她的筆記來抄。每次上課老師傳授的技巧，Maggie總是特別認真，一直都是最忠誠的實踐者。

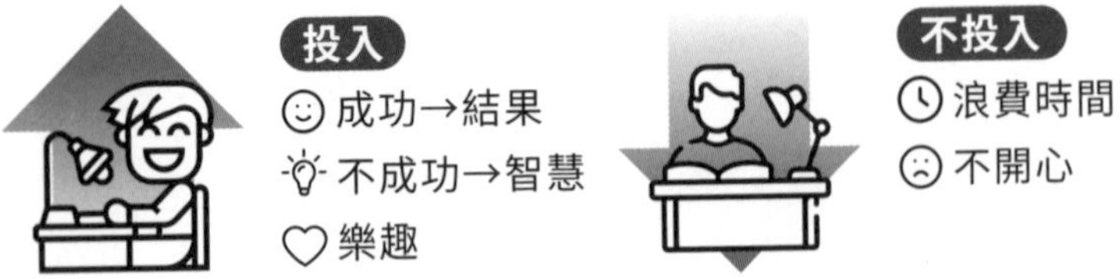

一個月後學校舉行美語背誦大賽，需要背誦大量指定的文章，很多人都覺得「既然拿不到獎就沒有必要參加了」。除了成績最好的一位同學，沒有人對這個大賽真正感興趣。讓人吃驚的是，Maggie報名了。不過，我們一致認為，她的英語水準是必死狀態。但她仍然準備得很認真：請外師幫忙糾正發音；每背下來一段就向大家展示；得到同學的鼓勵後，她背得更帶勁了。

後來，Maggie居然贏得了評委的認可，和另外兩個班裡英語最好的同學一起進入第二輪比賽。而那兩位同學，一位是在國外留過學的，討厭死記硬背，沒有再準備10篇指定的文章；而另一位同學是以刻苦認真出名的，他不僅背下了10篇指定文章，還提前準備了第三輪的20篇文章。Maggie和他們不一樣，她還是抱著一半欣賞一半學習的心態，她說她讀英文越多就越覺得英語好美，背不下來沒關係，那種感覺讓她覺得很美。

到了比賽那天，Maggie只背下來4篇半文章，但她還是很高興地參加了比賽。當她沒有抽中自己準備的文章時，她跟老師說：「很抱歉，我沒有背過這篇文章，但是我特別喜歡另一篇文章，我可以背給你們聽嗎？」老師同意了。當她飽含深情地背誦時，她那陶醉得彷彿沒有其他人存在的狀態，簡直美極了。

當時我就站在旁邊，一直看完整場比賽，我不禁問自己，如果我不是花時間去評價和圍觀別人，是不是我也能夠做到？我開始明白為什麼有些人總是那麼優秀。

難怪有些人總會充滿快樂和激情，全情投入，他們在成功的時候收穫到成果，在失敗的時候收穫到智慧，而不管什麼時候，他們都能收穫到過程中的快樂！

他們都有這樣一個心智模式：

冒險？——投入！

投入是熱愛生命的鑰匙。什麼是快樂？快樂就是做事情既快，又樂！

我的本職工作是職業生涯規劃師，同時也在帶領團隊創業，是新精英生涯的創始人。所以，爲公司找到合適的人，也是我的日常工作之一。我在招聘的時候有一個祕訣，我會嘗試挑戰他們——「如果工資低一些，你願不願意來？」

我會選擇那些能力不算最好，但不反對從底薪起步，關心專案目標和自己發展的人，而不是那些履歷光鮮、不關心公司做什麼、不願降低預期的人。別誤會，我不是要做「黑心資本家」。如果證明自己是匹好馬，我恨不得讓好馬吃哈根達斯草冰淇淋。

這其實是一個測試。

當一個人爲了工作本身，而不是工作回報來做事的時候，

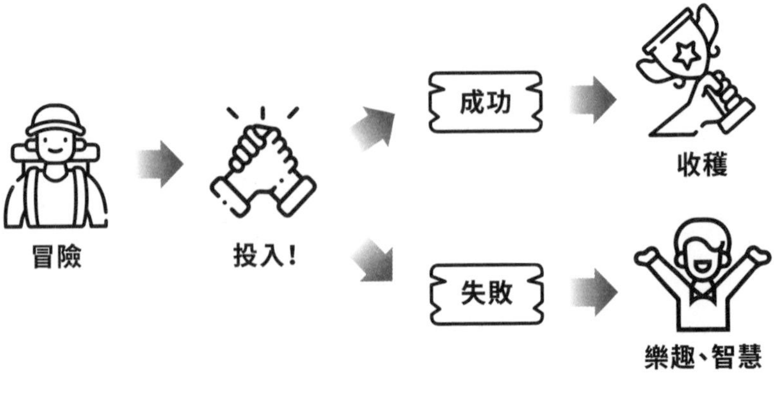

他往往能夠把工作做到最好。不看錢工作的人，往往覺得能做這份工作本身就是最大的報酬。他踏實、負責，願意爲工作付出時間、精力，能力提升也會很快。這樣的人，總是能走得更遠、走得更好，也一定會得到最多的回報。

說到底，眞正激勵一個人工作的到底是什麼呢？心理學家弗雷德里克・赫茨伯格的「雙因素理論」很好地解答了這個問題。他認爲，薪資、工作環境、同事關係只是兜底的「基礎因素」，只能讓你不討厭這份工作，而眞正激勵一個人的是挑戰、認可、責任感以及個人成長等「動力因素」。動力因素很少與外在刺激有關，更多的是與你的內心有關——那些「動力因素」讓人找到工作的意義。

我爲公司尋找的，就是這種願意投入、有內在動力的人。

無趣之人，是無膽之人

我們接著說「無趣」之人。他們的心智模式如下圖所示：難怪那些吊兒郎當的人永遠找不到眞正的興趣！因爲害怕努力了也沒有收穫，所以他們根本就不投入！不投入和低投入的人沒有樂趣，也很難獲得成功。他們不願意面對這個事實，於是就對自己說：「我沒有什麼興趣。」因爲這總比對自己說「我的能力很糟糕」要好。

慢慢地這個模式會簡化成爲：

> 新事物？——我不感興趣！

當一個人對自己的生命開始用「不感興趣」來搪塞時，生命也開始對他不感興趣了。這就是有趣之人心靈和物質都收穫頗多，而無趣之人心靈和物質都貧乏的原因。

當一個人面對新事物覺得無力投入，或者害怕投入了也做

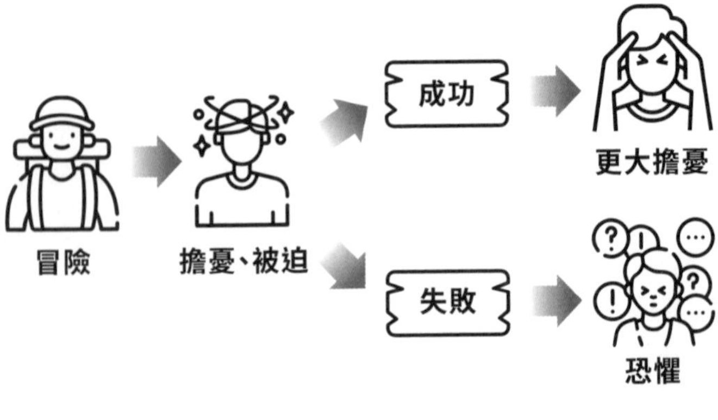

不好時，他們就會表現出對新事物的漠不關心。

✓ 忙碌的丈夫對家務表現出「不感興趣」，往往是由於沒有留出投入的時間，或者是因爲知道再怎麼做也會被妻子數落；

✓ 你的母親對如何用電腦「不感興趣」，也許是因爲她覺得自己用不好，或者是因爲你讓她覺得自己太笨了；

✓ 老人對任何事情都「不感興趣」，或許是因爲他們覺得自己能力不足，或者是因爲他們覺得怎麼做都沒有年輕人做得好；

✓ 孩子對學習「不感興趣」，往往是由於自己覺得沒有學好的能力，或者是覺得自己再怎麼努力也達不到父母的要求；

✓ 畢業生對工作「不感興趣」，可能是覺得自己沒有賺錢的本事，或者是害怕再怎麼努力也達不到自己心裡的目標；

✓ 朋友說對愛情「不感興趣」，或者是覺得自己不夠好，或者是害怕自己投入感情後失敗。

沒有人願意說「我很害怕」，所以他們就騙自己說「我根本不感興趣」。他們不是缺乏能力，也不是缺乏機會，他們缺乏的只是投入，對不知道結果的事情的投入！

無趣之人，往往不是無能之人，而是無膽之人。

所以每天問問自己，你到底是沒有興趣，還是不敢有興趣。

生命就像一面鏡子：有趣之人對生活保持極高的投入度，全力擁抱，生活當然也全力擁抱他；無趣之人用「沒興趣」把自己和生命隔絕，所以生命也躲開他。

所以，有人說：像沒有人看一樣跳舞，像不需要錢一樣工作，像沒有受過傷那樣愛，像就要死那樣活著。

帶著關愛而不是期待投入生活，你會發現能力與樂趣會接踵而至。

愛情會衰退，興趣也會嗎？

一次在大學講座的時候，有學生站起來提問：「驚天動地的初戀會隨著時間慢慢消退，職業興趣也會如此消退嗎？」

我說：「會的。」

長久來說，只有那些不能夠被滿足的興趣，才是不會消退的興趣。心理學家認爲，快樂源於緊張感的釋放，一旦一個需求已經完全被滿足，緊張感就會消失，快樂就沒有了，自然也就沒有了持續的興趣。

這麼說吧，如果你的興趣是賺100萬元，這就有可能很尷尬。因爲這個快樂會隨著你賺到的錢越來越多而減少，等你有一天一年賺了200萬元，你還會覺得自己當年太沒追求。

但是，如果你的興趣是更加深層的，比如自由、智慧，或者幫助身邊更多的人，這樣的興趣就只能永遠接近，不可能完全被滿足。隨著你的力量越來越大，你會發現需要幫助的人越來越多，而你能夠說明的方式也會越來越好。這就是永遠不能被滿足的興趣。

找那些不能夠被滿足的深層興趣，比如愛、成長、超越自己、快樂、助人、寧靜……它們會讓你幸福一輩子。

2020年新冠疫情在全球大流行，在美國，有一個名為「Dad, how do I ?」（爸爸，我該怎麼做？）的視頻自媒體出人意料地火了——很短的時間內，付費用戶達到了數百萬。

打開視頻的第一眼，你可能有些失望：一個面帶微笑、體形略胖的光頭大叔，正在鏡頭前絮絮叨叨地講解怎麼打領帶，怎麼用刀片刮鬍刀刮鬍子，怎麼給汽車換輪胎，怎麼疏通下水道，甚至還會讀一個睡前故事……

「就這樣?!」這是我的第一反應。

神奇的是，我慢慢地還真看進去了。大叔憨憨地笑著，不急不徐地講著，一點點地給你解說。看著看著，人居然變得很放鬆，就像回到小時候，回到老爸厚實、安全的懷抱裡。

聽完這位大叔講的故事，我找到了產生這種感覺的原因。

這位美國大叔叫羅布·肯尼，有兩個已經成年的孩子。

羅布的童年並不快樂，甚至應該叫悲慘。他父親的工作頻繁變動，他們也就一直在搬家，在各個城市間遊蕩。後來，母親酗酒。再後來，父母離婚。父親爭取到羅布的撫養權，卻沒有好好照顧他。

14歲的一天，父親出門前說：「我再也不想照顧孩子了。」然後就再也沒回來。他跟著23歲的哥哥艱難長大，既沒有母親的疼愛，也沒有父親的教導。

多年後，羅布和妻子將自己的兩個孩子撫養成人。回想起自己沒人教導的那些日子，羅布想把自己一路摸索出來的生活常識分享出來：如果有孩子正在遭遇自己當年那樣的不幸，至少可以從這裡找到一些答案。

爸爸，怎麼打領帶？

爸爸，怎麼用刀片刮鬍刀刮鬍子？

爸爸，怎麼給汽車換輪胎？

爸爸，怎麼疏通下水道？

爸爸，能不能讀一個睡前故事？

這就是羅布小時候遇到的問題。當時，沒人回答他，那種孤立無援的感覺，他懂。

在有了自己的孩子之後，羅布一定也被問過這些問題，他決心不讓孩子重複自己的遭遇。他像在視頻裡那樣，耐心地講了又講。

現在，他要講給更多人聽。

在我看來，羅布的行爲是對泰戈爾那句著名詩句的最好詮釋：The world has kissed my soul with its pain, asking for its return in songs。（世界吻我以痛，我報之以歌。）

如今的羅布平和、堅定，眼中有光，我相信他的視頻會一直做下去，講給全世界孤獨長大的孩子們。

爲你的生命找到一個長期的、深層的、不能被滿足的樂趣，讓這個永恆的樂趣帶領你穿透生命的無常。

3

你是不是安全感的奴隸

年輕人到底該不該買房？

不管你在中國的哪一座城市，只要你有個工作，還準備結婚，而且父母健在，你肯定想過這件事情：我是不是要在這座城市買房？這得多少錢啊？什麼時候買？父母出不出錢？

因爲你知道，只要一提「裸婚」，沒有人願意嫁給你；即使女方願意，她的家人、別人會怎麼看？孩子以後怎麼辦？看看下面這個「裸婚」的故事。

有這麼一個人，我們暫時叫他小飛。他21歲從某名牌大學金融系畢業，在大城市找不到工作，於是回到老家省會的證券公司當了一名普通員工。一年後，小飛遇到了自己喜歡的姑娘小蘇，戀愛一段時間後，小飛向她求婚。小蘇問他房子怎麼辦？他說：「我才工作一年，加上大學時賺了點錢，就攢下來10多萬元。我給你兩個選擇：一是用這筆錢在當地買個小房子，二是讓我去投資，過幾年咱買間大房子。」小蘇說：「好，我相信你，我選第二個。」於是小飛和小蘇租了個兩室一廳的房子就結婚了，房子有點舊，晚上還能聽到天花板上的老鼠在開派對。第一年他們生了個女孩，他們沒買房；結婚4年後，小飛的事業終於有了點起色，他成為一家投資公司的合夥人；結婚第6年的時候，他在新公司站穩了腳，收入也開始穩定了。他花了大概30萬元在當地買了間一般的房子，全家搬了進去。32歲的時候，小飛終於賺到了自己的第一個100萬元，雖然此時朋友們都住上了更好的房子，但這筆錢他也不準備用來買更大的房子，他想繼續做投資。

這樣的生活，你可以接受嗎？

這樣的生活，比選擇了直接買房子的故事版本怎麼樣？

這是一個眞實的故事，小飛和小蘇其實是你認識的人，他們一個叫巴菲特，一個叫蘇珊。

1951年，巴菲特從哥倫比亞大學畢業，在紐約找不到工作，於是回到了老家奧馬哈做股票經紀人，他的職位就相當於今天證券公司的一名普通員工。1952年，巴菲特遇到了自己喜歡的姑娘蘇珊。據說巴菲特在結婚的時候跟蘇珊說：「親愛的，我工作一年就攢下了1萬多美元，我現在給你兩個選擇，一是花1萬美元咱們買間小房子，二是這1萬美元讓我去投資，過幾年咱們買間大的。」蘇珊說：「好，我相信你。」

1952年，巴菲特與蘇珊「裸婚」，他們租了一個兩室一廳，晚上都能聽到老鼠在天花板上開派對。

1953年，他們的第一個女兒出生了。

1956年，租房子4年後，26歲的巴菲特成立了巴菲特聯合有限公司，開始創業。

1958年，他的投資開始穩定獲利，他花了3.15萬美元買下位於奧馬哈的一座灰色小樓。至今他和家人還住在這裡。

1962年，也就是結婚10年後，巴菲特賺到了自己人生的第一個100萬美元。

2008年，巴菲特擁有財產620億美元，成為世界頂級富豪。

各位「不見房子不撒女兒」的父母，各位無房絕不「裸婚」的年輕女孩，你們說誰才是眞正的股神？答案是巴菲特的老婆蘇珊！她爲巴菲特做了這輩子最重要的一次投資決策：投資自己，而不是投資一間房子。如果當年蘇珊選擇的是買房子，估計巴菲特一輩子就廢了。因爲即使是股神這樣的天才，也需要給他10年的發展機會啊。從職業發展來看，一間房子可能會毀滅一個巴菲特。

投資自己PK投資房產

2010年，《拆掉思維裡的牆》首次出版之後，買房成爲這本書爭論最多的話題之一。其實，豈止是對本書觀點的討論，買房簡直是經久不衰的社會熱點。今天打開「知乎」，輸入「買房」這個關鍵字，你會發現人們還在激烈地討論著：「今年房價會暴跌嗎？」「年輕人還有必要買房嗎？」「房價眞的會這樣一直漲嗎？」……

我無意爲自己辯護，雖然到今天爲止，我仍堅信我的觀點：在職業發展的初期，投資自己遠比投資房產重要。直到今天，我也沒有在北京買房，因爲這不重要。

我覺得，有些話可以說得更透一些。

認眞的讀者會發現：我並不是反對買房本身。對我們大多數人而言，房子遲早是要買的。身在今日之中國，房子仍然意味著戶籍、學籍、醫療等諸多有形無形的東西，我們不能視而不見。

過去買房的錢靠自己掙、靠貸款；今天家庭富裕了，靠父母支持也無可厚非。

我提醒大家注意的是買房的時機，即我們到底應該在什麼時候買房？

在大學剛剛畢業、初入職場的時候，我們就掏空家裡的「六個錢包」❶，在一個房價高漲的城市貿然買房，背負高額的房貸，失去戰略自由度……無論到什麼年代，這都不是明智的選擇。

對大多數人而言，23歲（大多數人大學畢業的年紀）到28歲這5年，是職場發展的關鍵期，是投資自己「投入產出比」最大的黃金時段：工資不高，但工資增幅預期最大；職級很低，卻最有可能實現職級躍遷。此時，你仍對未來充滿好奇和鬥志；此時，你剛剛走出校門，精力旺盛，讀書、學習的習慣還在；此時，父母身體尚且健康，你自己也還沒有成家、沒有孩子，一個人吃飽，全家不餓。大概這是你一生中最能輕裝前進、大膽做出各種嘗試的時候。

買入時機，是投資的關鍵。這裡的投資包括你自己這支「潛力股」。不買房，並不是讓你貪圖輕鬆、享樂；不買房，意味著有自己的戰略自由度；不買房，意味著你有閒錢把有限的工

❶ 六個錢包，網路流行詞，是指男方的父母、祖父母、外祖父母加上女方的父母、祖父母、外祖父母共六個錢包。

資投入無限的「投資自己」中，碰到有價值的課程或事情，你不需要猶豫糾結，因爲有不同的城市、行業和生活形態讓你放鬆地去體驗。如果有合適的轉行、跳槽或新的機會，你也可以大膽嘗試。

這樣一路走來，隨著身價的增長，在28～30歲湊齊一間房子的首付並不是大問題。年輕的時候，全世界都勸你買房，而房價也是年年上漲，你自己也覺得，一定要趕上那班車。如果這是家庭富裕、自己自由前提下的選擇，也是非常明智且很好的投資。但如果這是父母的養老金、保險費，且以犧牲自己自由爲代價的選擇，那麼投資自己就是更好的選擇。

自己選擇，並對這個選擇負責。

房子PK夢想

你在年輕的時候，買一間房子在多大程度上是在出賣你的夢想？這個問題不著急回答，我們先來做一個「人生實驗」。

假設小強和小明同年從同一個科系畢業，後來又在同一家企業工作。兩年後，他們的月收入都是5000元，現在他們決定思考買房的事情。正好單位的班車通過北京五環的某個地方，這裡房價每平方米1.2萬元，戶型多爲80平方米的兩居室。（這個單價現在已經買不到北京五環的房子了，讀者可以自動把北京五環改爲六環、七環，依此類推。）兩個人的家庭都能夠支持他們大概35萬元，如果按照最長的30年貸款算下來，月付大概在3000元。

盤算下來，小強決定買房，而小明決定投資自己。

半年以後，小強和小明的收入分配有了不同。小強開始每天坐班車上班，而小明在公司附近每月花1500元租了一間房子。現在我們來對比一下小強和小明每月的收入和支出。

小強每個月只有300元節餘，他小心翼翼地避免所有大額消費，避免所有出遊活動。他想：反正有房子了，熬一熬就都過去了！小明則開始把更多的錢投資自己，他覺得這個時候投資自己才最重要。他看上了幾個認證和能力培訓班，也找經理要了一份書單，購買了自己需要的書。同時他還拿出一部分錢做活動基金，因爲他知道，在課程中擴展人脈的收穫往往和課程一樣重要，而人脈需要持續的活動來維繫。看看這個選擇會讓他們的職涯有什麼不同。

小明的投資很快收到了成效。他的簡歷上每年都會

小明和小強在做出不同選擇後的月收入與月支出		
	買房子的人（小強）	不買房子的人（小明）
收入	5000 元	5000 元
必須支出	3000 元房貸 1200 元生活費和吃穿費用等 500 元機動費用	1500 元房租 1200 元生活費和吃穿費用等 500 元機動費用
	共 4700 元	共 3200 元
月剩餘	300 元	1800 元（正現金流）

穩定地增加一個認證，能力也越來越突出，越來越多的機會降臨到他的頭上。小明的人脈保持率每年是小強的12倍，這讓小明總是有一些各行各業的朋友，慢慢地他成爲公司資源的中心，甚至有時候上司需要什麼管道，都會問他一句。他還準備讀MBA（工商管理碩士），爲自己再升一級做準備。當然小強也不差，爲了自己的房貸，他也努力工作。只是他慢慢地意識到學習眞的很重要，自己往往一個多月的工作心得，小明一堂課就獲得了。但是囊中羞澀，他沒

小明和小強在做出不同選擇後的職業能力變化		
	買房子的人（小強）	不買房子的人（小明）
投資	假設小強是一個學習狂，每月投入 200 元到學習中	每月輕鬆投入 1200 元用於學習
	1 年自我提升費用 2400 元	1 年自我提升費用 1.4 萬元
能力提升	單位培訓	單位培訓
	認證培訓無（上不起）	1 個認證培訓，4000 元
	1 個能力課程，2000 元（如溝通、銷售、理財、情商等課程）	2 個能力課程，4000 元（如溝通、銷售、理財、情商等課程）
	購書 18 本，共 400 元	購書 30 本，共 1500 元
	月活動基金無	月活動基金 400 元
人脈	50 人	認證、培訓能力課程共認識了 200 人
	無維護，人脈保持率 5%	通過月活動基金維護，人脈保持率 30%

有能力投入培訓課程，而且自己精力也不足，因爲房子離公司太遠，每天回到家就已經晚上9點多了，稍微休息一下就該睡覺了。

這樣一個購房選擇，在升職加薪方面會有什麼影響？小明因爲更多的知識儲備和更廣的人脈，升職的速度幾乎是小強的兩倍。

按照公司每三年按慣例提升一個人、大概一年半破格提升一個人的速度，一般企業每升一級工資提升150%，一年發13個月薪水，那麼10年後，同一條起跑線上的小明與小強的工資差別可見下表：

10年過去，現在小明和小強都有各自的發展。小強在自己的公司做到了經理，年薪將近20萬元。而小明5年就升到了經理，然後跳到了另外一家企業，從經理做到了總監，然後與兩個朋友開始一起創業，現在有股份，年薪大概68萬元。從職業發展理論來說：一個成功的職涯發展人士，10年後的月收入是10年前年收入的10倍。現在小強的房貸還得差不多了，但是小明的年收入是小強的三倍多，而且未來的平臺和前景遠遠不是小強能夠比擬

小明和小強在做出不同選擇後的職級和薪資變化		
10 年職業發展	小強 3 年 / 次	小明 1.5 年 / 次
升職數	升職 3 次	升職 6 次
稅後月薪	1.5 萬元	5.2 萬元
年薪	19.5 萬元	68 萬元

的。因爲小明的專業能力和交際廣度一直在上升期，慢慢已進入資源層面的競爭，而小強卻慢慢進入體力下降的瓶頸期，他似乎已經看到了自己的職涯天花板。

小明與小強的另一個重大差距是，小明在10年間做了兩次重要的跳槽選擇，小明很清楚，在今天這個極速變化的社會，期待一個公司或者行業連續10年都有最快的發展是不可能的，自我的快速發展也許需要通過調整職業方向來實現。而小強則不敢冒這樣的風險，因爲他的房貸讓他不敢做任何職業變動。我們幫小強算筆賬。

看看下表，不購房的人一個月內就可以跳槽到新行業或新公司，承擔轉換行業與職位的短暫壓力，獲得更好的發展機會。他們只要準備8個月就可以嘗試創業，而購房者則與這些機會漸行漸遠。

簡單來說，如果你有一份月薪5000元的工

買房者（小強）與不買房者（小明）的收支專案表		
經濟收支	購房者	租房者
月存款	300元／月	1800元／月
月支出	4700元／月	3200元／月
有一個很好的工作機會，但前三個月試用期每月只有3000元，通過後每月漲到6000元，需要準備	1700×3=5100/300=17個月	200×3=600 1個月
一個創業機會，前景很好，但一年內每月只有2000元工資	永遠無法創業	8個月準備期

作，用20年的貸款買一個最一般的房子，那麼在接下來的10年中，在我們最有旺盛學習力與拚勁的時間段，在我們最需要選擇適合自己的職業目標、最有機會開始嘗試創業的年代裡，大部分購房者與這些機會擦身而過。

這些過早的購房者幾乎與創業、轉換行業和快速升值無關。從職業發展角度來看，一套房子毀滅了一個夢想。

我們嘗試翻閱國內大部分創業者的成功檔案，發現他們都在最適合開始創業的年代，選擇了創業而不是選擇買房。

1998年，馬化騰等5個人湊了50萬元，創辦了騰訊，沒買房；1998年，史玉柱向朋友借了50萬元搞腦白金，沒買房；1999年，漂在廣州的丁磊用50萬元創辦了163，沒買房；1999年，陳天橋炒股賺了50萬元，創辦了盛大，沒買房；1999年，馬雲團隊18個人湊了50萬元，註冊了阿里巴巴，沒買房。他們的成功不是由買房來決定的。

為什麼都是50萬元？因為當時的《公司法》規定，要註冊公司必須是50萬元。馬化騰當時的股份是47.5%，也就是23.8萬元，而1998年深圳市平均房價在每平方米3000元左右，他應該可以支付一間約80平方米的房子。當年的馬化騰做出了一個正確的選擇：不買房，買夢想。

無獨有偶，量子基金創始人之一、投資大鱷羅傑斯也是在量子基金成功運轉7年後才耗資10萬美元買下了一棟百年老宅。

與他們持類似觀點的還有國內房地產業大佬王石。2008年年初，國內樓市初現調整之時，王石拋出了驚人之語：「對那些事業沒有最後定型，還有抱負、有理想的年輕人來說，40歲之前租房為好。」

在我看來，按照今天的房價，排除那些富二代不說，普通人買房賣夢想只有兩種情況。

第一種是雙方父母出錢資助，這種人前途和發展基本上被父母「控股」。經濟不獨立往往意味著夢想不獨立，你住著別人花的錢買的房子，還有什麼好說的？但今日的父母似乎更開明了，給錢買房子還不干涉你的自由，如果遇到這樣的父母，你一定要謝謝他們。

第二種情況是犧牲了太多的發展機會，典當夢想來成就一間房子。

美國人平均31歲才第一次購房，德國人42歲，比利時人37歲，香港人32歲；歐洲擁有獨立住房的人口占50%，剩下的人都是租房。我們憑什麼要一畢業就結婚、一結婚就買房，而且還要爲之出賣我們的發展與夢想？

我曾經在2003年的深圳、2006年年底的北京分別看上兩間房子。2003年那次我無力支付，但也不願意讓父母出錢。2006年那次，因爲有了一點積蓄，我大概能付得起40萬元的首付。那天看完房子，那種擁有一個自己房子的想法讓我非常興奮，開車回家的路上，我特別激動地給朋友逐個打電話。直到有一個朋友對我說：「古典，你準備好安定了嗎？如果買了房子，你這輩子基本上就定下來了。你的房子會驅使你找另一半、結婚、生子……因爲那就是在房子裡面該幹的事情。當然，那樣的生活其實很好。」

我放下電話，那種興奮感慢慢退去，快到家時，我做了一個決定：我不要過有房人的「安定」

生活，我的生命不僅止於此。

這些年來，每次開車經過那個樓房，我都深深地感謝我那天的決定。現在這處房子已經升值了5倍，價值1200多萬元。但我的人生，我這10年的體驗之豐富、眼界之開闊、能力之提升，都遠遠比這套房子值錢。

如果每個月有6000多元的房貸，我絕對不敢思考如何離開新東方這個待遇優厚的地方，創辦新精英生涯，這樣我將錯過這輩子自己最想要的生活、最希望一起共事的一群人和一個最大的夢想。這一切都是一套房子無法比擬的。

回頭看那些過早購房的人：他們花掉了自己未來10年轉換工作方向與創業的自由度，花掉了年薪高出三倍的機會，他們到底買回來了什麼？

他們購買的，其實是內心深處的「安全感」。他們不相信自己的能力，於是覺得有一間房子會讓自己安全一點。在這座大城市有一個棲身之地，會讓人覺得心裡踏實。他們購買的其實是一種莫名其妙的心智障礙，一種對自己能力的不自信。

但是安全感眞的可以來自一間房子嗎？這是我們本章要拆掉的思維之牆。在這個房價、股票、國際間日益動盪的社會，在這個跌跌撞撞、從國有體制狂奔進入智慧時代的社會，我們的安全感眞的可以來自一件物品嗎？如果說房子眞的可以換來安全感，那麼用夢想來換，眞的值嗎？

爲了消費安全感，我們付出了這麼大代價，典當自己的夢想，典當自己發展最快的短暫時光，眞的值得嗎？我們眞的應該好好地看看，這堵牆背後到底是什麼。

至於父母怎麼看待孩子買房，我倒是很喜歡領英聯合創始人里德．霍夫曼的父親的態度。

霍夫曼準備創業的時候，父親跟他說：「去吧，家裡給你留一個房間，失敗了就回來。」

霍夫曼很踏實，他知道自己不會無家可歸。當資金耗光之後，他就回到這裡，再找一份普通的工作養活自己，這反而激勵了他在商業道路上不斷進取。

霍夫曼從中悟到了一個ABZ理論，就是人要同時有三個計畫：A計畫目標遠大，B計畫穩中求勝，Z計畫是底線。霍夫曼把家裡的房間當成了Z計畫，他知道即使A計畫、B計畫全部失效，他也可以安穩地過一輩子。

今天的我們是否可以考慮把快速躍遷作爲A計畫，把踏實做好手頭事作爲B計畫，而爸媽也別操心我們買房的事，給我們留個房間，作爲Z計畫？

同樣，困擾很多人的「去大城市還是待在老家」的選擇，也是安全感的問題，我曾在視頻帳號分享過「該選擇大城市，還是小城市？」你可以找來看看。

安全感如何毀掉職業發展

我是一個小城市的老師，我周圍的人都是有個工資不高但較穩定的工作，結婚，生子，然後守著微薄的工資到退休。我的路不應該是這樣的，我害怕自己會和他們一樣。我想過去城市工作，但是又害怕在城市裡找不到好工作。我曾經想通過考研究所來擺脫我的現狀，但是如果複習一年考不上怎麼辦？我還想過，實在不行，我談一段戀愛結婚算了，但是我又害怕對方成為我未來發展的阻礙，我該怎麼辦？

該怎麼辦？

你一定也有過這種感覺，自己陷入那種好像什麼都有一點可能，但是又什麼都做不到的恐懼。自己突然很弱小、很弱小，禁不起任何的失敗。世界很大，我卻沒有力量去任何地方，那是一種好像被什麼東西囚禁的感覺。這個時候你多希望有一個權威的聲音說：去吧！你一定可以成！但是沒有任何人會這樣說。

職業規劃師也不會這樣說，因爲他們知道，這不是職業規劃的問題，而是心理問題——即使找到最優化的道路，這個人也會繼續和自己玩「Yes, but...」（「是的，但是……」）的遊戲。這種被自己的安全感囚禁在看不見的牢籠中的人，我稱爲 yesbuter，這種人大部分都是安全感的奴隸。

安全感是一個力量強大的主子，它用一個看不見的牢房來囚禁奴隸，這個牢房用恐懼作牆，用惡毒的信念作水泥。看看案例中那個主人公：她害怕枯燥，害怕找不到工作，害怕考不上研究所，還害怕愛情。僅僅是這4個恐懼，就能把她隔絕在有意義的生活、考研究所、工作和愛情之外。被安全感囚禁的人就這樣被隱性的牢房之牆隔絕於世界，哪裡也去不了。

如果你再追問她，就能得到她恐懼背後的信念：

「為什麼不努力一下考研究所呢？你知道這是最好的方式！」

「是的，但是我不擅長學習。」

「為什麼不嘗試找一個能與你一起奮鬥的另一半呢？」

「是的，但是我聽說男人都不喜歡妻子太好強。」

「為什麼不嘗試出去找找工作呢？」

「是的，但是我聽說外面的工作很不好找。」

「為什麼不這樣待下去呢，這樣平平淡淡不也很好嗎？」

「是的，但是我害怕與他們一樣……」

這就是一個被自己的安全感囚禁的人。

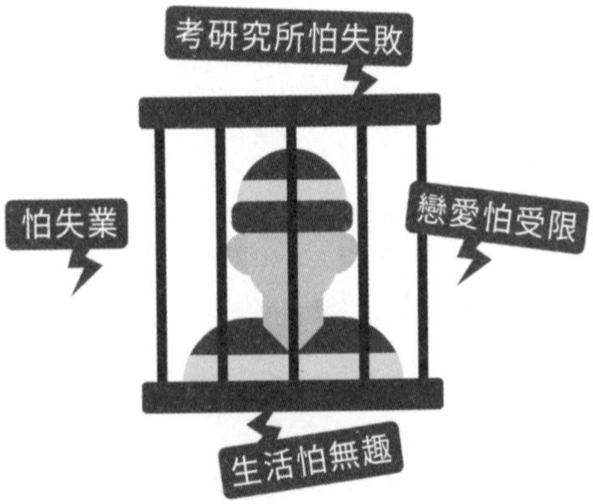

這不是愛情，而是恐懼

在搜索對話框裡檢索「安全感」，你將看到如下結果：爲什麼我覺得男人沒有安全感？爲什麼我的女朋友說我沒有安全感？缺乏安全感的人怎麼談戀愛？如何讓別人覺得自己有安全感？沒有安全感的22個表現……安全感成爲選擇對象的重要因素。

每個人都期望自己能獲得安全感，這是人的基本需要，但是每個人對安全感的想法卻不一樣。在我們的社會中，女孩子總會收到這樣的信息：

「一個女孩子，孤零零的太可憐了！」

「30歲還沒有嫁出去，怕是有什麼問題。」

「現在還不生，以後沒得生了，老了多淒涼啊！」

或者是隱晦一點的：

「這麼努力幹嘛？做得好不如嫁得好！」

如果你現在已芳齡25歲以上，還沒有靠譜的男朋友，你試著給任何一個超過40歲的長輩打個電話，我敢打賭，10句話裡超過4句的主題是：找個男人！

總之，這個社會，不管是爸爸媽媽、三姑二嬸還有同學閨密，都在齊聲對你說：「你沒有能力一個人活得很好！沒有男人你是活不下去的！」

想想看，如果一個女孩子被設定了「我沒有能力一個人活得很好，沒有男人我就活不下去」的想法，她心裡會啟動怎樣的模式？

她會開始尋找有安全感的男人；沒有安全感也不要緊，至少他的錢或者職位讓我有安全感；實在都沒有也不要緊，只要他父母有錢或者有權也不錯。「幸運」的女子也許會找到一個這樣的男人，然後全力依靠，越來越多地學習掌控，獨立生存的能力卻越來越低。終於有一天，她成爲一個必須依賴別人才能生存的人。這個時候她會怎麼辦？

她內心的安全感主子會說：「快！死命抓住這個人，否則你就完了！」

讓我們看一個「美麗」的愛情故事。

大學時，為了把他留在身邊，她獻出了自己的第一次。

畢業了，為了留住這個她愛的人，她與他結婚了。

幾年後，為了讓這個人回心轉意，她為他生了一個孩子。

又過了幾年，當婚姻和孩子還是留不住這個人，她自殺了。

多麼淒美的愛情故事。多麼無情的男子。多麼癡情的女子。

……

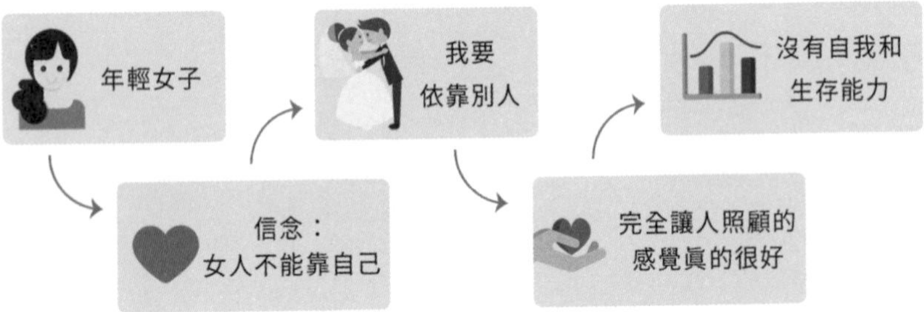

等一等，她真的愛這個人嗎？

親愛的，那不是愛，那是恐懼。

愛有兩種：一種是死命抓住，你緊張，他也緊張；一種是輕鬆托住，你舒服，他也舒服。

沒有人能夠完全控制對方，所以當把快樂生活和安全感綁定在男人身上的時候，你也就爲日後的瘋狂埋下了伏筆。快樂生活的安全感是你不能夠失去的，於是可以依靠的男人也是不能夠失去的。但是你內心知道，男女朋友關係不能約束對方，於是你的安全感主子會說：「結婚吧！」結完婚，你的安全感主子會說：「結婚還是可以離的，生個孩子吧！」當生完孩子，你的安全感主人還會說：「生個孩子不一定聽話，所以一定要掌控他（她）！」於是你開始告訴孩子你的安全感主子告訴你的一切，讓這個心理模式繼續傳遞下去。

我能聽到你的安全感主子的獰笑，因爲它的奴隸成功地爲它養育了一個小奴隸，就像以前的黑奴一樣。

這樣的模式讓你成爲安全感的奴隸，讓你陷入害怕失去而又全力掌控的無窮焦慮。電視劇《不要和陌生人說話》中丈夫的變態掌控，都來自女主角內心安全感主子的耳語：「你掌控不了他，你沒有資格。」終於有一天，那個原本深愛你的人也會不堪重負，嘗試從你的掌控中逃脫。

這個時候，你的安全感主子會讓你絕地反擊：「你果然不可靠！我不能沒有你！我一個人活不下去！」於是你的瘋狂行動就開始了。

「我不能沒有你」，我們在很多關於愛情的血案、情仇、報復和自殘故事背後都能聽到這句話。這些故事的主角都堅信自己雖然手段惡劣，但是出發點高尙，因爲——爲了愛情。

事實上，親愛的，那不是愛，那是恐懼。

這個世界沒有誰都能活得下去，而你卻不知道自己什麼時候陷入了深深的恐懼。你堅信自己需要被認同，你堅信離開了另外一個人你無法生活，這其實是一種恐懼。

愛從愛自己開始，你可以愛爸爸，愛媽媽，愛戀人，愛小貓，愛小狗，但是這一切都從愛自己開始。

所有的愛只有溢出來，才是愛。

那些打著愛的旗號的傷人者、自殘者或「偉大的犧牲者」沒有發現，那其實不是愛，而是恐懼。安全感獰笑著奴役你，然後讓你去毀掉身邊的人，毀掉你的生活，然後在人群中尋找下一個受害者。

請你相信：**這個世界沒有誰都能夠活下去，而且都會活得很好。當擁有了說走就走的能力，你反而能收穫眞正的愛情。**

我們來看看被稱爲「中國第一樁西式離婚案」的故事。男主角你很熟，詩人徐志摩；女主角也許你不知道，是他的第一任妻子張幼儀。張幼儀的人生以離婚爲界，前後截然不同。

15歲那年，張幼儀奉「父母之命，媒妁之言」，嫁給了徐志摩。徐詩人從來沒看上過她。第一次見到照片的時候，徐志摩就嫌棄地說：「鄉下土包子。」婚後不久，張幼儀懷孕、生子，徐志摩旋即出國。

後來，張幼儀去英國，與徐團聚。

22歲那年，張幼儀懷上了他們的第二個孩子。徐志摩要她打掉孩子，還要和她離婚。所有哀求，都被堅決拒絕之後，張幼儀不得不在離婚協議上簽字。她獨自去德國待產，此後，她歷經貧窮、彷徨、世人的嘲諷……人生跌至谷底。

但在回首往事時，張幼儀卻說：「去德國以前，我凡事都怕；去德國以後，我一無所懼。」怕什麼呢？怕離婚，怕父母失望，怕公婆不滿，怕人言可畏……可是怕了那麼久，該來的還是來了。「一無所懼」之後，她的人生開始反彈。

離婚之後，張幼儀又在德國待了三年，撫養幼子，學習進修。

1927年張幼儀回國後，在東吳大學教授德文。

從1928年開始，張幼儀擔任上海女子商業儲蓄銀行副總裁、雲裳服裝公司總經理，成為民國年間少有的女性商業領袖。

當時人們都以在雲裳做衣服為榮。誰會想到，當年徐志摩嘴裡的「土包子」，此時開始引領上海乃至整個中國的時尚潮流。

張幼儀打理的女子商業儲蓄銀行，也在風雨飄搖的亂世中堅持了30餘年，直到1955年金融業公私合營才宣告結束。

這不是一個民國版「今天你對我愛答不理，明天我讓你高攀不起」的故事。張幼儀「開掛」的後半生，不是對徐志摩的證明或報復。

你還在報復，證明你還在陰影裡。

張幼儀此時已經成為比徐志摩更亮的光。

事實上，離婚之後，張徐二人反倒成了可以好好聊聊天的朋友。

1931年，徐志摩因飛機失事亡故，幫他照顧父母、整理文集，甚至資助徐志摩遺孀陸小曼的，都是張幼儀。

此刻的張幼儀，距離那次改變命運的離婚，已經10年。

關於「愛」的三個誤會

愛是我們最常聽到的話，卻也是被誤解最深的一個字。

把依賴當成愛

一個朋友因為公事需要經常出差，每次在外面總是接到女朋友的電話：「你現在好不好？有沒有想我啊？」如果朋友回答「好得很」、「挺開心」，他的女朋友就很傷心：「你都不想我……你一個人都這麼開心！」他非常困惑，心想難道必須說：「我現在糟透了？」

我們很多時候把依賴當成了愛，覺得愛就是兩個人甜甜蜜蜜，誰也缺不了誰。當看到別人沒有自己也活得很好的時候，內心就會莫名其妙地生氣，覺得對方不愛自己了。這種人往往很難很好地獨處，因爲這其實不是愛，而是依賴對方。眞正的愛，是給對方自由，也給自己自由。

就像詩人非馬的詩歌：

打開

鳥籠的

門
讓鳥飛
走
把自由
還給
鳥
籠

你是不是那個費勁巴拉的鳥籠呢？

把愛自己當成了愛別人

有沒有遇到過這樣的情況？你給你的女朋友傳了一則訊息，說：「小紅，我好愛你！」但是傳過去一點回音都沒有，於是你開始著急，等待，一分鐘看三次手機……

你是在表達愛嗎？如果是，爲什麼你這麼焦慮？你是在等待她回訊息說「小明，我也很愛你」？這就是把愛自己當成了愛別人。

你有沒有對別人說過：「我對你這麼好，你卻不聽我的話？」你的父母有沒有對你說過：「我這樣做都是爲了你，你卻讓我這麼傷心。」這些話聽上去是愛的表達，其實是一種要求與責備。背後的意思就是：「我對你這麼好，所以你必須聽我的話！」「我這樣爲了你，你不能讓我傷心。」怎麼樣，是不是打著愛的旗號索取？

把喜歡與愛混淆

你的孩子考試得了100分，你很高興，對他說：「你得了100分，媽媽好愛你啊！」但是當他只考了60分的時候，你又會說什麼？你會不會生氣地說：「怎麼考得這麼低？媽媽不喜歡你了！」

你的孩子很快就學會了：媽媽不是愛我，而是愛我的分數。他也會把「喜歡」和「愛」混爲一談。

喜歡是指向行爲的，而愛則指向人的本身。

你可以不喜歡朋友抽菸，不喜歡他的一些想法，但是要記得，你可以討厭這個人的一些行爲，同時你也可以愛著這個人。

我們天天在說愛，但是對於愛，我們眞的知之甚少。你覺得自己在「愛」的那些時候，有多少是眞的愛呢？

爲什麼美女大多不認路

有沒有觀察到一個好玩的現象？

我們身邊的大多數美女都不太認路，不過，她們一般也不需要認路，因爲她們總有其他人接送，很少自己開車。即使開車，她們往往也是開導航，但一旦手機沒電或找不到訊號，她們就徹底崩潰了！

難道說美貌與方向感成反比？

顯然不是。

小M是著名房地產公司銷售經理，1.72米的身高，漂亮優雅，每個月的銷售額都是公司第一，是一個典型的白領上班族。她有自己的車，但每次朋友聚會都要遲到。一般大家坐下來大概10分鐘，就會接到她的電話：「哎呀，我現在應該就在附近了，你們等我啊。」然後大家放下電話就會說：「別等啦，我們吃飯！」果然，半小時後會接到她的第二個電話：「你們在哪裡啊？天啊！導航不對！我都快瘋了！」大家於是很淡定地說：「小姐你別動了，我們打包去接你吧！」

你以爲小M不認路？你應該看看工作時候的她，不管在大樓的什麼地方，她都能告訴你，這裡是東，那邊是南。而一個新的大樓，只要走一遍，她就能全部記得。

爲什麼小M的方向感會時好時壞？

因爲小M在買車的第一天，就有無數人告訴她：「女人是完全不認路的！」小M從此出門就開導航。兩個人的時候，有男朋友做人體導航；自己一個人的時候，就完全依靠手機導航。小M的車上方向感從此完全消失。

前面說過，能力＝天賦×時間。小M完全沒有自己認路的時間和機會，所以她的認路能力近乎爲0。但是在辦公室裡面，小M完全是另外一個狀態。

看出來了嗎，「女人不認路」這個信念徹底毀掉了小M在開車認路方面的能力，讓她在認路上極度不自信，恐懼感自此而生。可見，心智模式是封印最好的咒語。

你的潛能好像你的諮詢顧問，如果一開始你信任它，它就會越來越努力，爲你做越來越多的事情；如果一開始就不信任它，

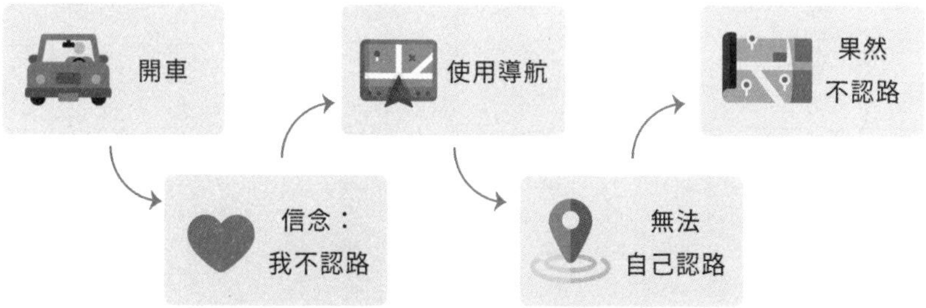

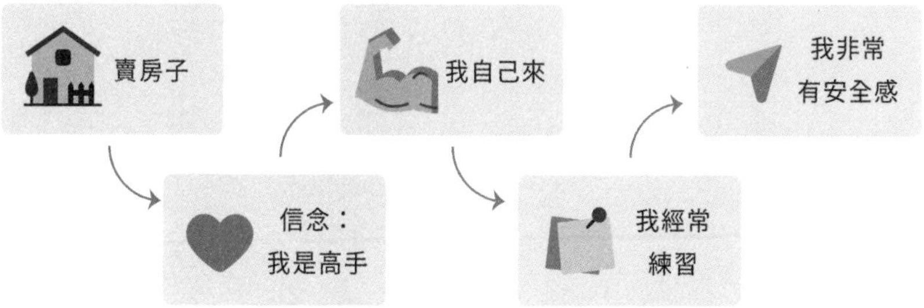

而去依賴其他東西，它就會慢慢地遠離你，在你需要用它的時候，它也不會來。慢慢地，信任自己潛力的人建立起了自信與安全感，而不信任自己潛力的人會進入越來越喪失安全感的模式。換言之，你永遠喪失了這個方面的自信，你變成了安全感的奴隸。

如果只是喪失開車不認路的自信，其實對我們的生命妨礙不大，但是如果在其他方面我們也一點點喪失自信，我們的生命就會慢慢地關上所有的門。

有一個西門子的工程師叫保羅，他最近被提升為部門經理，負責三個專案。他覺得自己沒有領導力，總是無法對團隊經理講清楚他的要求。於是，為了尋求領導力的提升方法，他來到新精英生涯學習。

其實，保羅的能力很強，資歷也夠，個人形象也很好，本來應該是一個很好的領導人才。我在課堂中觀察他，在小組討論的時候，保羅滔滔不絕，神采飛揚，但是只要代表小組出來講話，他就好像變了一個人！他開始結結巴巴，而且有很多自我否定的語言，比如，「我講得不好，都是隨便講的」、「我認為我們應該這樣，當然，這只是我的想法」、「我非常確定這個，當然，也許你們有更好的主意」。保羅一方面在強烈地表達願望，一方面又不斷地自我否定，這讓下面的人無所適從。為什麼保羅會這樣？

在接下來的迴圈式溝通環節，有一個話題是「在你很小的時候，大家是如何評價你的？這對你今天有什麼影響？」保羅突然在那個話題的討論中恍然大悟，他想起來自己小時候接觸的東西，等不及分享環節，他就舉手說：「我知道為什麼我是這個樣子了！我從小學習一直比哥哥好，家裡人很多時候都聽我的，而不是聽哥哥的。但是哥哥比我大，每次我講出意見以後，總是被他私下揍一頓。之後我就會說：『我認為應該這樣，當然這只是我的想法。』這就是造成我現在這種狀態的原因！因為我從小就知道直接說出自己的意見，是要挨揍的。」

找到了原因，保羅的領導力自信開始回來了。他說：「原來我天生就是個領導者！」

「女人不認路」，這句話關上了女人自己認路的門，所以只能依賴導航。

「一個女人活不下去」，這句話關上了女人獨立生活的門，所以有的女人天天想著嫁個好男人。

「世界是不安全的」，這句話關上了女人開拓奮鬥的門，所以我們總希望存更多的錢，只爲了買一間買不起的房子。

「你沒有價值」，這句話關上了我們自信的門，所以我們需要通過名牌衣服與嚇人的頭銜包裝自己。

如果沒有內在安全感，但是內心又迫切需要安全感，我們只好慢慢地轉向外界，尋求外部的寄託。這會讓我們的自信完全被摧毀，恐懼開始滋生，因爲我們的潛意識知道：外物是無法完全被掌控的，而我們又無比依賴這些東西。

這種想法讓我們活在兩重煎熬中：不相信自己，又隨時害怕失去。時間久了，我們終將被奴役，成爲安全感的奴隸。就像我們在生活中經常看到的一些人，他們是職業安全感的奴隸、房奴和愛奴。

6招快速提升安全感

小範圍的冒險

德蕾莎修女說，上帝不是要你成功，只是要你嘗試。

在安全的環境，小範圍地冒一冒險吧，這是拆掉你那些思維之牆很好的一次試探，看看它們是不是只是看上去堅固，其實很虛弱。

- 在不著急的時候，嘗試關上導航走一段路。
- 只用你們家房子一平方米的錢，給自己安排一次旅遊。
- 在一兩個你之後永遠不再去也不可惜的小群體裡面，做做自己一直不好意思做的事。
- 給那些可去可不去的職位打電話，推銷一下自己。
- 拿出一件不準備要的衣服，按照你的心意剪成自己喜歡的樣子。

總之，在安全的地方，讓自己來一次冒險吧！

遠離那些太容易獲得的安全感

我聽養鳥的行家說，如果抓回來的小鳥野性十足，千萬不要一下子就把它關進真正的鳥籠裡。

你需要先把牠關在一個軟網裡，讓牠無法休息，也無從撞死。等牠精疲力竭掉在網底的時候，慢慢地給牠一些食物。如果牠還是不順從，就放棄馴養。但是大多數小鳥會被食物吸引，慢慢地開始進食。一個多月後，這種小鳥即使飛了出去，也會飛回來，否則牠就會死在某個地方。因為牠已經被植入一個信念：我無法依靠自己生存下去。

人是不是也是一樣？

我以前在北京租住在一個三房兩廳的房子裡，因爲之前住慣了宿舍，喜歡熱鬧，所以除了我和室友寶華，另一個書房常年空著，有朋友來就住在那裡。因爲是兄弟，也不需要付錢，吃飯一起吃就好了。他們在那裡可以全天上網，還有滿屋子的書可以看，幾乎是零成本地在北京待著。這個房間陸陸續續搬進來過6個人。

後來搬家，大家在一起聊天才發現：這6個人在這間書房期間都沒有太好的發展。其中4個人找不到合適的工作，還有一個人黯然回到家鄉。寶華開玩笑地說，這個書房前寬後窄，風水不好。我慢慢品出了這裡面的道理：這些人不是沒有能力，而是太安逸了。他們在這裡吃住不愁，精神充實，心情愉快——如果安全感可以這樣輕易地獲得，那爲什麼還要努力去爭取呢？即使爭取，也沒有現在這樣舒服啊！

所以，在北京，如果想搞廢一個人，那就給他提供一個沒有經濟壓力，隨時可以上網、看書、吃飯的房子吧。

孟子說，生於憂患，死於安樂。如果要害一個人，讓一個人恐懼、沒有自信，給他提供無須努力就可以獲得的安全感。這實在是太有效了。據我所知，很多父母就是這麼幹的。

遠離那些讓你容易獲得安全感的事情，包括一對過於關心你的父母、一張可以任意刷的信用卡、一個不會犯錯的任務，以及一份如同養老般的工作，這些事情會馴化你成爲安全感的奴隸！

珍愛生命，遠離恐懼

少看一些淒慘的電影、惡俗的電視劇和慘澹的雜誌，也少和那些沒有安全感的人待在一起，它（他）們就好像垃圾車，滿懷恐懼的信念。

接近那些簡單快樂的人，看看那些乾淨明亮的電影和圖書，做一些無緣無故就會讓你快樂的事情。

站在陽光裡，你會慢慢地趕走黑暗。

做一個恐懼保險箱

恐懼其實不是壞事情，它是我們從祖先的潛意識那裡獲得的記憶。我們的祖先生活在一個危機四伏的世界裡，他們需要這些危機意識來保護自己：在遠古，一個對冬天有擔憂的山頂洞人父親，會收集更多的過冬食物；一個對經濟有擔憂的母親，會積蓄更多的財務。恐懼在那個時候是必需的，也是有益的。

所以，我們的天性會對恐懼的事情念念不忘，以至被它奴役，阻礙了很多的可能性。一個方法可以很好地控制這種本能，那就是給自己一個恐懼保險箱。

2008年，我在「5．12」汶川地震發生的四川災區認識了學習專家宋少衛，我們曾一起幫助東汽中學高三的學生做心理復建。當時，他們的書被埋在廢墟裡，他們朋友和家人的死訊不時地傳來，他們還要面對一個月後的高考，而這個成績會決定他們十年苦讀的結果，成為決定他們命運的方式！

總之，這群孩子充滿了恐懼，「如果再來地震會怎麼樣？」「如果高考考不好怎麼辦？」「如果醫院裡的同學去世怎麼辦？」「如果家裡的房子沒有了怎麼辦？」

此時，少衛用了一個有效的工具——恐懼保險箱，來幫助他們，你也可以試試這個遊戲。

- ✓ 把最恐懼的事情仔細寫在一張紙上，至少要寫10條，而且要盡可能的詳細，要做到挖空心思也想不出來更多為止！
- ✓ 找一個信任的人，或者一個很安全的地方，做你的恐懼保險箱。把這張紙疊好放到裡面，確保沒有其他人知道。
- ✓ 告訴自己，我擔心的事情有可能發生，但是我要去做自己的事情，所以我要先把恐懼安全地存在這裡！等做完自己的事情以後，我會回來取走我的恐懼。
- ✓ 這個時候你會覺得心裡舒服很多，然後大膽地去做自己的事情吧！
- ✓ 回到你的保險箱存放地，看看有多少擔心的事情發生了，又有多少沒有發生。

後來，我和很多重要人物談話之前都會先做這個遊戲，這讓我釋然很多。因爲我曾擔心的那些事情，幾乎從來沒有發生過。

做一個自己的「成功日記」

在最好玩的理財入門書《小狗錢錢》裡面，有一個這樣的故事：

故事主人公需要進行一個演講，卻覺得自己沒有能力。小狗錢錢說，還記得你的「成功日記本」嗎？

小主人公翻開日記本，發現自己原來有那麼多成功的經歷，做過那麼多偉大的事情……我是一個勇敢有自信的人！

後來，小主人公成功地在大家面前開始了演講。

這就是成功日記的威力。這個日記可以是一本書，可以是一些短訊息，也可以是一個郵箱，總之，找到一個讓你覺得自己實在是太厲害了的地方！

還記得啟動安全感模式的核心是什麼嗎？就是你的自信。成功日記就是一個啟動自信的方式——每天記得告訴自己，我曾經有多好！

《小狗錢錢》裡有關於成功日記的記錄：

1. 拿一本空白的練習冊或日記本，取名叫「成功日記」，把所有你做成的事情都寫上去。你最好每天都要記錄，至少寫上五項成果，任何小事都可以。一開始你可能會覺得很吃力，或許會問自己，這件事或那件事到底算不算「成果」呢。當你有所遲疑時，要始終告訴自己，這就是成果。過於自信總比缺乏自信要好得多嘛。

2. 如果更自信一點，事情可能就會簡單多了。我差點又掉進昨天那樣的圈套裡了。於是我決定立即去寫成功日記。

3. 你的成功日記怎麼樣了？昨天有沒有做記錄呢？這正是很多不富裕的人會犯的錯誤。他們總是有很多十萬火急的事情要做，卻沒有時間考慮真正重要的問題。

4. 困難和問題總是層出不窮，儘管如此，你仍然要每天堅持下去，堅持去做對你的未來意義重大的事情。它們最多花掉你十分鐘的時間，可就是這十分鐘，能給你帶來真正的改變。大部分人總是日復一日地停留在原地，就是因為他們沒有拿出這樣的十分鐘來，他們總是期待周圍環境會為自己發生改變，卻忘記了首先應該改變的就是他們自己。

這十分鐘時間就可以改變你。你要對自己鄭重做出承諾：從現在開始，堅持寫成功日記，堅持去設想你美好的未來。不管發生了什麼，每天都要堅持這麼做。

5. 通過成功日記，我也學到了很多東西。我早已不再僅僅記錄所謂的「成果」，還常常記錄下自己是怎樣獲得成功的。比如，我知道自己非常勇敢，但在感到害怕時，我也不會覺得困擾。因為哈倫坎普先生曾對我說，勇敢不是毫不恐懼。勇敢的意思是，一個人儘管心懷恐懼，但仍然能克服恐懼向前走去。

面對恐懼，觸底反彈

「故事一旦被講出，過去的事情就會被燙平在生命的衣服之上，不會再像空中的幽靈一樣襲擊著你。」在一次職業規劃課上，來自臺灣的黃素菲老師這樣說。

這是消除恐懼的最後一招，也是最有效的一招，就是找到你的恐懼底線，然後面對它。

按照《恐懼OUT：想法改變，人生就會跟著變》（Feel the Fear and Do It Anyway）一書的說法，恐懼有三個層次：

第一個層次是恐懼事情的本身；

第二個層次是害怕失去背後的價值；

第三個層次，也就是真正的恐懼，是你覺得自己沒有能力去應對這個失去。

比如，很多人害怕在大眾面前演講，這是第一個層次。第二個層次你發現，自己真正害怕的不是公開演講，而是怕自己講砸了。但是他真正恐懼的不是講砸，而是自己沒有能力面對講砸的狀況，那才是內心深處不自信與恐懼的真正體現。

一個新東方老師來到北京，競聘新東方集團培訓師，此人在分校是首席加主講，在當地講得天花亂墜，萬人愛戴。但是一想到第二天要面對培訓師（新東方更資深的一群老師），他就心裡發虛，覺得自己怎麼講都不行。他大半夜敲門來找我，說：「古典，你是搞心理的，有沒有什麼好的方法幫我緩解緩解？」

根據恐懼層次分析他是這樣的：

恐懼的第一層：這個人害怕給大眾講課。

恐懼的第二層：這個人不是害怕給大眾講課，而是害怕不被評委認同。

恐懼的第三層：他也不是害怕不被評委認同，而是害怕自己無力面對不被認同的狀況……他不敢想在分校裡打分最高的自己會被點評：你其實很一般。

我帶他一起去試探恐懼的底線：「如果你真的明天被罵得狗血淋頭，你會怎麼辦？」

他想了想說：「其實沒什麼，他們的點評也不一定是對的，這其實也是我的一次學習機會。」

我說：「你別這麼理智，這不是你的風格。你內心真正想說的那句話是什麼？」

他想了想，說：「我其實想說，That is me, anyway! 我就這個水準，我就是本地第一名，你們愛聽不聽！」

「很好，」我說，「你現在就出門，大喊三聲 That is me,anyway! 明天上臺前，再大喊三遍，你就不害怕了。」

第二天的競聘結果你能想到，教室裡的評委被他教室外的這三聲大喊嚇到了，也被他的精彩講課震撼了。

從此以後，每當新東方有老師不敢上臺，我都陪他們在教室門口大喊：That is me,anyway! 非常有效。

恐懼就是這樣一個懦夫，當你觸碰它的底線，接受事情最壞的結果，然後開始準備和它大幹一場的時候，它早就不知道躲到哪裡去了。

2008年5月，我在汶川當志工，遇到這樣一個女同學：她的教室從六樓塌到一樓，她從教室的廢墟裡扒開碎磚石鑽了出來。在從廢墟往下跳的時候，她知道下面還壓著她的很多同學。轉移到德陽的時候，她總是被一個夢境困擾：她的同學從土裡伸出手來，抓住她的腿，並質問她：「你為什麼不救我？為什麼踏著我的屍體離開！」

她不敢睡覺，不敢穿短褲，甚至不敢去有土壤的地方。可見，她有一個巨大的恐懼需要戰勝。

一天晚上，我牽著她的手到操場上，然後問她：「如果有鬼伸手出來抓你，你會怎麼辦？」

她說：「我會嚇得癱在地上，動也不敢動。」

我說如果是有鬼抓住我呢？

她想了一想，說：「我可能會拉你。」

我說：「你試試看？」於是她開始拉我，但是我沒有讓她拉動。

「如果拉不動呢？」我說。

她想了想，說：「我會踢他們的手，不讓他們抓我的古典哥哥。」

我說：「你試試看。」她真的一腳踢來，踢在我的腳踝上。我痛得很，但是，我抬頭看到了她目光裡的堅定，我知道她的問題解決了。

當這個孩子開始勇敢地面對被鬼抓到的假想，並且去踢「那隻手」的時候，她的恐懼煙消雲散了。

恐懼是個虛張聲勢的懦夫，你懂得如何應對了嗎？

當找到內心最深的恐懼後，你把臉轉向它，準備作戰，恐懼便煙消雲散。

困境裡自救的兩個觸底反彈的問題

如果你稍加留意，就會在很多電腦上發現intelinside（給電腦一顆奔騰的芯）這個標誌。曾幾何時，有一顆英特爾的CPU（中央處理器）是一種榮耀。商家知道，把這個標籤貼在電腦上，就能增加電腦的價值。用戶知道，這個標誌意味著穩定和高速的運算；用戶也知道，英特爾生產全世界最好的CPU。

誰又能想到，英特爾公司曾經是世界上最大的記憶體製造商呢？從1968年起，它的主要業務和利潤都來自記憶體。1980年，日本公司的記憶體異軍突起，以難以置信的低價席捲世界市場，把美國公司逼到絕境。1985年，在連續6個季度的收入下降後，英特爾總裁安迪·葛洛夫意志消沉地與董事長高登·摩爾痛苦地討論這個問題。如果再沒有好辦法，葛洛夫要下臺，英特爾也會從此一蹶不振。

那天，他們被對手逼到了戰場的死角，這兩個平時呼風喚雨的人，雙雙觸碰到恐懼的底線。他們要開始觸底反彈了。

葛洛夫突然問摩爾：「摩爾，如果我們下臺了，你認為新進來的那個傢伙會採取什麼行動？」

摩爾猶豫了一下，說：「他會完全放棄記憶體的生意。」

葛洛夫目不轉睛地盯著摩爾：「既然這樣，我們為什麼不走出這扇門，然後自己動手？」

這個想法太慘痛了，對英特爾公司來說，放棄記憶體等於放棄自己的身分，等於放棄自己近20年苦心經營的陣地，等於在對手面前不戰而退。但是，既然堅持下去也沒有獲勝的希望，為什麼不放棄？摩爾很快與葛洛夫達成共識：放棄記憶體市場，主攻晶片。他們力排眾議，頂住層層壓力，如壯士斷腕一般去開拓晶片市場，順利闖過了鬼門關。這個轉變被葛洛夫稱為「戰略轉捩點」。

第二年，葛洛夫因其深刻的洞察力和英明的決斷力當上了這家公司的首席執行長。1992年，英特爾成為世界上最大的半導體企業。到1995年，英特爾累計生產了1.6億個晶片，一舉占領了世界80%的個人電腦市場，取得了絕對霸權。當然，所有問題的解決都不可能一勞永逸。當時間的指針前進到2020年，英特爾重新面臨巨大挑戰：自家7nm（奈米）晶片延期發佈；競爭對手AMD（美國超微半導體公司）和英偉達在更多賽道上向英特爾發起了猛烈衝擊；遭到蘋果公司拋棄……甚至有些媒體發出「下一個倒下的會不會是英特爾」的疑問，「看到英特爾在新制程技術上掙扎，他（指安迪．葛洛夫）可能在墳墓裡都不會安心」。不過，這是另外一個故事了。

你有沒有被逼到命運的牆角？你有沒有試過觸碰想都不敢想的事情的底線？轉折的瞬間你會怎麼問自己？

再看一下英特爾這個案例，請記得也問自己兩個觸底反彈的問題：

第一，如果我失敗了，代替我的傢伙會怎麼辦？

第二，既然這樣，爲什麼我們不這樣做呢？

安全感不是索討的，而是給予的

有一個新精英生涯的學員，處在生命中最好的年華：她身材高䠷，年輕漂亮，有一個如果她願意，可以一輩子不用工作的家境，還有一份讓人羨慕的工作，半年努力下來，她已小有所成。這樣的女孩子，應該是世界上最有安全感的人吧？

可惜不是。她最近一直在談戀愛，找了一個又一個，每次都草草收場。問她原因，她說，我只是想找一個人陪，我覺得沒有安全感，我希望找到一個能給我安全感的人。這個人應該在物質和精神方面都能無微不至地照顧我，給我很好的安全感，但我卻找不到。

怎樣可以獲得內心的安全感？我給她講了一個故事：

故事的主人公叫劉麗，1980年出生，曾是廈門一家洗腳城的洗腳妹。她來自安徽農村，家境貧寒，很小的時候就輟學了。她還有兩個弟弟、兩個妹妹。劉麗每天工作12個小時，收入兩三千元。她沒有什麼姿色，也沒有什麼積蓄，還從事著一份越老越吃力的工作。總之，從理論上來說，她應該是那種世界上最沒有安全感的人。

但就是這樣一個洗腳妹，多年來每個月除了自己幾百元的生活費，她把其餘的錢都資助給了100多名貧困中小學生。這些資助款足夠在廈門付一間房子的首付，讓她安安心心地過小日子。為了賺錢，她沒日沒夜地加班，但是每個月總有兩天，她會請假乘坐公車去看望受助學生，幫助他們解決各種生活困難。因為劉麗13歲時因貧困輟學打工，深知學習能夠改變命運。

後來，她還成為一個公益愛心組織的發起人，和數百位志同道合的愛心人士一起助學。創業之後，她每年要拿出25%的利潤做慈善。在這個物欲橫流、人人自危的社會，這是怎樣一種強大與坦蕩？她的心裡，需要多麼強大的安全感！

洗腳妹劉麗是如何開始這段旅程的？

剛剛開始做洗腳妹的時候，劉麗自己也不接受。「我從小到大都是年級第一名，怎麼出來工作就是去按別人的臭腳丫子。」第一個月的工資是1800元，劉麗把1500元寄給家裡，希望父母可以寬慰一些，但沒想到遭到了父母的痛罵：「村裡有人說你和別人睡覺賺錢，是不是真的？」劉麗不敢告訴他們真相，因為告訴他們也不會懂，劉麗只好騙他們說：「我在服裝廠工作。」

洗腳城有好人，也有壞人。這個20歲的女孩子必須學會每天面對一些突發事件，還要應付家人的猜測。她每月給家人寄去大部分的錢，以支持弟弟妹妹讀書。兩年過去，她的家境慢慢變好，家裡蓋起了房子，弟弟妹妹也開始上學。但是就在那年春節回家時，劉麗的父母由於女兒的「不光彩」工作，竟然把她趕了出來，這讓劉麗徹底崩潰。

「在外面受苦受累，不管怎麼樣，我都可以接受。因為我還有一個家，我家裡需要我。可是聽到我爸媽說這些話的時候，我真的連死的心都有。」她不是委屈，而是絕望。劉麗想到了死，也準備好了刀，卻一直沒有劃下去。

你有沒有過這樣的經歷：在外面的世界，你打拚得傷痕累累，磕磕碰碰回到你認爲最安全的地方，卻被最親的人一刀刺中你心房中最痛、最脆弱的地方？那一年春節的劉麗正在經歷這樣的痛苦，她的委屈、無奈和對輟學的痛心一起湧上，徹底把她毀滅，把她多年唯一的安全感毀滅！如果你是劉麗，你會怎麼做？

不知道是怎樣的一個轉念，劉麗在那一刻做了一個決定，而且她在接下來的幾年會無數次地感謝這個決定，因爲正是這個決定讓她徹底成爲命運的主人：「我還不能死，我弟弟妹妹還要讀書，我要讓村裡出兩個大學生。」劉麗放下刀，抬起頭，開始走上了另外一條道路。

從2001年開始，她聯繫了家鄉裡窮困的孩子，並開始收集衣服、攢錢。一開始是幫助自己村裡的孩子，後來慢慢地開始幫助廈門附近的孩子。有著一雙關節變形、長滿老繭的手的洗腳妹劉麗，用自己的微薄之力，堅定地給予許多孩子改變命運的機會。

有人問她：「你的這份愛意源自什麼？」劉麗講了這樣一個故事。

四年級的時候，我是年級第一名，我要上臺去面對整個年級演講，那是我一生最驕傲的時候。但是我很害怕，因為我沒有鞋子。我穿了一隻姥姥的鞋子，穿了一隻隔壁姥姥的鞋子，一隻藍色的，一隻綠色的。但是我沒有赤腳上去。我很害怕別人看到我穿的那雙不一樣的鞋子。可是不管怎樣，我還是穿上了鞋子，我站上去了。這樣的恩情，我要延續下去。

你可以在網路上找到這個讓人尊敬的女子，她素面朝天，她寧靜幸福，她善良安詳。她說：「我要賺很多很多的錢，讓村裡讀不起書的孩子都能上學。」

聽完劉麗的故事，你會想到什麼？你有沒有注意到我們生命中的安全感是如何獲得的？我們的安全感如何被摧毀，又是如何重新建立起來的？

你有沒有注意到，安全感不是從別人身上得到什麼，而是內心深處一種被需要的感覺。

你有沒有注意到，安全感不是從別人身上拿到什麼，而是給予這個世界什麼。

你有沒有注意到，安全感是給予的，而不是索討的。

劉麗因爲家庭需要她而覺得安全，又因爲家庭排斥她而失去這份安全。在準備死亡的那一瞬間，她幸運地找到了更大的目標：我要通過自己的努力，讓村裡出兩個大學生，把一直在她心中的那份恩情延續下去。在那一瞬間，劉麗重新找到了內心的安全與平靜。正是這樣一種給予的力量，讓這個普通女子擁有了那種看淡錢財的安全與從容。

那些緊鎖自己內心、整天盤算別人的人，那些躲在自己的小窩裡，整天等待別人救援的人，那些躺在優渥的物質條件之上，惶恐地擔心失去的人，那些內心沒有安全感的人，你們能夠做些什麼？

如果你眞的是一個沒有安全感的人，你能爲此做的最好的事情就是在最恐懼的地方，無條件地去支持一個人、一些人甚至一群人。支持別人是這個世界上最安全的事情，支持者也永遠不會失敗。

也許正因爲如此，美國「心靈女王」歐普拉．溫芙蕾在 2008 年史丹佛大學的畢業典禮上說：「如果你受了傷，你需要幫助他人減輕傷痛。如果你感到痛苦，就去幫助他人減輕痛苦。如果你的生活一團糟，就去幫助其他處在困境中的人擺脫困境。」

安全感是給予的，不是索討的，請你一定記得。

4

心智模式決定命運

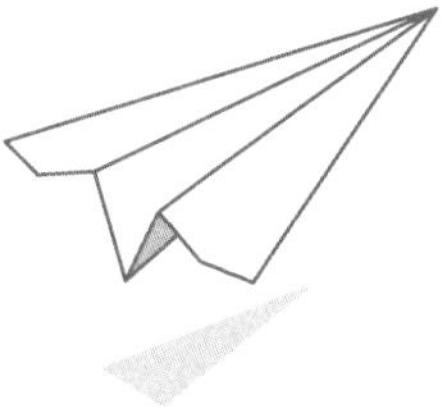

你聽說過「鬼打牆」嗎？傳說郊外走夜路的人，走來走去，感覺走了很久，卻發現自己始終在原地打轉。讀過前幾章的你，想必已經發現：我們的思維其實也經常會「鬼打牆」——我們在自己的思維裡畫地爲牢，把自己囚禁在心智模式的高牆之內，左衝右突，無路可走。糟糕的心智模式，就是我們思維裡的「牆」。

你還相信星座是眞的嗎？

你相信星座嗎？也許，你是星座的超級粉絲，根據每週的星座運勢來安排你的行程；也許，你只有在心情不好的時候才偶爾看看星座的運勢；也許，你很希望通過星座來瞭解自己暗戀對象的性格……不管你屬於哪一類，下面這個故事都值得你看一看。

漢斯·艾森克教授（1916—1997）是現代人格科學理論的主要貢獻者。1997年他去世的時候，已經成爲近代論文被引用次數最多的心理學家。他一生致力於量化人性中的某些因素。對於星座與性格的關係，他做過有趣的實驗。

艾森克人格調查表是著名的心理學量表，每個量表有50多個不同的描述，被調查者需要給每一個描述選擇「是」或「否」。根據這些答案，心理學家能夠分析出「內向—外向」、「神經質」等四個維度的人格特徵。根據占星學傳說，12個星座中有6個偏外向星座和6個偏內向星座。

另外，三種土象星座的人（金牛座、處女座和摩羯座）更能保持情緒穩定和心態平和；而三種水象星座的人（巨蟹座、天蠍座和雙魚座）則相對神經質一些，情緒和心態也更容易出現波動。

那麼事實眞的如此嗎？艾森克決定做一個心理實驗。

在被很多占星學家拒絕後，艾森克和著名的英國占星學家傑夫．梅奧聯手做了一個人格調查問卷。梅奧幾年前開辦了一個占星學院，學生來自全世界。他們從中選擇了2000多人自願加入該調查，被調查者提供自己的出生日期，並且完成艾森克人格問卷。

結果讓所有人大吃一驚：這些人的性格特徵與星座的性格描述完全一致！

在占星術支持者的一片歡呼聲中，艾森克卻開始懷疑，他意識到他的樣本選得有問題：他選擇了一批對星座篤信不疑的人來做實驗。用本書的話來說，這批人已經被安裝進一個關於星座決定性格的心智模式，他們認爲自己的性格是被出生那一刻天上星星的位置決定的。

有了這個想法，艾森克做了第二次實驗：實驗的對象是1000個孩子，

12 星座的「內向—外向」人格特徵	
外向星座	內向星座
白羊座、雙子座、獅子座、天秤座、射手座、水瓶座	金牛座、巨蟹座、處女座、天蠍座、摩羯座、雙魚座

他們幾乎不可能聽說過性格和星座之間的關係。這一次，調查結果有了顚覆性的變化：這些孩子在外向和神經質兩個特質上的得分跟他們的星座沒有任何相關性。也就是說，性格與星座毫無關係！

這個實驗結果狠狠地打擊了占星學界，他們原來認爲艾森克是「占星學的代言人和保護神」，可他現在卻突然倒戈一擊。對此，占星學界給出了自己的解釋：這些孩子沒有成熟，還沒有發展出他們所處星座賦予的性格。

針對這個解釋，艾森克做了第三次實驗：這一次他選擇的調查對像是成人。這些調查對象對占星學的瞭解程度深淺不一。實驗結果發現：如果調查對象很淸楚星座對性格的影響，他們的問卷結果跟占星學傳說就非常吻合；相反，如果調查對象對占星學沒有太多瞭解，他們的問卷結果跟占星學傳說就不那麼一致了。

實驗進行到這裡，結論已經相當明確：人們會因爲自己相信「星座性格」，就慢慢發展出那樣的性格。星座—性格的心智模式不僅讓他們看到那樣的世界，也讓他們相信那就是自己的性格，然後按照那樣的性格來生活，最後眞正成爲星座描述的人。

簡單來說，**人們眞的會變成自己覺得「應該成爲」的人**。心智模式對我們的改變實在太強大了。

看看下面這個星座描述，然後根據這個描述，給自己的匹配度打個分數（0～5分），0分爲最不像，5分爲最像。你會給自己打多少分？

你需要別人喜歡你和欣賞你，但你通常對自己要求苛刻。雖然你在個性上的確有一些弱點，但你通常能夠設法加以彌補。你在某些方面的能力並沒有得到充分的發揮，所以這些能力還未變成你的優勢。從外表來看，你是一個講求自律和自制的人，但內心卻常常焦慮不安。有時候，你會強烈地懷疑自己是不是做出了正確的決定或正確的事情。

你傾向於讓自己的生活有所改變和變得豐富多彩，在遇到約束和限制時你會感到不滿。你很自豪自己是一個能夠獨立思考的人，如果沒有令人滿意的證據，你不會接受別人的觀點和說法。不過，你也覺得在別人面前過於直言不諱並不是明智之舉。有時候你很外向，比較容易親近，也樂於與人交往，但有時候你卻很內向，比較小心謹慎，而且沉默寡言。你有很多夢想，其中有一些看起來相當不切實際。

這是20世紀40年代末，心理學家伯特倫．弗瑞爾在他的心理學導論課上做的一個實驗：他幾天前在報攤隨手拿到一本星座書，他從書中描述的10個不同的星座裡摘出10句話，湊成了上面這段文字。他要求學生根據這個測試給自己打分數，0分表示非常不準，而5分則表示非常準確。當年，87%的學生給出的是4～5分。很明顯，學生被老師「算計」了，他們都是被自己的心智模式矇騙的人。

你看到的都只是你想看到的

你能讀懂這段文字嗎？

Aoccdrnig to rscheearch at an Elingsh uinervtisy, it deosn't mttaer in what oredr the ltteers in a word are, olny that the frist and lsat ltteres are at the rghit pcleas. The rset can be a toatl mses and you can still raed it wouthit a porbelm. This is bcuseae we do notraed ervey lteter by ilstef. But thf word as a whohe.

這段英文大致翻譯爲：

英格蘭一所大學的研究表明，重要的並不在於一個詞中字母的順序，而在於第一個字母和最後一個字母要在正確的位置，而剩下的字母完全可以處於混亂的排列狀態，但你依然可以容易地讀出每個單詞。這是由於我們不會一個字母一個字母地讀，而是把每個單詞作為一個整體來讀。

有沒有發現，你只需要看到一個單詞的第一個和最後一個字母，你就會通過記憶自動地補上剩下的部分。比如：R・d。

結合上下文，你的大腦會自動補全爲：Read。

你有沒有發現，雖然我們的眼睛持續地在閱讀，但是我們的大腦並沒有加工所有的字母，我們只提取了前後兩個字母，然後自己塡補了其餘部分。這就足以讓我們順利地閱讀。這也是你背單詞的時候，爲什麼很容易地就可以認出一個單詞，卻不一定能夠寫出來。

美國神經生理學家沃爾特．弗里曼發現，在這個過程中，由感覺刺激引起的神經活動在大腦皮層中消失了。這意味著我們的大腦從外界接收資訊，然後又拋棄這些資訊中的大部分，只使用其中一小部分來建立一個內心世界來代表外面的世界。這就**好像我們戴著一副看不見的眼鏡在看世界，鏡片過濾掉大部分資訊，只保留很少一部分。我們通過自己的內心來塡充這個空白，就像你自動塡充字母一樣。**

《周易．繫辭上》說：「仁者見之謂之仁，知者見之謂之知，百姓日用而不知，故君子之道鮮矣。」簡單地說，你永遠只能看到眞實世界中你想看到的那一部分。如果只看到了世界的一部分，我們又是如何處理這部分的呢？看看下面這個故事。

在一條狹窄的山路上，一個貨車司機正在爬坡，他已經開了三個小時，有點昏昏欲睡。就要到坡頂的時候，忽然迎面來了一輛車，車上的司機伸出頭來，伸手指了指他，並大喊一聲：「豬！」呼的一聲，兩車擦肩而過。他的睡意一下子沒有了，他馬上伸出頭，衝著那輛車的背影大聲罵道：「你才是豬！你們全家都是豬！」他得意地回正坐好，看著前面的下坡路，天啊，一群豬！他刹車不及掉進了溝裡。

對面的司機只是告訴他前面有豬，但固定思維的司機以爲這是一句侮辱的話。

如果把人腦比作一臺電腦，這個司機腦子裡運轉著自己內心的程式。所以，當他接收到「豬」這個資訊的時候，這個程式自動地填充成「對面司機罵我是豬」。於是，司機迅速反應「你才是豬」，這讓他失去了躲開危險的機會，其實別人的意思是「小心，前面有豬」。

爲什麼會這樣？也許因爲這個司機有過被罵的經歷，也許在他的詞彙庫中，「豬」就是和罵人聯繫在一起的。總之，**我們按照過去的經驗和記憶在大腦裡構建了一個自己的世界。**

你有這樣的體驗嗎？你有沒有看到一件事情，然後馬上反應，「哦，那一定是……」，事後才發現那是一個錯誤的看法，而你也因此失去了很多機會。那就是因爲你的大腦構建了一個錯誤的世界模型。

我們用一個固定程式來處理進入大腦的資訊，然後根據經驗和記憶構建出一個假設的世界模型，之後再對這個假設的世界模型做出反應。簡單地說，**我們給自己創造了一個世界模型，然後根據這個創造出來的世界生活**。這是我們大腦的工作原理。

在很多時候，我們能用這個方式來快速處理非常複雜的問題。比如，圍棋高手根據經驗和棋路（他自己構建的圍棋模型）見招拆招。但是，有些時候，這個模型也會讓我們犯一些明顯的錯誤，比如「司機撞豬」。

有沒有想過，爲什麼同一個班的學生收穫卻完全不同？爲什麼看同一本書的人會有不同的反應？爲什麼同樣是一個機會，有人視而不見，有人卻馬上行動？爲什麼同卵雙胞胎會有完全不同的命運？原因很簡單，雖然同在一個世界，但是他們看到的世界是完全不一樣的。

即使生活在一模一樣的外界世界中，我們也會感受到完全不同的世界。從這個角度來說，你正在閱讀世界上唯一的一本書，因爲是我和你共同創造了這本書。這本書對你的意義是淡淡一笑還是改變命運，也在很大程度上由你決定。

我們戴著不同的「眼鏡」過濾世界的大部分資訊，又用我們的不同經驗和記憶來解釋這些資訊，搭建起我們內心的世界，並以爲那就是世界的眞相。難怪《心經》會有「色即是空，空即是色」的說法。這句話用心智模型套用就是：一切你以爲眞實的事物，都是心智模型的計算，而一切心智模型對你來說都是實在的世界。

這幾年，AR（擴增實境）技術大熱，你能在手機上下載很多有趣的相關App。你可以試試在知乎搜索「都有哪些好玩有用的AR技術」，體驗一下這個技術。在AR技術的幫助下，你可以在手機上看到教室裡升起的地球模型，看到空地上飛舞的龍；你甚至可以看房子、試衣服、進入博物館；在超市拿起一個食品，你能看到旁邊的電子標籤，顯示它有多少卡路里，來自什麼地方……

所有的AR技術首先都需要一個攝像頭來拍攝現實，然後通過一個資料庫來爲這個現實景象增加內容，而觀看者則吃驚、大笑、尖叫……在擴增實境的景象裡，他們逐漸分不清眞假。

科技雖然神奇，但在我們的大腦裡，早就有了這項擴增實境技術，我們往往把這稱爲每個人不同的「思維方式」或者「思維定式」。這副看不見的「眼鏡」加上一套固定的「思維程式」所搭建的內在世界模型，就是我們的心智模式。

《第五項修煉》的作者彼得・聖吉說：「心智模式是深植於我們心靈之中，關於我們自己、別人、組織以及世界每個層面的形象、假設和故事。就好像一塊玻璃微妙地扭曲了我們的視野一樣，心智模式也決定了我們對世界的看法。」

每一個人都戴著一副眼鏡來看世界，然後用一套自己的程式來構建自己的世界，那麼這本書的任務，就是幫助你細心打磨更好的鏡片，升級更準確的程式。

在今天這個變幻莫測、充滿不確定性的世界，我們最大的危險不是外界的壓力與競爭，而是我們內心的模式。這些模式決定我們看到些什麼、感受些什麼、如何思考以及最終成爲怎樣的人。糟糕的心智模式就像一堵堵牆：我們親手搬磚、堆砌，把自己圍在裡邊——勤奮卻低效，掙扎而無路可去。

這也是這本書嘗試告訴你的東西：拆掉思維裡的牆，改變我們的世界。

我們都是自己生命的「巫師」

如果性格可以改變，那麼你的幸運程度如何呢？這種顯而易見的外界因素，也受心智模式影響嗎？

英國心理學家理查・懷斯曼在他的《怪誕心理學》一書中，描述了一個他做的關於幸運和性格之間關係的實驗：

我給那些自願者每人發了一張報紙，請他們仔細看過後告訴我裡面共有幾張照片。其實，我還在這張報紙上為他們準備了一個賺錢的機會，不過我並沒有告訴他們。在報紙的中間部位，我用半版的篇幅和超大的字體寫了這麼一句話：「如果你告訴研究人員看到了這句話，就能為自己贏得100英鎊！」那些運氣不佳的人完全把心思花在了清點照片的數量上，所以並沒有發現這個賺錢的機會。與此相反，那些幸運兒顯得非常放鬆，所以看到了報紙中間的大字，從而為自己贏得了100英鎊。這個簡單的實驗證明，幸運的人總能夠把握意想不到的機會，從而為自己帶來好運。

事實上，那些安裝了「幸運兒模式」的人，他們構建了一個充滿機會的幸運世界，會更容易發現外界潛在的機會，而安裝「倒楣蛋模式」的人則傾向於對機會視而不見，因爲他們心中的模式沒有「機會」這個東西。

這樣一來，幸運兒反覆印證自己的「幸運兒模式」，從而更加相信自己的「幸運世界」，而倒楣蛋則對自己的「倒楣世界」堅信不疑。你有沒有在身邊看到一些人好像總是帶著天使的光環，一切都那麼一帆風順，另一些人彷彿天生晦氣，八字不順，喝涼水都塞牙？

這在很大程度上取決於，他們內心安裝的是「幸運兒模式」還是「倒楣蛋模式」。

講一個心理學笑話，不過在講之前先掃一下盲。

心理諮詢師常用一種墨跡實驗來判斷諮詢者的內心世界（見下圖）。這些圖紙是把墨水甩在紙上，然後對折而成並挑選出來的。換而言之，圖案本身沒有任何意義。心理諮詢師會把這些圖片展示給諮詢者，然後請他們回答看到了什麼。根據他們的回答，諮詢師來判斷他們內心世界的焦慮程度。比如有人看到的是動物的屍體、死蝙蝠、撕開的熊皮、骷髏，這樣的諮詢者很有可能有自殺傾向。

好的，笑話開始了。

一個心理學家給諮詢者看墨跡實驗，問他看到了什麼。諮詢者看完第一張圖片，說：「性。」看完第二張圖片，他說「性」。看完第三張，他還是說「性」。接下來的10多張圖片，他全部回答「性」。做完墨跡實驗，心理學家很嚴肅地對諮詢者說：「很抱歉，我恐怕你在性方面有一些問題。你過於關注性了。」這個諮詢者很驚奇：「我簡直不敢

相信自己的耳朵！剛才是你拿著一堆色情圖片來給我看的啊！」

仁者見仁，智者見智，淫者也見淫。如果你身邊有一個朋友，不管什麼東西他都能講成黃色笑話，什麼關係他都覺得曖昧，那麼他的腦子裡面肯定安裝了一個「淫者見淫」的心智模式。

心智模式決定了我們能看到什麼世界；更加好玩的是，這個自建的「眞實世界」又反過來印證這個模式給我們看。根據以上結論，《周易》那句經典可以升級一下：「**仁者見仁而得仁，智者見智而得智。**」我們認爲吃不到的葡萄是酸的，葡萄果然就是酸的；父母覺得孩子實在不怎麼樣，孩子果然壞得超乎你想像；你覺得「男人沒有一個好東西」，那麼你就能遇到系列「海王」渣男。

這就像**自我實現的預言**：一個女人覺得丈夫有外遇（構建了一個丈夫出軌的世界模型），於是越想越覺得是，天天一跟二查三套話（仁者見仁）。半年下來，她

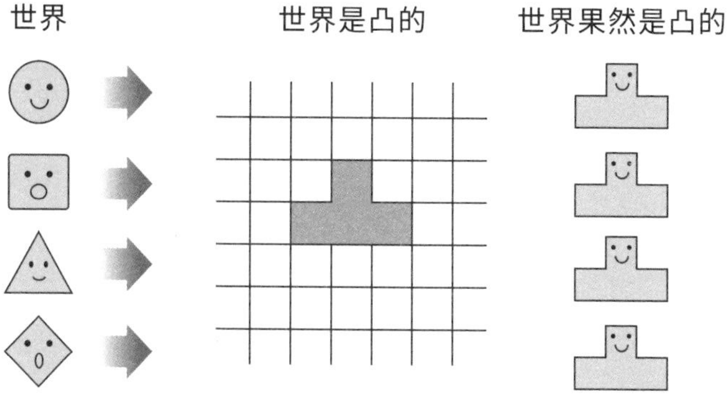

心智模式決定了我們看到的世界

的丈夫終於想通了：原來出不出軌，成本是一樣的！反正家也不成家了，還不如找一個（求仁得仁）！於是預言果然實現了……

這種自我實現的心智模式也許還會讓你想起「吸引力法則」、「夢想成眞」等心理法則。的確，心智模式是關於這類說法最好的心理學解釋。

我們是怎樣玩死自己的，又是怎樣讓自己慢慢靠近理想的？我們爲自己構建了一個世界，然後反覆強化，最終讓我們相信這個世界就是我們構建的那樣。從這個角度來說，**我們就是自己生命的「巫師」，我們給自己搭建了一個幻想世界，然後在現實中讓這個幻想慢慢實現。**

你每天在給自己許下什麼預言？

你腦子裡的世界是什麼樣的？

那些比你更加幸福快樂的人，他們腦子裡又安裝著什麼樣的模式？

如果有機會，你可以跳出這個模式，安裝上更好的心智模式，你會看到一個怎樣的世界？

「思維裡的牆」如何限制你

直到1954年，還沒人敢想像在4分鐘內能跑完一英里（約1600米），也沒有人取得過這樣的成績。當時人們普遍認為，4分鐘內跑完一英里超出了人類的極限。英國長跑者羅傑·班尼斯特說：「4分鐘跑完一英里，是運動員和運動愛好者多年來談論和夢想的目標。」班尼斯特寫道，大家都「習慣於認為這是絕對不可能的，是人類達不到的」。不過，這與事實並不相符。就像以前水手所認為的，在地球盡頭，水會像瀑布一樣落下去，但這只是一個幻覺。

1954年5月，班尼斯特在牛津大學的跑道上突破了這一極限，用3分59.4秒的成績跑完了一英里。兩個月之後在芬蘭，班尼斯特「神奇的一英里」被澳大利亞選手約翰·蘭迪再次打破，他取得了3分58秒的成績。在接下來的三年內，又有16名選手陸續打破了這個紀錄。❶

1954年到底發生了什麼？是人類的基因發生了突變，還是有什麼科技突破？都不是，而是「人類不可能4分鐘跑一英里」的極限被徹底打破了！新的思維方式解放了他們。人們一旦意識

❶ 節選自《超常思維的力量》，文字略有變動。傑里·溫德和科林·克魯克超常思維的力量[M].周曉林，譯.北京：中國人民大學出版社，2005.

到一件事情是可能的，那麼接下來的事情就只是技術和時間問題了。

那麼班尼斯特是如何拆掉自己思維的障礙的？

首先，他確信在4分鐘內跑完一英里是可以做到的。其次，作爲牛津大學的醫科學生和往後的神經內科醫師，他採用科學的方法來訓練。在訓練中，當把跑步成績縮短到每¼英里（約400米）61秒就一直停滯不前的時候，他意識到了自己心智模式的障礙。他出去徒步旅行和攀岩了幾天，換了一個心智的「框框」，回來以後，他的訓練成績突破了60秒。

注意，我並不是說世界是完全可以隨心改變的。如果我說，「只要你想，一分鐘就能跑4英里」，那是瘋話。人類的體能是有極限的，但是，這個極限遠遠比我們想像的要高。所以，我們必須找到內心世界中最柔軟、可以改變的部分，然後通過思考和觀察重新塑造我們更加喜歡的世界。

我很喜歡一段著名的祈禱詞：

> 願上帝賜我一個平靜的心，去接納我所不能改變的事物；賜我無限勇氣，去改變那有可能改變的東西；並且賜我智慧去辨別這兩者的差異。

這段祈禱詞說的就是心智模式的智慧：找到我們內心世界中那些可以突破的地方去突破，找到那些不能突破的地方去接納。

像當年的跑步者一樣，你心中有沒有自己世界的極限？有沒有一些你認爲不可能的事情，卻在別人身上令人羨慕地發生了？那些人內心世界的極限，和你的有什麼不同？有沒有想過，眞正限制我們的是我們思維裡那堵看不見的牆？

爲什麼安妮總愛得病？

在一次企業內訓中，我認識了安妮，她是這家著名資訊技術企業的人事部經理。由於英語和法語的雙語能力，她被調往歐洲地區任職。作爲未來全球化團隊中的一員，安妮春風得意。

不過，安妮也有自己的職業發展擔憂：她的身體一直不太好，她擔心自己不能勝任海外的工作。她開玩笑地說，社會流行什麼病，她就得什麼病，比如，一旦辦公室有人發燒，她就一定會被「傳染」到。她應該抓住這個升遷機會嗎？這個困惑讓她來到新精英生涯的課堂。

我對她說：冒昧地問一句，你是家裡的老大嗎？

她說：是的，我還有一個弟弟和一個妹妹，但是弟弟已經去世了。

我問：在你弟弟出生的時候，你是不是恰巧得了一場大病？

安妮說：好像是，我媽媽說過這件事。

我的心中暗暗一震，安妮的「病根」也許就在這裡。

這是一個家庭系統中常見的故事：第一個孩子出生的時候，受到家裡100%的關懷。後來她發現，隨著媽媽肚子再次變大，大家對她的關注越來越少了。一直到第二個孩子出生，家裡的重心全部轉移，她就徹底輸掉了這場愛的爭奪戰，深深地陷入一種被剝奪的情緒中。

聰明的父母一般會教長子長女如何去照顧弟弟妹妹，讓他們重新感覺到自己的重要性。但是，恰巧在這個時候，安妮得了一場大病，第二天早上睜開眼睛的時候，她驚喜地發現，自己「失去的」爸爸、媽媽、爺爺、奶奶又重新回到了她的身邊，他們正關切地看著她！

這一瞬間，你猜她學會了什麼？她的潛意識裡搭建出這樣一個奇異的連結，這個連結慢慢發展爲她一個重要的心智模式：

生病——被關愛

被關愛——生病

她的潛意識在說：如果你想被關愛，那就生病吧！

在我們接下來的回顧中，安妮突然意識到自己的戀愛史其實就是一段疾病鬥爭史：她從高中以來的各種大病、小病都考驗著她的歷屆男友。她享受那種被男生小心翼翼地抱著從醫院送到宿舍的感覺。終於有一天，她的懷特先生在她的病床旁感動了她，獲得了她的永久看護權。

安妮的工作也是一場疾病史。她總是在公司最需要她支援的時候病倒，然後她堅持工作，終於感動團隊和上司，給予她最後的推動力……

「如果你想被關愛，那就生病吧！」生病有這麼多的好處，安妮自然義無反顧地一次次生病。

安妮需要調整的不是身體，而是心智模式。過去生病也許有效，但今天成功又成熟的安妮，已經不需要通過生病來獲得關愛了。

三個月後，我收到安妮從法國寄來的明信片，她說她已經進入了歐洲的團隊，工作很愉快，也很喜歡巴黎的氛圍，歐洲人生活起來隨意，但是做事情非常細緻。

她還說：「我很健康。」

後來，我請教有醫學專業背景的朋友，他們告訴我，有一種病叫作「心身疾病」或者「心理生理疾病」。此前的安妮很可能就是這樣一位心身疾病患者。

什麼是心身疾病呢？

一個人潛意識中未解決的心理衝突會誘發生理變化，一直到病變。簡單地說，就是心病終須心藥醫，解鈴還須繫鈴人。

思維撞牆，有時眞的會反應到身體上。

爲什麼很多有錢人一點也不快樂？

張先生，中年富態男，他有一個那種你聽過無數次的有錢人不快樂的故事。

20世紀90年代初，他離開工作崗位，於是在家門口開了一個小店。用三年時間，這個小店慢慢地從零售店發展為小超市，後來他和朋友在新疆開了一段時間超市，據說非常賺錢。張先生賺到了他的第一桶金。2002年回到北京，正好趕上房價起來的那幾年，他開始做建材生意。到今天他已身價幾千萬元。我們在一堂課上相遇。瞭解我的專業後，張先生問了我一個很俗又很厲害的問題：為什麼有錢人錢越來越多，但是卻不快樂？

有錢人爲什麼不快樂，這是一個有趣的心智模式問題。

艾德里安·費恩海姆和邁克爾·阿蓋爾合著的《金錢心理學》一書提出過金錢和幸福的關係，許多學者對金錢與幸福的關係進行了研究，大部分人認爲兩者的相關性約爲0.25。

當收入很低的時候，人們對幸福的滿意度確實很低，身無分文的人對幸福的滿意度幾乎趨於零。金錢與幸福的相關性在0.25之前成正比關係；在0.25以後，就基本上沒有太多相關性了。通俗點說，從一無所有到小康這個階段，你的幸福指數會唰的一下竄上去；但是在0.25以後，你的金錢和幸福就基本上沒有太多關係了，搞不好，它還會下降到0.2、0.1或者更低。這一現象在數學中被稱作「金錢的邊際效應遞減」。

看看城市幸福感和GDP（國內生產總值）的關係，也能看到這個現象。**中國國家統計局發佈的2020年中國城市GDP排名前十名的城市爲**：上海、北京、深圳、廣州、重慶、蘇州、成都、杭州、武漢、南京。

新華社《瞭望東方週刊》2020年評出的中國最具幸福感的城市有：成都、杭州、寧波、廣州、長沙、南京、鄭州、西寧、青島、西安（省會及計畫單列市），以及溫州、徐州、銅川、台州、泰州、珠海、佛山、威海、無錫、營口（地級市）。

簡單對比一下就會發現，GDP排名前十的城市裡，除了廣州、成都、南京、杭州四城，無一上榜，可見，幸福感與GDP排名並不直接相關。

回到本節開始的故事。張先生原來的狀況，顯然屬於窮光蛋到小康的階段，這個階段的人對金錢的看法是怎樣的？幸福度和金錢成正比，就是越有錢越快樂！

越有錢越快樂，一條「金錢—幸福」的連結就產

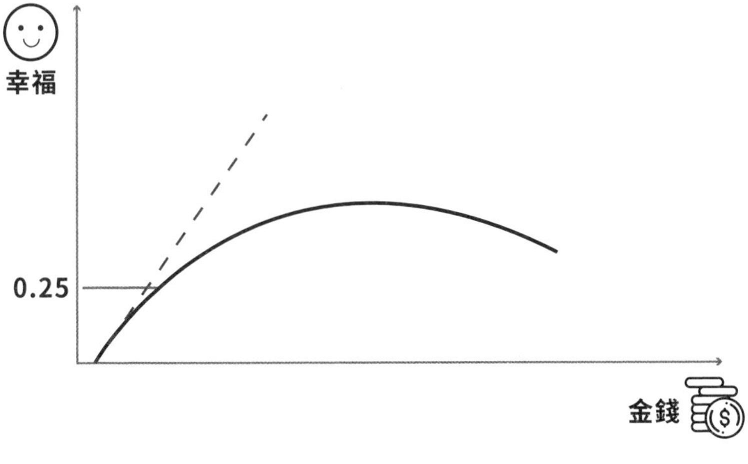

生了。老張自然而然地認爲：賺錢是快樂之本，如果不夠幸福，那就多賺錢吧！這個推論隨後被證明行之有效，並不斷加強：他買了第一輛車鈴木Alto，送孩子上學引來不少羨慕的眼光；他買了一套三間房的房子，冬天的晚上不用再去公共廁所了……

2000年，老張的這個心智模式被強化得堅強無比，就好像腦門上打著螢光字幕：我能賺錢，我就能幸福！

但總有一天，老張會越過這個拐點，之後幸福和賺錢就關係不大了。所以，當老張從建材生意中賺到更多錢的時候，他發現自己不那麼幸福了，甚至還有所倒退。這個時候的幸福感主要來自家庭、自我成長和對社會的奉獻。但是，這個時候的老張會怎麼想？

別忘了老張腦子裡面運轉的是「**有錢就幸福**」的心智模式，這個模式讓他不會思考自己是該多回家陪老婆孩子，還是給自己辦一張健身卡。他的反應是：不夠幸福怎麼辦？賺更多的錢！

於是老張回家的次數更少了，安排的應酬更多了，也更加努力地去賺錢，更大把地往家裡拿錢，可看到的卻是老婆孩子更加冷漠的臉，他覺得自己越來越不幸福。像一個被吸進漩渦的人，他越努力，越往下沉。

外界環境已經變化，他的內部程式還依舊運行，這個曾經讓自己幸福快

金錢與幸福的成正比循環

樂的心智模式今天卻正在毀滅自己。

如果不打斷，這個閉環會像短路的電路板一樣，老張的生命將迅速自毀。這就是有錢人越有錢越不快樂的原因。

老張聽完我的解釋，給我繼續講述他的故事：

和你說的一模一樣，我就在那種狀態裡撐了三年，每天拚命幹活，自己停不下來。有時候我都希望自己生一場大病，讓自己休息幾天。有一天我在酒桌上和一個甲方談合作，突然急性膽囊炎發作被送進醫院，然後馬上手術，昏迷搶救了整整一天。接下來的一個多月不能吃任何東西，半年只能吃水煮青菜。醫生說，如果你再晚送過來15分鐘，就給你直接送火葬場啦。他們都覺得我是累倒的，其實我是心累，身體就有病了。

那一次生病後我徹底改變了。人都沒有了，還要錢幹什麼？我把所有的生意都交給我弟弟。我一直想去住一段時間平房，中醫也建議我接接地氣。我請朋友幫忙租了一個院子，之後就帶著家人住到了那裡。小巷子開不進去車，於是車也丟到原來的家裡。我每天什麼也不幹，就拿一杯水在路邊曬曬太陽發發呆，曬夠了就起來走走，看看路人，聽聽流水的聲音，然後買菜回家，給家人做飯。一年過去，我的幸福又回來啦。

今天的老百姓看報紙，很難不被有錢人的貪婪震撼。我們能看到床底下

金錢與幸福超過臨界點之後的關係

放了3000萬元現金的貪官，能看到包養著10個「二奶」，每年召開「二奶」代表大會的污史。老百姓總是奇怪，這些人賺的錢幾輩子都花不完，要那麼多錢幹什麼？我想這個問題也許連他們自己也不明白，因爲這是他們的心智模式在作怪。

這群人中不乏社會精英、高智商人士，他們衝不破「賺錢－幸福」的心智模式。在這個心智模式的推動下，他們的貪婪和空虛不可理喻地莫名生長，最終燒毀自己的生命。

老張「及時」生了一場大病，打破了自己的心智模式，重新找回幸福感。其實，我們完全可以用更小的代價來升級和替換自己的心智模式，這也是本書的目的。

每一個希望幸福的人，都應該重新審視自己的心智模式。因爲心智模式是關於思維的思維，是關於智慧的智慧。

心智模式到底是什麼？

心智模式是一套大腦內部程式

一部手機除了需要一套硬體，還需要一套軟體（比如安卓系統或者蘋果系統）。如果你的手機很好，卻安裝了一個很差的軟體系統，效率肯定不會高；反過來，如果手機一般，卻安裝了一個強大的軟體系統，也很容易死機。

我們的大腦就是這部手機，而心智模式就是軟體系統。心理學家已經證明，人與人之間的智商差異並沒有我們想像的那麼大，世界上智商最高的人據說也只有228，大概是正常人的兩倍。但是現實中人與人能力的差異何止兩倍。與其說這是硬體（智商）的差距，不如說是軟體（心智模式、思維模式）的不同。

看看我們大腦裡面的模式是如何運作的？早上起來，你的大腦也就「開機」了，起床，伸懶腰，伸手摸眼鏡戴上……這一切都不需要你的意識，就好像手機開機之後不需要你管，它會自動檢查記憶體，指揮硬碟載入系統。然後你習慣性地洗臉，刷牙，吃早餐……這一切都下意識般地進行著。

直到一條新聞吸引了你的注意力：創業版股票持續下跌！此時你的大腦程式開始急速運作，

你大腦裡關於股票的所有事情都被翻了出來：最近自己想買一檔股票就是這個板塊的；唉，中國的創業大勢還是不行，不知道地產板塊怎麼樣；表弟最近創業不知道進行得怎麼樣了；現在不是都鼓勵大學生創業嗎，前幾天我的同學拉我出去做，現在看起來還要等一段時間……

通俗地說，這個時候，你的大腦裡閃過一堆意識流，就好像微信公衆號的訂閱列表一樣陳列在你腦海裡。你用獨特的流覽方式挑選著自己最關注的資訊，然後將它們加工、處理，得出你的結論：今天上班，拒絕朋友的創業邀請，然後把股票賣掉，未來考慮投資一下房地產吧。

想到這些，你很高興地吃完早餐，然後起身出門上班。

不管你有沒有察覺，你大腦這臺手機裡面的程式一直都在運轉，有一些你察覺到了（比如對股票的思考），有一些你沒有察覺（比如起床、吃早餐）。有些程式，已經編寫很久了（比如伸懶腰，哺乳動物幾乎都有的行爲），深深刻在你的系統最深處；有些程式，編寫的時間不長（比如，你前段時間才養成的吃早餐習慣）；還有一些程式，是你剛剛寫出來的（比如，對股票的判斷），你只能試試看——如果有效，那就存下來，如果無效，那就再調整。

我們就是這樣和這個世界互動的。我們有一套稱爲本能的原始系統，在這套系統之上，我們通過學習和調整，發展出自己一套獨特的對世界的假設、對外界的反應方式……這些假設和程式指揮著我們的每一個行動，只要你還活著，它們就不停地運轉。就好像蘋果或安卓系統一樣，這些程式只有很少一部分會顯示在螢幕（也就是你的意識）上，更多的程式是在系統的後臺，也就是你的意識之外運轉著。

優秀的人有一整套優化得非常好的幕後程式，這些程式清晰、乾淨，不占記憶體，直指目標。正是因爲這樣的思想程式，他們總會有不同的思維模式，在壓力面前有完全不同的心態，對事物有全新的看法，對同樣的事情也有完全不同的結論。

人們總說優秀是一種習慣，其實優秀是一套心智模式。

心態來源於心智模式

再講一個老士的成功學故事：

一個酗酒的父親有兩個雙胞胎兒子，20年後一個成為成功人士，一個則窮困潦倒。記者分別採訪他們：為什麼過上今天這樣的生活？他們的回答一模一樣：「沒辦法，誰讓我碰上這樣一個父親呢？」

這個故事的寓意誰都明白，前者心態很好，後者心態糟糕，所以一個成功，一個失敗。但是以往的論述往往就停在了心態上。試問：爲什麼在同樣的條件下，兩個人心態卻完全不一樣？再說，失敗者也不是沒有挑戰命運，只是最終被生活磨滅了，爲什麼成功者可以把一個好的心態保持20年？

心態的背後，這兩個人更多的是心智模式的不同，即誰該爲自己的幸福負主要責任。如果一個人認爲：我要讓自己幸福，我負主要責任，父親是輔助的，那麼他會想：現在父親不如別人，我要和別人一樣好，自己就要更加努力。這樣的心智模式就會讓他成爲那個成功人士。如果一個人認爲：自己幸福主要靠老爸提供，但老爸不好，我活得不好就是天經地義的，就應該心安理得。這樣的心智模式就會讓他成爲那個窮困潦倒者。

對「我的幸福誰負責」的內在假設，導致兩個人面對挫折的不同心態。認爲要對自己幸福負責的人，如果外界條件不好，自然會更加努力；如果外界條件好，也是踏踏實實的，心態自然好。而放棄自己幸福的人，則終日憂心忡忡，怨天尤人，心態肯定糟糕至極。可見，好壞心態的背後，是由對世界的不同假設決定的。

爲什麼你聽了一場成功學講座，激動得神魂顛倒，回家涼風一吹該怎麼樣還怎麼樣？因爲心態是一種「態」，就好像水有液態、有氣態一樣。聽課的時候溫度上去，就像氣態一樣；回到家沒有這個氛圍了，就自動回歸液態了。成功者的「態」你學會了，但是他背後的心智模式，你還是不懂。

資料是程式運算的結果，心態是心智模式運算的結果。**如果只學到結果，沒學到演算法，我們就只能永遠抄答案**。

如果希望保持心態，就一定要明白心態背後的心智模式。從心智模式上來改變心態，是保持心態的祕密。你總會聽到很多人說，很多東西都是互通的。也就是說，程式都一樣，只是運轉的內容不同而已。這個程式到底是什麼呢？

心智模式就是關於知識的知識、關於智慧的智慧。齊白石說，學我者生，似我者死；我說，學心智生，學心態死。

每一種心智模式都有自己的侷限

假設你在一家公司的某個部門，部門裡有三個同事，由於人事調動，必須選擇其中最好的一個當經理，而你總體考評排名第二。如果你很有上進心，且不準備跳槽，你會怎麼選擇？

Ⓥ選擇1：盡一切努力，聯合老三，PK掉老大。

Ⓥ選擇2：搞臭老大，再搞臭老三，我不上你們也別想，大不了一起搞砸，上面派個空降兵過來。

Ⓥ選擇3：支持老大上位，教育老三支持，搞好新的部門工作。

如果按照經濟學假設，每一個人都是理性的，而且都希望獲取最大價值，你應該選擇哪一種？

第一，如果公司只有一個經理，且永遠不換，你應該選擇哪一種方法？你應該選擇第一種。因爲公司資源有限，而且還是獨佔性的，一步慢就步步慢。如果你想獲得最大利益，就應該用這種 win - lose 模式（也稱爲贏輸模式）。

第二，如果公司只有一個經理，你覺得讓誰做管理，境遇都比現在更差，你應該選擇哪一種？你應該選擇第二種。因爲資源有限，誰獲得了都對你有害，不如大家都不要。這個時候應該採取的就是 lose-lose 模式（也稱爲雙輸模式）。

第三，如果公司未來有很多的職位空缺和機會，或者你的眼光不僅僅限於這家公司，你會選擇哪一種？

你應該選擇第三種。因爲資源無窮大，如果現在你幫助老大上位，未來他很有可能幫助你上位去做另一個部門的經理。最關鍵的是，你的行動讓整個公司、行業的人都看到了你的品行，他們都願意和你玩這種 win-win 遊戲（也稱爲雙贏模式）。

現在的企業家張口必談雙贏、共贏，好像一切東西都可以共贏一樣。其實共贏這個模式本身有著關鍵的外界假設，即世界有富足的資源來支持每一個人，同時雙方需要有不止一次的交易。如果沒有這兩個條件，雙輸模式和贏輸模式也許才是最好的選擇。

比如，中國的很多民營企業和家族企業，奉行的還是「打板子＋愚民」的政策，它們既沒有給員工發展提供更多的可能性，也不準備和員工分享資源。這樣的企業內部提倡的共贏思想只是無源之水，根本不可能實現。中國人的心智模式更多傾向於謀略（贏輸模式）而不是協作（雙贏模式），也是這個道理。

美國就是個比較聰明的國家，在不斷給全世界人民用雙贏模式洗腦的同時，自己卻在玩著三種模式切換的遊戲。

石油資源是有限又獨有的資源，所以美國對伊拉克哪裡有共贏，恨不得一口吞下，用的是簡單粗暴的贏輸模式。

全球化核戰，美國和俄羅斯都拿核彈頭互相瞄著，人不發射，我不發射；人若發射，我必亂射！因爲一旦失敗，根本沒有第二次交手的機會。

美國科學家聯合會（ＦＡＳ）和美國自然資源保護委員會（ＮＲＤＣ）統計了各國導彈頭：

核彈頭擁有量最多的是俄羅斯，共計1.3萬枚，其次是美國（9400枚）、法國（300枚）、中國（240枚）、英國（185枚）、以色列（80枚）、巴基斯坦（70～90枚）、印度（60～80枚）、朝鮮（最多10枚）。這些核彈頭一共夠毀滅世界23次。這絕對是綁架全世界的雙輸模式。

在中美貿易戰之前的30多年裡，與中國的市場合作，讓美國意識到巨大的潛力：中國是一個巨大的勞動力市場，未來是一個巨大的消費市場。這裡面用得更多的就是雙贏戰略。

爲了抑制中國的發展，近幾年，美國開始打壓中國的高科技企業。當然中國也沒閒著，積極應對。今天的中美關係，就在贏輸模式之間搖擺。

雙贏不總是對的。每一個心智模式背後都有相應的對世界的假設，也有著相對的侷限性。世界上根本不存在總是對的道理，當然，也包括我這句話本身。

有一次，在四川大學講座，學生問我新人進入公司以後，應該培養創新思維對嗎？我說，創新思維沒有錯，但是剛剛進入公司，先把眼前的事情做踏實了才是關鍵。先學習，後創新，不同階段有不同的發展。

對小兵說是准許進不許退，但對大將就要講懂進懂退。因爲身分不同，思維方式也不同。外界條件變化了，心智模式就要改變，思維方法也要變化。今天這個世界，唯一不會改變的就是改變。按照外界的條件變化，升級你的心智模式，就是這本書希望告訴你的知識。

心智無所謂對與錯，但有成熟與否之分

到底什麼樣的模式是正確的？這讓人想起了管理大師彼得・聖吉講過的一個故事。

在一個初春的日子，聖吉一行人到郊外划船。突然，一個年輕人掉進了水壩下冰冷的水中。沒有人能游泳，大家只能驚恐地看著這個年輕人在瀑布下的渦流中掙扎。他盡力地向水的下游游動，逃離渦流，但無論他怎樣掙扎，都無法逃離渦流，他在冰冷的水中耗盡了熱量和體力，最後沉沒。幾秒鐘後，他的屍體在下游十碼（約9米）的地方浮了出來。「在他生命最後一刻嘗試去做而徒勞無功的，水流卻在他死亡之後幾秒之內為他完成了。有諷刺意味的是，殺死他的正是他的奮力抗爭。他不知道唯一有效的對策是與直覺相悖的，如果他順著回流潛下，他應該可以保住性命。」換言之，他死於內心一個確定無疑的假定，一個他自己加給自己的「魔咒」：在漩渦裡只要足夠用力地游，就能游出漩渦之外。

向水的下游移動對嗎？平時，是對的，但在漩渦裡的時候，卻不對。前面提到的「雙贏」總是對的嗎？總想著雙贏，會讓你在某些地方死得很慘。

我們奉為眞理的一切思維模式都會有侷限性。個人發展是一個自身不斷成長、外界日新月異的領域，我們每天進入新的「漩渦」，卻還以過去的方式「游泳」，最後必然會勞而無獲。就像那個溺水者一樣，我們很多時候往往不是不夠努力，而是努力的方向就是錯誤的。

什麼叫作心智成熟？《孫子兵法》曰：「兵無常勢，水無常形；能因敵變化而取勝者，謂之神。」

心智成熟的特點是：你擁有很多心智模式，熟悉每個心智模式的優點和限制，並隨著環境嫻熟地切換。不會在一個視角被卡死，也不會偏頗地看待問題，多種思維彼此參考，相互校準，你才會成爲一個心智成熟、看問題全面的人。查理．蒙格在《窮查理寶典》裡提到的多元思維其實也是這個原理，他用100多個最重要的模型去交叉驗證自己的投資決策。

看看一些常見的心智模式陷阱吧，你有沒有深陷其中？

心智模式陷阱一：努力付出就一定有回報。

如果努力付出就一定有回報，那麼和劉德華結婚的就不是朱麗倩，而應該是楊麗娟了。因爲朱麗倩陪伴劉德華20年固然可敬，但是楊麗娟從16歲開始就追求劉德華，把老父親逼得捐腎跳海，實屬更加「努力」的「典範」。

如果你從天安門向正西走，希望去頤和園，你能到達嗎？即使堅持到環繞地球一周也不能，因爲頤和園在天安門的西北邊。

選擇不對，努力白費，方式錯誤的努力比不努力還要可怕。每個人都需要給自己未來一個大的方向。

心智模式陷阱二：每個人都要給自己做長遠的職業規劃，並且制訂詳細的計畫。

今天的就業職位，有多少是你20年前從來沒有聽說過的？

今天你從事的行業，有多少是你20年前沒有瞭解的？

美國人力資源管理協會（SHRM）2009年的年度報告指出，2010年最需要的10種職業，在2004年根本不存在。如果你在剛剛進入職場的時候就給自己確定了一個詳細的職業規劃，你覺得你會損失多少機會？

不僅個人，從企業的發展規劃上，通用電氣從來不主張做10～20年的長期業務規劃，最多只做三年的業務規劃。曾經有一位員工做了一份通用電氣未來20年的銷售預測，傑克．韋爾奇問他：「你計畫在模里西斯銷售多少？你知道模里西斯在什麼地方嗎？」全球首個語音助理廣告網路廣告公司VoiceLabs的首席執行長亞當．馬奇克說：「對一生進行充分規劃永遠都是一個好想法，但一定要記得寫下來的時候要用鉛筆，而且手邊還要有塊橡皮。」

心智模式陷阱三：只要是金子，總是會發光的。

我們總在留言本或者酒桌上聽到這樣的勵志言論，那麼我想問問：你說是蘊藏在地層裡面的金子多，還是發掘出來的金子多？答案是蘊含在地層裡面的金子多。世界上還有60%的金子沒有被挖掘出來，因爲在礦物質裡面，在深埋的金礦裡面，在合金裡面都有金子。所以，你如果是金子，你的常態不是發光，而是不發光！千萬別以爲金子就要發光。

在黃金採選提煉過程中，不管是土礦提取還是沙礦提取，幾乎都要經歷以下幾個步驟：首先在礦場將礦石挖掘出來，經過人工或者機器將礦石打成粉末，然後用水沖走表面的泥沙（黃金比泥沙重，用水沖洗能節約成本），只留下含有毛金的鋅沙。過去我們的祖輩在沒有大型機械和化工原料的支援下，只能使用水銀來吸附鋅沙裡面的毛金，一般需要三五天時間。當存積的毛金達到七八百克時，再使用硫酸和硝酸燒煮，將毛金裡面的雜質熔解。經過反覆多次的燒煮，普通的毛金就逐漸被提煉成黃金，但這種提煉方式只能達到95%～97%的純度。

如果你是金子，並且想要發光，那麼首先你要提高自己的含金量。只有達到一定程度，你才會成爲金礦。在你被挖掘出來後，你要經過痛苦的碾磨、沖刷、浸泡，把你身上的雜質（不好的習慣、污點）去掉。然後，還要成形，被打磨、拋光，最後才能成爲很有價值的發光的金子！

如果你是金子，你要做的事情是找到讓自己發光的方法。今天已經不是三顧茅廬的年代，今天的「諸葛亮」也需要視頻號、公衆號、B站、抖音主動發出聲音，製造影響力。

心智模式陷阱四：一旦找到非常熱愛的工作，我就絕不會像現在這樣吊兒郎當的，我會全力以赴。

只有在確定自己有終身的熱情後，你才會全力投入嗎？祝賀你加入「不斷換工作」和「永久焦慮」俱樂部。坐在我們的職業生涯課堂裡的，大部分都是這樣的人。

你有沒有想過也許邏輯恰恰相反？只有全力投入的時候，你才會從工作中獲得快樂。的確有一些工作會讓你的興趣持久一點，有一些工作會讓你的興趣短暫一些，但是你的吊兒郎當才是熱愛的最大障礙。

以上這些心智模式陷阱，在過去的生活中都曾深深影響過我們，但是，在新的領域中，卻把我們死死困住。它們讓我們的能力隔絕，讓我們勞而無獲，讓我們離自己想要的東西漸行漸遠。

在今天這個高速發展、不斷變化的世界裡，手機App的升級是幾天一次，但是對我們大腦心智模式的升級卻很少發生。今天，你需要時時刻刻提醒自己，那些三年前幫助你成功的心智模式，也許正在阻礙你三年後的成功。

破除無效的心智模式，進入你自己希望的人生。

心智模式從何而來？

心智模式對我們那麼重要，那麼心智模式從何而來呢？

我列出了心智模式的三種來源：

- ✓ 自然世界——我們對外界的直接體驗；
- ✓ 概念模式——我們從別人那裡獲得的對世界的間接體驗；
- ✓ 推論和歸納——我們依靠推理形成的結論。

簡單地說，我們自己的感官體驗，我們從社會上獲得的所有資訊，我們受的教育，還有我們自己思考的結果和過去的經歷，都構成了我們的心智模式。

感官體驗能形成心智模式。很多小時候被狗咬過的人，一輩子都會怕狗。即使小到只有拖鞋那麼大的狗，他們也會害怕。而小時候被爸爸媽媽帶著撫摸過動物的孩子，會對動物有安全感，他們覺得動物非常友善。

社會與文化教育也會對心智模式有影響。這就不難理解不同

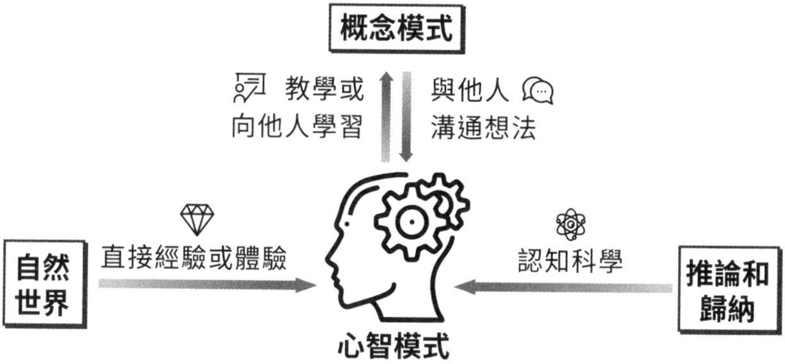

文化的人爲什麼會有完全不同的心智模式。

如果讓你把「牛、草、猴子」三個事物憑第一感覺迅速分成兩組，試試看，你會怎麼分？

東方人傾向於選擇「牛、草」一組，「猴子」一組，原因是「牛會吃草」；

美國人則更加傾向於選擇「牛、猴子」一組，「草」一組，原因是前者「都是動物」。

東方人更加關注事物與事物之間的聯繫，美國人則更加關注事物的屬性，這與二者所受的教育和所處的社會關係有關。我們東方人生活在一個強調人與人之間的關係的社會，講究以和爲貴，「槍打出頭鳥」。西方人則更加崇尚個人獨特的品質。不同的社會與教育形成了不同的心智模式，這兩種不同的心智模式又在思想上影響著我們：東方的學問傾向於系統論、實用主義（比如中醫、《易經》），西方人卻更加專注於本質論與實證主義（比如哲學、科學）。

有類似經歷的人，也有著類似的心智模式，比如當兵回來的人，性格較爲剛直；同一個年代的人，溝通起來特別順暢；生長於單親家庭或者家庭暴力中的人，很多對自己的婚姻沒有信心。這都是因爲共同的經歷讓他們形成了類似的心智模式。

還有一種心智模式的形成與我們的推理有關。現在的獨生子女從小就被父母、爺爺奶奶寵愛著，他們很容易產生這樣的推論：不僅這個家庭，這個世界都是以我爲中心的。帶著這種自我中心的心智模式進入社會，往往需要吃幾次大虧才能夠調整過來。

我們過去的體驗、經歷、受到的教育和社會環境，決定了我們的心智模式，同時，我們的心智模式又在改變著我們未來的命運。這麼說好像自己的一輩子都被安排好了一樣，聽起來真讓人沮喪。事實不是這樣的。雖然我們不能改變過去，卻能改變對過去的看法，這才是心智模式的偉大之處。日本「經營之神」松下幸之助這樣回憶自己取得成功的原因：

我獲得成功，在很大程度上是因為受到了上天的眷顧，上天賜給我三個恩惠，讓我受益無窮。第一個恩惠，我家裡很窮，窮到連飯都快吃不上了。託貧窮的福，我從小就嘗到了擦皮鞋、賣報紙等辛苦勞動的滋味，並以此得到了寶貴的人生經驗。

第二個恩惠，從一出生，我的身體就非常孱弱。託孱弱的福，我得到了鍛鍊身體的機會，這使得我到老年也能保持健康的身體。

最後一個恩惠，就是我文化水準低，因為我連小學都沒畢業。託文化水準低的福，我向世上所有的人請教，從未怠慢過學習。

窮困、孱弱和低學歷的經歷，被松下幸之助的心智模式構建成生命中受益無窮的恩惠。不管過去怎麼樣，我們完全有能力調整自己的心智模式，重新認識我們的過去，改變我們的未來。

升級心智，拆掉思維裡的牆

從「不知不覺」到「先知先覺」

還記得電影《駭客任務》的開頭嗎？尼歐（Neo）是怎麼從原來的模式中覺醒的？他發現了現在世界的漏洞——重力原來是可以消失的，湯匙是可以被彎曲的。這讓他慢慢覺醒，變成了改變世界的救世主。

所以，你也需要一個機會，讓自己意識到這個世界和你想像的不同，看到兩個世界之間細小或者巨大的差異，比如那個撞豬的司機。你只有體驗到差距，才會開始慢慢地對你想像的世界有所察覺，我們稱爲「後知後覺」。

這樣的經歷越來越多，你會越來越快地意識到這些差距。就好像衝破「4分鐘一英里」模式的班尼斯特，在訓練停滯不前的時候馬上能夠做出反應。這叫作「當知當覺」的醒覺。

最後你終於可以在事情發生之前，摘掉自己的固有模式「眼鏡」，而挑選更好的模式來應對，這個時候稱爲「先知先覺」，你開始自我超越。

你有沒有坐過火車？當從車窗看到對面火車動的那一瞬間，你是不是以爲自己的火車動了（不知不覺——混沌）？而你轉過頭，看到另一側車窗的月臺並沒有動，然後你知道，剛才的感覺是幻覺（後知後覺——察覺）。等到下一次看到對面火車動的時候，你能夠馬上意識到也許是它在動，而不是你自己這列火車在走（當知當覺——覺醒）。這樣的經驗多了，當你遇到類似情況的時候，你就會知道，一會兒對面車開的時候，也許會出現那個幻覺（先知先覺）。這個時候，你已經超越自己的心智模式了。

看到這裡，你也許會問：道理我都認同，也明白心智模式的重要性了，但是該怎麼改變舊有的心智模式呢？

坦率地講，這個很難，也不是這本書所能給予的。

不過，一旦改變，收益也特別巨大，那將是脫胎換骨的進步。

你還記得開篇提到的「計畫要訂到足夠小，小到不可能失敗」嗎？

我也推薦你從用好「復盤」這個工具開始，慢慢來。

復盤的操作流程和使用契機

「復盤」本來是圍棋術語。對弈之後，棋手們通常會把對局重演一遍，以此發現自己的錯誤，理解對手的思路，研究最妥善的走法。很多圍棋高手都把「復盤」當作棋力精進的重要法門。

後來，聯想創始人柳傳志先生將「復盤」思想引入企業管理領域，並使其廣爲人知。柳傳志曾說：「在這些年的管理工作和自我成長中，『復盤』是最令我受益的方法之一。」

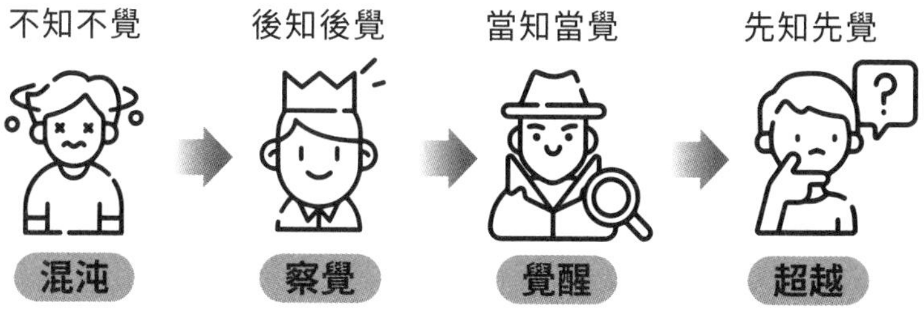

簡單來說，復盤就是將做過的事重新推演，從中總結成功的經驗，發現失敗的教訓。

很多人之所以沒有長進，其實是在不斷重複錯誤，不斷掉進同一個「坑」。作爲自我學習最重要的途徑，復盤可以幫你克服自己的慣性。

讓我們先回憶最近做過的一件事，然後跟著復盤流程一起復盤一下。

第一，回顧目標。

◎回憶一下做這件事回憶一下做這件事之前，你的目的或期望是什麼？

◎這個目標設定得靠譜、精確嗎？

◎有沒有發生「目標損耗」？

這裡所說的目標損耗是指，由於不願承認計畫和現實差距而產生的偷偷降低目標標準的行爲，比如你計畫背 100 個單詞，實際只背了50個，你會安慰自己：這也不錯啊。

第二，評估結果。

◎滿分100分，你給自己打多少分？

◎和滿分差了多少分？差在哪裡？

◎如果能夠再提高10分，你希望提高在哪裡？

第三，分析原因。

情景再現，回顧事情的事前、事中、事後全流程，並分析成功或失敗的關鍵原因。

◎可控的原因：有沒有更好的做法？是不是已經全力以赴？

◎需要合作的原因：自己這部分做好了嗎？需要合作的部分，是否爲別人留出了足夠的空間、時間和支援？

◎不可控的原因：是否充分溝通，及時跟進進度？有沒有什麼方式可以納入控制？有沒有控制風險？

第四，總結經驗。

◎哪些事情應該堅持做，哪些應該馬上停止？

◎哪些人、哪些行爲的價值值得重新評估？

◎哪些事情可以做得更好？具體該如何做？

◎對整個事情背後的規律，你有什麼新的認識？

◎有沒有哪些「經驗」其實只是假設？

實際上我們的很多行爲，都是基於對事情的假設，比如，假設「努力」可以「成功」，所以拚命努力；假設「讀書」可以增「智慧」，所以囤積書單；假設「小習慣」不會有很大效應，所以不關注。

一次次復盤，其實就是一次次自我升級「假設」的過程，假設變了，行爲也會改變。所以，可以在「假設」升級的基礎上，再制訂下一步行動計畫，來進一步鞏固這種「新假設」帶來的習慣。

復盤的感受越及時越好。對個體來說，「反思日記」、「三件事＋回顧」都講究今日事今日「復」，是特別好的復盤習慣。

你有沒有發現，復盤切入的其實是心智模式升級之路（混沌—察覺—覺醒—超越四個步驟）中的第二步。它就像一個楔子，讓我們親手將它楔入我們的日常：

- Ⓥ幫我們從埋頭做事的「混沌」中抽身而出；
- Ⓥ讓我們以一個旁觀者的視角「察覺」自己做過的事，
- Ⓥ發現做得好的地方，發現有待改進的地方；
- Ⓥ從成就中總結、優化，從失誤中學習「覺醒」；
- Ⓥ尋找更好的解決方案，調整更好的心態，從而實現自我「超越」。

《與成功有約：高效能人士的七個習慣》裡說，任何一件事情，都需要經過兩次創造，一次是在腦子裡構思，一次是眞正地做出來。

其實，一件事情可以經過三次創造，除了上面說的兩次，還有一次就是復盤。復盤既是在重新理解過去，也是在醞釀未來。

比如閱歷，不僅要經歷，還要閱讀；再比如經驗，不僅要經歷，還要體驗，但兩者都別忘了復盤、復盤、復盤。

混沌—察覺—覺醒—超越四個步驟，是心智模式升級的必經之路。按照這個思路，本書提供了很多心智模式的描述，它們讓你可以察覺到內心的模式。同時，在後面我還提到了很多形成更好心智模式的方法，它們能讓你更好地停留在覺醒的狀態，走上自我超越之路。

5

成功學不能學

人人都能成功？怎麼可能

中古時期的煉金術士有一個夢想：他們認為世界上所有物質都是由煉金石與「世界之魂」（一說其實就是純硫磺與水銀）的不同配比構成的。由此推論，普通金屬如果加入煉金石，就會變成金子。無數聰明人在這個領域花費了終生的時間，留下了數不清的典籍與傳說，其中還包括偉大的牛頓公爵。

然而，幾個世紀下來，卻沒有一個人成功地煉出金子。這些瓶瓶罐罐的研究倒是造就了最早的化學家。如你所見，alchemy（煉金術）和 chemistry（化學）有著相同的詞根。

不知疲倦的煉金術士忽略了一個經濟學常識：如果任何金屬都能變成金子，那麼金子還值錢嗎？

同樣的道理，我們身邊充斥著類似「點石成金」的成功學故事。這些觀點的主要論調就是「只要……就能……」，而你需要的就是不斷地去做就好啦！

成功學故事中常見的論調有：成功不難，只要堅持做一件事情；只要努力，每個人都能成功；做得越好越成功。

如果只要堅持做，每一個人都能成功，錢越多的人越成功，那麼當每個人都賺了 5000 萬元的時候，只有賺到5億元才算成功？如果每個人都賺到5億元，是不是只有賺到50億元才算成功？

讀理工科的同學都學習過「常態分佈」的概念。這個曲線告訴大家，無論在什麼群體，隨機變數的概率分佈大多數都會停留在某一個值前後——離這個值越遠，出現的概率越小。就人的長相來說，世界上長得嚇人的人不多，長得完美的人也很少，長得一般的才是大多數。

說到成功也是如此：成功是一個小概率事件，混得太慘的人也不多，大部分人都過著既不太成功也不太失敗的日子。

我祈禱有那麼一天，成功學的三大假設都夢想成眞，我們每個人都成爲成功人士，收入5000萬元人民幣。但是，還是有一小撮收入5萬元的人和一群收入5億元的人，他們分別被稱爲「失敗人士」和「成功人士」。

既然成功永遠是小概率事件，絕不可能人人都成功，那麼那些成功學故事一定在哪兒搞錯了。

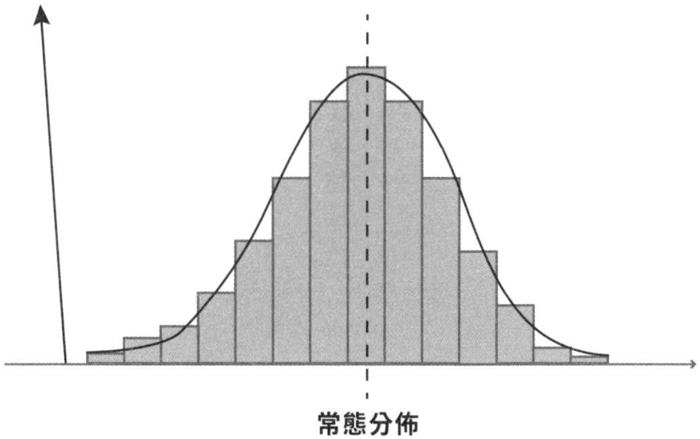

常態分佈

成功學打假故事會：愛因斯坦、肯德基與比爾蓋茲

你可以輕鬆地在任何一本成功學的書刊裡，找到與下文類似的勵志故事。你有沒有懷疑過它們的眞實性？

套路一：完全瞎編——愛因斯坦的「第三個小板凳」

你一定聽過愛因斯坦和「第三個小板凳」❶的故事。這個故事曾入選小學語文課本。

愛因斯坦上小學的時候不愛說話，同學認為他笨，老師也不喜歡他。

有一天早晨，大家都把自己的手工藝課作業交給了老師。老師從一大堆泥鴨子、布娃娃、木製品中，拿出一個很不像樣的小板凳，生氣地問：「你們誰見過這麼糟糕的小板凳？」孩子們都笑起來了，愛因斯坦卻低下了頭。老師看了他一眼，說：「世界上還有比這更糟糕的小板凳嗎？」

愛因斯坦站了起來，小聲說：「有的。」

同學們驚奇地看著愛因斯坦，只見他從課桌下拿出兩個更不像樣的小板凳，說：「老師，這是我第一次和第二次做的，交給您的是我第三次做的。它雖然不好，但比這兩個強一些。」老師看他這樣努力，從此改變了對他的態度。

講完這個故事之後，我們一般就要被教育：做人要誠實，另外，哪怕笨一點也沒關係，大科學家愛因斯坦小時候也不是很聰明，但勤能補拙，只要努力就能成功……

事實上，除了中文世界有這個故事，有關愛因斯坦的各種傳記、回憶錄乃至德文網路世界中，都看不到「第三個小板凳」的相關記載。

其實，愛因斯坦從小動手能力很強，很小他就幫父親的工廠解決技術問題，大學時代還將大部分時間用來做實驗，和朋友合作申請了許多專利。瑞士的一份報紙曾公開了一份愛因斯坦上學時的成績單：在當時的評分標準下，6分爲最高分，1分爲最低分。愛因斯坦的代數、幾何、投影幾何、物理、歷史這5科全部得6分——這樣的成績，哪個同學敢笑他笨？

那麼，「第三個小板凳」的故事爲何廣爲流傳？因爲比起小時候聰明、長大了仍然聰明的故事，大家都更喜歡平凡少年一舉成名天下知的傳奇。

特別提醒：成功有風險，「相信」應謹慎。

❶ 第三個小板凳只是一碗假雞湯，愛因斯坦中學成績被公佈，是別人家的孩子 [OL]. https://new.qq.com/omn/20201012/20201012A01Z4300.html. 愛因斯坦的傳說：學習成績差，動手能力差，數學差，是眞的嗎？[OL]. https://zhuanlan.zhihu.com/p/103479350.

套路二：半真半假——肯德基上校的1009次失敗

如果要列出這類故事，我能拉出長長的單子，幾乎要得罪一半聽著成功學故事長大的人。所以我抓個重點，列舉了這則經典的肯德基老爺爺創業的故事。

肯德基創始人桑德斯上校在65歲時仍身無分文且孑然一身。當他拿到生平第一張救濟金支票且只有105美元時，內心實在是極度沮喪。他不怪這個社會，也未寫信去罵國會，而是心平氣和地自問：「我到底能對人們做出何種貢獻呢？我對社會有什麼可以回饋的呢？」

隨之，他便思量起自己的所有，試圖找出可為之處……然後，他想到了。他挨家挨戶地敲門，把這個想法告訴每家餐館：「我有一份上好的炸雞祕方，如果你能採用，相信你的生意一定能火，而我希望能從你增加的營業額裡抽成。」很多人都嘲笑他：「得了吧，老傢伙，你要是有這麼好的祕方，幹嗎還穿著這麼可笑的白色服裝？」

這些話讓桑德斯上校打退堂鼓了嗎？絲毫沒有，因為他還擁有天字第一號的成功祕方，我稱其為「能力法則」（personal power，意思是「不懈地拿出行動」）：不管你做什麼事，必須從中好好學習，找出下次能做得更好的方法。桑德斯上校確實奉行了這條法則。他從不為前一家餐館的拒絕而懊惱，反而用心修正遊說詞，以更有效的方法去說服下一家餐館。

桑德斯上校的點子最終被接受，你可知他先前被拒絕了多少次嗎？整整1009次之後，他才聽到了第一聲「同意」。

……

歷經1009次的拒絕，忍受了整整兩年。試問有多少人還能鍥而不捨地繼續下去呢？真的少之又少，也無怪乎世上只有一位桑德斯上校。我相信很難有幾個人能受得了20次的拒絕，更遑論100次或1000次的拒絕。但這也就是成功的可貴之處。如果好好審視歷史上那些成大功、立大業的人物，你就會發現他們都有一個共同點：從不輕易被「拒絕」打敗；不達成理想、目標和心願，他們就絕不甘休。

我一直對這個故事有些腹誹，不知道1009這個精確得嚇人的數字是怎麼算出來的。銷售這種事反反覆覆，一個人拒絕了又同意了，這算幾次？你肯定說我是「槓精」（愛唱反調、抬槓者），「白髮三千丈」也不是一萬米啊！其實數字不是這個故事的問題點，肯德基老爺爺的故事裡，有自己打敗自己的邏輯。

我從肯德基官網、維基百科和百度百科裡找了很多資料，基本還原出他的創業生平：

桑德斯39歲開的炸雞店，店面很小，一開始只有6個凳子。他沒當過兵，「上校」是政府為了獎勵他在飲食領域的貢獻而授予他的稱號。他的創業歷程非常坎坷，嘗試過連鎖店、汽車旅館，但全部失敗，折騰了20多年，最後只留下一間小餐館和一份炸雞祕方。

1956年，肯德基老爺爺66歲時，這家炸雞店也近乎破產，他只能靠每月105美元的救濟金度日，但他並不沮喪，決心從頭再來。4年後，肯德基有了4000家分店。

74歲那年，他把肯德基以200萬美元賣給了29歲的年輕律師約翰・布朗和60歲的資本家傑克・麥塞。當時他們希望給上校一些股份，但被拒絕了。最後，公司以每年7.5萬美元的終身年薪，讓他成為肯德基廣告的代言人。

7年後，肯德基以2.75億美元賣給了下家，漲了137倍。

如果按照成功大師們所說，肯德基上校被拒絕了1009次、堅持了近20年的炸雞祕方，是個人成功的祕密，那麼在29歲的布朗律師手裡待了7年就翻了137倍，我們是不是能夠得出一個完全相反的成功祕密：成功的祕密在於不要像肯德基上校那麼迂腐地堅持1009次，而是像布朗一樣，年紀輕輕就找到一個有前途的項目，然後儘快脫手！

從一個故事裡能夠得出兩個完全不同的結論，想成功的諸位，你要相信誰？

所以成功學的故事只是傳奇，不是事實。

爲什麼那些成功大師要把故事改編成這個版本，我「不懷好意」地繼續推測。

首先，即使沒有「1009」，肯德基上校也是個很厲害的人。5年能把4000家連鎖店做出來，而且是一家家跑出來的，所以我很尊敬老爺子。他的故事框架是對的，但是「1009」和兩年被拒的部分，是大師們偷偷塞進去的。就好像陳勝、吳廣的魚，魚是河裡撈出來的，但布是自己塡進去用於大衆洗腦的。❷

其次，爲什麼要偷塞故事給大家洗腦呢？因爲你一次次地堅持銷售，碰了南牆也不回頭，這顯然對大師們有好處。其實一次銷售成功與否和努力當然有關係，但和產品有沒有關係？和大市場有沒有關係？但大師不希望你想這些因素。

最後，爲什麼洗腦有效呢？因爲這個故事在高潮的時候塞進了「肯德基」這個不可置疑的名詞，你一看人家的營業額，大腦就自動照單全收，相信了。

成功學是傳奇還是事實？你用盡全力模仿的那些故事，有多少是眞實的？再次特別提醒：成功有風險，「相信」應謹愼。

套路三：過度簡化——比爾．蓋茲的成功故事

模仿成功者就能成功，這是成功學的著名邏輯。只有當你眞正開始實踐，才會發現很多東西是無法模仿的，這就是生活的邏輯。

有一天，烏鴉和豬一起坐飛機。豬聽見頭等艙的烏鴉對空姐說：「小妞，過來，有酒嗎？」在空姐有禮貌地拒絕以後，烏鴉大聲說：「連這個都沒有開什麼飛機？滾！」

豬覺得成功人士太厲害了，豬也希望成功，於是他模仿烏鴉對空姐說：「小妞，過來，有酒嗎？」空姐同樣很有禮貌地拒絕了。豬於是大聲說：「連這個都沒有開什麼飛機？滾！」

5分鐘以後，飛機艙門打開，豬和烏鴉都被從5000米高空的飛機上扔了出去。這個時候，烏鴉對豬說：「年輕人，我有翅膀，你有嗎？」

❷ 見《史記．陳涉世家》，原文爲：乃丹書帛曰「陳勝王」，置人所罾魚腹中。卒買魚烹食，得魚腹中書，固以怪之矣。又強令吳廣之次所旁叢祠中，夜篝火，狐鳴呼曰「大楚興，陳勝王」。卒皆夜驚恐。旦日，卒中往往語，皆指目陳勝。

我在很多地方見過講職業規劃的老師，他們向大學生聽衆講述前世界首富比爾．蓋茲的案例。大意就是，比爾．蓋茲不也沒有讀完哈佛嗎？爲什麼他可以退學，成爲偉大的公司老總？同學們，文憑沒有用！放棄這個東西，去做你喜歡的事情吧！

每次聽到這些言論，我就脊背發涼。我不是反對大學生學習比爾．蓋茲放棄學位去做那些偉大的事情，但是我希望他們先看完下面的故事。

下面的故事源自美國西北大學凱洛格商學院領導力與組織學教授兼社會學教授布賴恩．烏齊（Brian Uzzi）的文章。他的研究領域包括領導力、關係網絡、決策和團隊合作等。

在微軟成為家喻戶曉的品牌之前，它的創始人比爾．蓋茲擁有的社會關係網中就有一個得天獨厚的優勢——他的母親瑪麗．蓋茲。當時，她與IBM（國際商業機器公司）的高層管理者約翰．艾克斯是同一家慈善組織聯合之道（United Way）的董事會成員，而艾克斯正在帶領IBM向桌上型電腦業務進軍。

有一次，瑪麗．蓋茲與艾克斯談及電腦行業中新成立的一些公司，艾克斯認為它們無法與自己的傳統合作夥伴匹敵，但瑪麗認為IBM低估了這些新公司的實力。也許是她改變了艾克斯在IBM應該向誰採購其個人電腦DOS操作系統這個問題上的看法，也許是她的觀點印證了艾克斯已經知曉的情況，但不管當時的實際情況到底是哪一種，反正在他倆這一席話之後，艾克斯同意考慮小公司提供的DOS技術方案，微軟公司就是其中一員。接下來發生的事情就盡人皆知了：微軟贏得了DOS合約，並最終取代IBM成為全球最強大的電腦公司。如果比爾．蓋茲沒有強大的社會關係網路，這個轟動一時的新作業系統也許就會被埋沒，像威廉．道斯一樣變得默默無聞。❸

比爾・蓋茨爲什麼能夠從哈佛退學？首先，他有一個衣食無憂，不需要自己支援的富裕家庭，父親是著名律師，母親是富裕銀行家的女兒。在他7年級（相當於初一）的時候，他的父母讓他從公立學校轉學，送他到湖濱學校，這是一所西雅圖昂貴的私立中學。第二年，學校花3000美元購置了ASR-33，這是當時第一批能夠接入分時系統程式設計的機器。這讓比爾・蓋茲在13歲就成爲世界上最早接觸電腦程式設計的一群人。這個年紀的他沒有家庭負擔，美國的福利保障又好，這讓他在生計方面沒有什麼好擔心的。

其次，當時的大學沒有他需要的科目。比爾・蓋茲的專注領域是電腦而非法律，那個時候的哈佛大學沒有電腦系，而癡迷程式設計的他就是世界上最好的程式師之一。

最後，也是最關鍵的是，比爾・蓋茲有一個強大的家庭關係網路，說明他與資源平臺建立連接，讓他能與世界上最好的硬體公司建立連接。否則，這個年紀輕輕、不打領帶的哈佛退學生不僅不能和IBM簽訂合同，甚至連IBM的大門都有可能進不去。

在上述條件都滿足以後，關於商業眼光和技術的比賽才眞正開始。

如果今天的你還有家庭負擔，畢業工資不穩定，福利保險一個也沒有，創業還需要場地，家裡沒有關係網絡，你當然也可能成功，但是請不要模仿比爾・蓋茲——「我有翅膀，你有嗎？」

❸ 還有一種說法是，瑪麗・蓋茲是IBM的董事會成員。我想這個有點不靠譜，因爲美國的很多採購活動是有避嫌的問題的。

誰說堅持一定會成功？

「堅持一定會成功！付出一定會有收穫！」我見過兩萬人一起喊這句口號。當然，兩萬人一起喊不能證明這句話就是對的。

我「不懷好意」地列舉了一些堅持也未必成功、付出也沒有收穫的故事。

釋迦牟尼原來是印度的一個王子，住在宮殿時，父親疼愛，人民愛戴。19歲時，有感於人世間生、老、病、死等諸多苦惱，他決定捨棄王族生活，出家修行，最終創立了影響人類社會數千年的佛教。

如果釋迦牟尼一直待在王宮，以他的福緣與智慧，是不是能成爲一個不錯的國王，然後娶很多美麗的公主，再生很多胖乎乎的「王子」？

周樹人在日本學醫的時候痛徹地領悟到，拯救靈魂遠遠比拯救身體重要。雖然醫學即將學成，但他決定放棄，從此回國從文，成為一代文豪。

如果周醫生堅持學醫，以他的深刻與正直，是不是能夠成爲那個年代中國最好而且絕不收紅包的外科大夫？

但是，他們都放棄了：一個成了釋迦牟尼，一個成了魯迅。

堅持不等於成功，堅持只是成功的必要工具之一，放棄也是成功的必要工具。正如我們要修理一輛汽車，你會堅持只用扳手，不用螺絲起子嗎？我們既可以用扳手，也可以用螺絲起子，關鍵的問題是，把車修好。

同理，**堅持或放棄都是達到目標價值的手段，看清楚成功背後的東西才是最關鍵的**。釋迦牟尼放棄王位，堅持了智慧；魯迅放棄醫學，堅持了用文字救國。他們可以安然地放棄，投入更好的方式，是因爲**他們知道自己堅持的是結果，放棄的是方式**。

有一個癡情的年輕人，每天到公司樓下等他喜歡的女孩下班。這樣堅持了半年，對方不僅毫不動心，而且好像還越來越不給他好臉色。他很苦惱，過來找我。

我問他：「你能去公司樓下堅持半年，你不是凡人啊。你這麼堅持，希望的結果是什麼？」

「我希望打動她。」

「有效嗎？」

「沒有，她沒什麼感覺。」他撓撓頭回想，「而且她還有點尷尬，因為有的同事老笑話她。但是我相信，如果我堅持下去，一定能夠打動她的。」

這種人就是愛情小說看多了，而愛情小說就是談戀愛裡的成功學。

「你用一個方式嘗試了半年，都沒有達到效果。你堅持的是等她還是打動她？等她下班只是打動她的一個方式，如果這個方式不奏效，就換另一種更加奏效的方式，這才能打動她啊。」

半個月以後，他發訊息告訴我，他開始用電子郵件和那個女孩交流，那個內向的女孩很欣賞他的文字，現在他們已經開心地在一起了。

大部分的矛盾與衝突，就是因爲雙方都在堅持自己的形式，而不是結果，打著愛的旗號來傷人，而且還堅持不懈。佛教裡講的「三毒」（貪、嗔、癡）之一的「癡」，就是指這種執著於形式而不是結果的行爲。

你今天這樣苦苦地堅持，這種堅持背後是在堅持結果，還只是在堅持方式？

名人成名，他原來是10分，現在是100分，中間下了不少功夫，但是這樣的故事既不好看也不勵志，因爲太複雜了，誰能學會？所以，名人故事一般告訴你，他原來是1分，現在是1000分，中間只做了一件事情，比如，「堅持一定會成功！付出一定會有收穫！」「不忘初心！胸懷夢想！」「反覆去做，就成了」。這樣的故事既好看又勵志，讀起來還簡單，甚至很爽，但是眞能學會嗎？在我看來，這個世界上沒有人可以只依靠從衆而成功，也沒有人的成功可以複製。

成功，就是越走越近

坐在一所著名大學的商學院咖啡廳休息，我聽到旁邊這樣的對話：

「你現在這麼累，到底為了什麼？」

「為了把公司做起來。」

「然後呢？」

「然後可以做大啊！」

「再然後呢？」

「然後爭取個投資，可以迅速地上市，賺到更多的錢。」

「然後呢？」

「然後可以做得更大啊，到時候做什麼都可以了。」

……

對話的兩個人顯然都有點尷尬，心照不宣地換了話題。事實上，很多公司和很多人就是在這樣的「大、更大、再大」的目標下，一天又一天地忙碌著，直到有一天被一個「更更大」的目標打敗。

金庸小說裡有一個人物叫「獨孤求敗」，他非常成功地擊敗了一個又一個對手，一直保持成功。終於有一天，他打敗了所有的高手和高高手，用我們現在的話來說，他徹底成功啦！

獨孤求敗理論上應該很開心，但是他開始鬱悶，因爲他需要一個高高高手，讓他失敗一次，那將會是他下一次成功的開始。但是這樣的人還沒有生出來呢！

只有打敗對手，才叫成功，而獨孤求敗沒有對手，所以他最後鬱鬱而終。

你說，這樣的人算是成功還是失敗？

如果他在五月流浪到江南，遇到當年敗在自己手下的劍客，正在河堤邊帶著孩子快樂地玩耍，不知道他會做何感想？

他會不會想，花了這麼多年時間等待失敗，本身就是一個失敗？

什麼是成功？說到成功，你會想到什麼？你會想到首席執行長、創業上市、有房有車，還是一呼百應的領導力？

作爲一個前GRE的詞彙教師，我認爲大部分人誤讀了success（成功）的意義。從詞源來說，success這個詞來自中古英語「succeden」，前面是拉丁文首碼「suc」，代表「靠近，接近」，後面是一個代表「走」的詞根「cess」。所以success這個詞的本義不像今天我們理解的那樣：有錢、超過別人或者最終達成一件事情，這些都不是成功的眞正意義。

成功的眞正意義應該是：越走越近。這是我聽過的對成功最好的解釋。

你應該如何定義成功？有人說，成功就是賺到1000萬。1000萬是一個很好的成功標誌之一，卻一定不是成功本身。

不信，你問問他，賺到 1000 萬你會做什麼？他會說買房、買車。

你可以繼續問他，如果買到了車子和房子，這些背後的意義是什麼？他會說「這會讓我的家人快樂」。

如果再問，讓你的家人很快樂，這背後的意義又是什麼？他會告訴你，「我會覺得自己是一個有擔當的人」。

讓自己成爲一個有擔當的人，這才是成功的眞正目標，1000 萬只是讓他離這個眞正的目標越走越近。

什麼是你人生的眞正目標？就是那些隨著外界環境的改變而你不會改變的目標。你可以試著問自己下面這個問題，來判斷你有沒有找到人生的眞正目標：

如果突然落到荒島，我是不是還會追求現在設定的目標？

這個時候，你還會設定那 1000 萬、首席執行長的目標嗎？也許不會，但是在荒島上，你也許會依然追求讓自己成爲一個對自己負責任的人，或者你希望獲得認同，或者你希望可以掌控生命，這些才是你不會改變的成功目標。

在電影《浩劫重生》中，湯姆．漢克斯扮演的查克身為聯邦快遞的系統工程師，在飛機失事後掉落到一個小島上。當社會、身分、愛情全部遠離，他嘗試逃離這個小島，但是潮水一次次地把他沖回來。

他對自己說：「我不能停止呼吸，因為明天，當太陽升起來，誰知道潮水能帶來什麼？」（I have got to keep breathing. Because tomorrow, the sun will rise. Who knows what the tide could bring?）

這是我最喜歡的一句臺詞，我被這種對希望的執著深深地感動。查克在小島上有沒有成功？他獲得了前所未有的成功！即使命運用最大的力量扼住了他的咽喉，他也告訴自己：只要你還在保持呼吸，那就是一種成功，「因爲明天，當太陽升起來，誰知道潮水能帶來什麼」。

每一個呼吸之間，查克的目標都越來越近，難道這不是最好的成功？

如果把賺到 100 萬當作成功，你現在有沒有成功？如果沒有，那你會不會以後一定成功？不好說，收入會變化，行業會動盪，房價會上漲，這一切不可控因素都將你的成功置於深深的不確定性中。

如果把公司上市作爲創業成功的定義，你現在有沒有成功？如果沒有，你的公司以後會不會一定成功？不一定。我們都知道創業除了要有能力還要有運氣，以及很多相關因素，有一些公司甚至不適合上市。即使上市了，會不會下市？會不會發生金融危機？

如果只是把結婚當成戀愛的成功，你會不會成功？這一次你倒是可以「成功」一下，結婚證從 2015 年開始，工本費都給免了，不花錢就實現了「成功」。可惜，你「成功」了以後，如果面對的是一個不愛你的人，這種成功又有什麼用呢？

當你把成功定義爲「成爲一個有擔當的人」，你會不會更加成功？你可以在賺到1萬的時候擔負1萬的責任，賺到100萬的時候擔負100萬的責任，只要你勇於承擔自己可以承擔的，你就會越來越靠近成功，你就一直都很成功。這個想法會不會讓你離成功更近？

如果把不斷奮鬥、挑戰自己作爲成功的定義，你會不會更加成功？只要你還在努力，還在越走越近，你就是一個成功人士，而且你會一直享受這種越走越近的快樂。

如果把愛與支持你的另一半作爲成功的定義，你會不會更加成功？只要你每天都在關注和支持對方，每天都在構建更加親密無間的信任，你就是在成功的愛情中。這個想法會不會讓你更快樂？

我遇到過一個自卑的大學生，他覺得自己口語不好，他覺得只有說一口流利的口語才能夠獲得快樂和自信，我告訴他：「不是說一口流利的英語才算成功，才可以獲得快樂和自信。你爲什麼不嘗試快樂和自信地學習說一口流利的英語呢？是痛苦地學習，希望可以獲得流利的口語學得快，還是自信快樂地學習英語學得快？」

當把成功的定義放在外界，你會讓自己陷入一種不可控的焦慮，一種獲得前恐懼、獲得後空虛的生活中。**你的天花板是別人的地板，而你總在向上看，從來沒有留意過窗邊的風景。**

只有把成功的定義放在內心，你才能夠眞正獲得可以掌控的幸福，獲得那種貫徹始終的幸福生活；你才可以安心地靠著車窗看看風景，然後更快上樓。

回顧你的生命，那些讓你最幸福、最快樂的時刻，是不是都來自生命的底層？那些最艱辛的日子你默默地堅持，那些黑暗的日子你的眼睛裡閃爍著理想之光。回顧過去，那是你生命中一無所有的時刻，也是你生命中走得最快的時刻，而成功則是越走越近。

很多人喜歡《當幸福來敲門》這部電影，有人喜歡克里斯．賈納最終成爲經紀人的那段劇情，有人喜歡他在計程車上玩魔術方塊獲得工作的那段劇情，而我最喜歡的卻是他帶著兒子擠在地鐵站的廁所裡過夜的那段劇情。被房東趕出來的父子倆被迫流浪到地鐵站，父親踢開一個廁所的門，哄著兒子入睡，然後頂著廁所的門，翻開書。他的臉上滿是堅定，他告訴兒子：

如果你有夢想，就要去捍衛它。當別人做不到的時候，他們就是想要告訴你，你也不能。如果你想要些什麼，就得去努力爭取。就這樣。（You got a dream, you gotta protect it. People can't do something themselves, they wanna tell you you can't do it.If you want something, go get it. Period.）

如果你有一個夢想，那就去捍衛它；如果你有一個目標，那就去爭取它。行動起來！當你走在人生之路上，沒有必要去羨慕那些走在高處的人，也沒有必要輕視那些走在你後面的人，因爲成功不是生命的高度，而是生命的速度，成功在你此刻的腳下，成功就是越走越近。

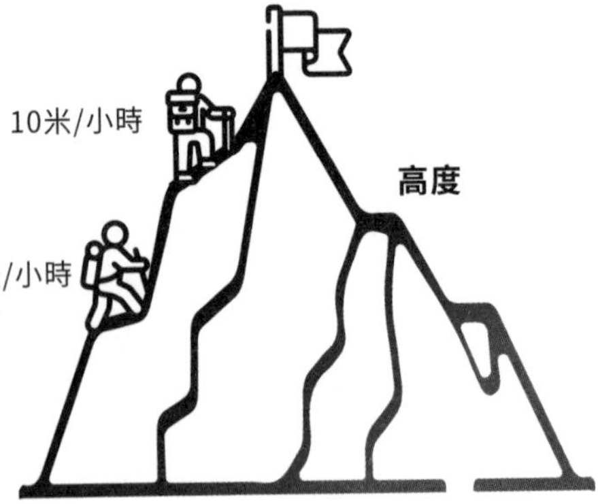

疲憊了，那就歇息。
苦惱了，那就哭泣。
快樂了，那就小小地忘乎所以。
只要你繼續前行，你就在成功。因爲成功不在前方，成功就在當下，成功就是越走越近。
對自己說：成功就是越走越近，我現在就很成功。
最後附贈一個小技巧，我列舉了一些關於成功的定義，你喜歡哪一種？

Tips

在上帝眼裡，偉大的失敗是成功，渺小的成功也是失敗。

成功就是逐漸實現有價值的理想！

孔子：
安身、立命、治國、平天下。

成功就是實現人生目標的過程。

李開復：
成功的定義其實就是讓自己快樂。

古典：
成長，長成自己喜歡的樣子。

成功：
你曾經是怎樣的人，你應該成為什麼樣的人。

羅素：
美好的人生是為愛所激勵，為知識所引導的人生。

成功可以分成兩部分：你怎樣看待自己，別人怎樣看待你。

我的野心就是要聲明，一個沒有野心的人也能得到所謂的成功。當然，我必須馬上承認，這只是我即興想到的一句俏皮話，其實我連這樣的野心也沒有。

對我來說，人生即事業，除了人生，我別無其他事業，我的事業就是要窮盡人生的一切可能性。這是一個肯定無望但是極有優秀感的事業。

羅蘭：
成功的意義應該是發揮自己所長，盡自己努力之後，所達到的一種無愧於心的收穫之樂，而不是為了虛榮心或金錢。

成功的意義在於遇到很多好問題。

6

如何找到
熱衷一生的事業

不要和只要結婚的人談戀愛

「我只和要結婚的人談戀愛！」

米沙爾是我的好朋友，她有一個原則，就是自己的第一個男友應該是自己的丈夫。我告訴她，這樣的選擇方式只能遇到三種男人：天真到認為可以一見鍾情的小男生，覺得結婚就行的老男人，以及覺得反正承諾又不上稅的「大忽悠」。❶

三年過去，她跑來告訴我：「你完全說對了！我這三年就是遇到了三個和你說的一模一樣的人！只是順序不同而已！你會算命嗎？」

我反問米沙爾，如果你是公司老闆，你只允許和你簽終身合同的人進入公司，那你會招來些什麼人？

米沙爾說，如果那樣，也許只有三種人會來應聘：

- ✓ 天真懵懂，剛剛畢業，覺得自己會在一家公司幹一輩子的員工；
- ✓ 身心疲憊，希望隨便找一家公司幹下去的「老油條」；
- ✓ 覺得可以先做著，大不了付點違約金的員工。

米沙爾說完恍然大悟。

我不會算命，我只是很熟悉米沙爾的心智模式。一個程式師敲下確認鍵，然後徐徐起身去泡咖啡，他不需要盯著螢幕，就已經知道程式運行的最後結果。有經驗的人力資源在面試者進來的3分鐘內，就已經可以判斷要不要你，因爲他在這3分鐘內已經瞭解了你的心智模式。心智模式一旦啟動，你幾乎就可以預見它的結果。

抱著「只和打算結婚的人談戀愛」的想法的人和「我只選擇做要從事一輩子的工作」的心智模式一樣：一旦啟動，結果一定就是沒戀愛或無工作。因爲你的選擇規則本身就把候選人刪除了！

看看下面這則故事：

有一個虔誠的基督徒，他每天走進教堂都對上帝祈禱：「主啊，我是一個好的基督徒，我這輩子從來沒有做過壞事。我只有一個願望，希望你讓我中一張彩票吧！」他在活著的時候天天這樣祈禱，但始終一無所獲。

死後他見到上帝，很生氣地質問上帝：「為什麼我這麼虔誠地祈禱，你卻從來不幫我？」

上帝無奈地說：「我願意幫你，但你至少先買一張彩票吧？」

這個故事告訴我們：如果你只有確定能夠中獎才去買彩票，上帝也幫不到你！同樣的道理，如果你只有確定了一個所謂的終身事業才開始投入，你永遠找不到自己的目標。

嘗試總是要冒險的，而不嘗試是最大的冒險。

❶ 說話不著邊際的吹牛者。

職業選擇的一見鍾情、兩情相悅和白頭偕老

很多人有這樣的想法：「一旦我發現了眞正想做的事情，就會全力以赴地投入，不會像現在這樣吊兒郎當的。」

自打去年從一家民營公司辭職，安靜還是提不起精神開始下一份工作。她在家的這一年，也有進入其他公司的機會，但是她覺得那不是她特別喜歡的，所以都拒絕了。做了兩年會計工作，她深深體會到做不喜歡的工作的痛苦，她希望選擇一個真正有熱情、可以做一輩子的工作。

一年多下來，安靜待在家裡，看著原來同事有的升職，有的跳槽，有的改行去做自己喜歡的工作，她卻越來越消沉。媽媽很著急地問她：「你到底喜歡什麼？」

安靜說自己也不知道，但是她說：「一旦我發現了真正想做的事情，我就會全力以赴地投入，不會像現在這樣吊兒郎當的！」一直到今天，她還在等待。她很困惑，她只是想找一個喜歡的工作，這有錯嗎？

我們身上有沒有安靜的影子？我們希望遇到自己眞正感興趣的工作，但是卻不願意做一些嘗試。我們被過往的痛苦工作經歷嚇怕了，或者看了太多職業發展的書，那些書都是爲了告訴你一個道理：世界上一定有你最感興趣的工作，你如果找不到它們，哼！你就死定了！

於是你開始尋找這個「Mr Right」（最感興趣的工作）：你做了無數次測評，每一個都似是而非；你問了很多人，每一個人都各持己見；你越來越困惑，最後你決定等待一個一輩子的興趣

出現，然後再開始全力以赴，這樣不至於浪費自己的時間……你開始希望先中大獎，再買彩票。可是，我說過了，這樣上帝也幫不了你。

相信你一定認同，只有找到一份符合自己深層志趣的工作才是你眞正適合的工作，但是一個可以持續一輩子的興趣是如何產生的？我們來談談這個話題。

興趣有三種境界：興趣、樂趣和志趣。

興趣是讓你好奇的東西，讓你覺得可以嘗試一下。興趣被快樂強化以後，就會成爲樂趣。樂趣會讓你樂在其中，也會讓你可以快樂地融入其中。志趣會讓你在快樂中找到自己的價值，讓你覺得可以投入一輩子。

還是用戀愛來打比方。戀愛有三種境界：一見鍾情、兩情相悅和白頭偕老。**你需要一見鍾情很多人，兩情相悅一些人，然後才會白頭偕老一個人。**

所以最好的方式是：年輕的時候你可以一見鍾情，到了一定年齡你就該兩情相悅，然後選擇和一個人白頭偕老。

最糟糕的方式莫過於：年輕的時候，你遇見誰都想白頭偕老；年老的時候，你還是看到誰都一見鍾情。

職業選擇也一樣。剛入職場頭3年，你應該憑著好奇

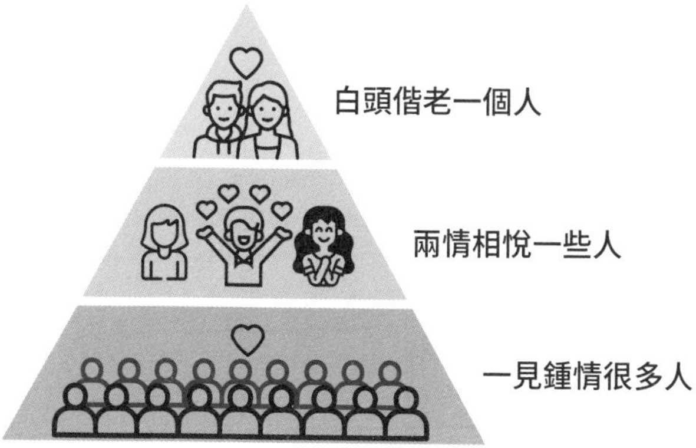

盡可能多方地嘗試和體驗一些工作；進入職場3～5年，慢慢地鎖定能給自己帶來樂趣的幾個工作；30歲前後，決心專注投資其中一個，並全力以赴投入做個5～10年。

最糟糕的情況是：年輕時，你看到什麼都想做一輩子；等到老了，還是什麼都只能做一陣子。

如何做出不後悔的職業選擇

後來，我總算學會了如何去愛，
可惜你早已遠去，消失在人海。
後來，終於在眼淚中明白，
有些人一旦錯過就不在……

這是一首暴露年齡的老歌——劉若英的《後來》。她唱得對，無論是感情的選擇還是職業的抉擇，我們總是等到明白最好的選擇，卻發現這個選擇「一旦錯過就不在」。這真讓人眼淚汪汪。一句話，我們都很容易陷入「後來」模式。

據說下面這則故事是蘇格拉底和柏拉圖的故事。

柏拉圖問老師，什麼是愛情？蘇格拉底沒有回答，以一個哲人獨有的狡黠給柏拉圖佈置了一個任務：看到那片麥田了嗎？從裡面摘出一顆最大、最好的麥穗，但只能摘一次，且不能回頭。

柏拉圖第一次走進麥田，他發現很多很好的麥穗，他摘下了他看到的第一個比較大的麥穗，然後繼續往前走，卻沮喪地發現自己越走越失望，因為前面還有不少更好的麥穗，但是他不能再摘了。走出麥田，蘇格拉底告訴他，這叫作「後悔」。

柏拉圖第二次走進麥田，他依然發現很多很好的麥穗，但是這一次他吸取教訓——前面一定有更好的。他一直向前走，直到發現自己快走出麥田了。按照規則，他不能回頭，而他剛剛錯過了最好的麥穗。柏拉圖走出麥田，看到「不懷好意」的蘇格拉底對著他笑。蘇格拉底早就知道柏拉圖會這麼做，他對隨便摘下一個麥穗的柏拉圖說，這叫「錯過」。

柏拉圖第三次走入麥田，這一次他該如何做選擇呢？

柏拉圖的問題，其實就是我們面臨的選擇。面對職業、愛情、機會的誘惑，你往往第一次「後悔」，第二次「錯過」，但是你永遠不能後退。如果你既不想後悔，又不想錯過，那麼什麼樣的心智模式能夠說明我們做出最好的選擇呢？

把柏拉圖先放一邊，我們再來看看第二個選擇故事。

假設你是一個王子，有100位波斯公主遠道而來向你求親（女性讀者請自覺調換成你是公主，有100位杜拜王子來向你求親）。每一位公主都帶來了一箱嫁妝。她們只會與你見一次面，打開箱子，展示她們豐厚的嫁妝。你需要馬上回答是否願意；否則，她們就會離開，再也不回來。假設你這個王子是個大財迷，再加上波斯公主都蒙著臉，無法辨認，所以你完全不考慮外貌，你只希望收到最多的嫁妝。這種情況下，你該怎麼決策？

和蘇格拉底的故事類似，如果你一開始就選擇，那麼很容易陷入後悔模式——後面的公主也許更有錢呢？如果你一開始就觀察，那麼就很容易錯過最好的公主——她們可能再也不回來了！

這其實是一道數學題。從概率上講，我們能夠算出最好的選擇策略：你應該把前37位元公主作爲觀察樣本。在前37個人中，你不做任何選擇，只做一個判斷——高財富値大概是多少。在剩下來的63個人中，一旦有人超過這個數値，你馬上做出選擇。這麼選是最科學，也是最合理的。

我們生活中的選擇也是一樣。打破「後來」模式最好的方法，就是在進入未知領域的時候給自己一個不做選擇、只做觀察的空間和底線。在這之前，不要做決定；一旦過了這個底線，就要大膽地選。這就是最好的「選擇」模式。

比如，在旅遊景點買東西，你如何決定購買策略？

先不要著急在第一時間購買，而是先逛一下，瞭解一個大概的價錢，在差不多走過⅓店鋪的時候再開始買，這樣最不容易被騙。購房的時候也是一樣，先多看幾套，把前面⅓看過的純做樣本，往往會有很好的收益。在股票市場中，高手很少會在最高點拋出，在最低點買入，就是因爲他們也需要一定的觀察樣本，來保證收益最大的選擇模式。

職業選擇也應該如此。如何找到最適合自己的工作？

由於適合的職業是人與職業的匹配，所以你也需要建立關於自己與職業的基準線。有一段時間的工作經驗和自我觀察，能幫你找到基準線；而瞭解不同的職業，也能幫助你找到好工作的基準線。職業規劃師認證課程往往會要求學生花一週的時間來做他們準備進入的工作的調查報告

（我們稱爲「職業調查」），以此瞭解：這個工作的典型一天是怎樣的；大概的收入、福利、晉升管道是怎樣的；什麼人特別適合做，什麼人應儘早離開；你覺得最閃光的時刻是怎樣的，又有哪些暗黑時刻。

然後在自己心裡，給這個職業的適合程度打分（0～10分）。有的人甚至在一家公司先兼職做一兩個星期，這樣他們大概率能做出最好的、未來不會後悔的選擇。

這個思維模式也可以解決職業選擇的問題。各種公司的簽約要求一起來，馬上簽約害怕「後悔」，一直觀望又擔心「錯過」，這個時候可以把求職期前37%的時間作爲觀望期，根據自己的水準制定一個能接受的標準，然後一旦看好，馬上出手簽約。

著急選擇的「後悔模式」和總在等待的「錯過模式」，都會在你生命裡奏起《後來》之歌。所以，不如用前37%的時間找到基準線，然後該出手時就出手。

怎麼找到最適合的工作？

警惕職業的「藝術照」

有一個人死後，進入了天堂。

他看到天堂裡的每一個人都很和氣：他們穿著白色的衣服，頭頂光環，快樂地走來走去。中午和晚上他們會在白色的大廳裡一邊吃牛排、喝紅酒，一邊談論思想和哲學。他想，天堂真不錯。

按照規定，他還可以去地獄看看，然後決定在哪裡留下來。於是下午，他坐上一部長長的升降梯，下到地獄。這裡的情況實在太讓他震驚了：地獄裡面的每個人都開著凱迪拉克汽車。男人們在陽光下的沙灘上追逐著穿比基尼的美女，女士們則追逐著穿健身褲的壯男。晚上人們穿著禮服，端著酒杯，參加盛大的宴會，大談自己的快樂經歷。

這個人有點猶豫，於是拉住一個路人問：「這是地獄嗎？」

「這就是地獄，地獄歡迎你！」路人和他乾了一杯，然後笑著跳舞去了。

回到天堂，天使問他是否決定好了要永遠待在哪個地方，他迫不及待地說：「我要去地獄！馬上！」

於是又是那部長長的升降梯，他下到地獄。電梯門一開，一個魔鬼走進來，抓住他的頭髮把他拖出去：「快！下油鍋的時間到了！」

這個人很害怕，但還是忍不住地問道：「凱迪拉克、美女和盛大的晚宴去哪裡了？」

魔鬼想了想說：「哦，那是廣告。」

選擇職業和選擇天堂一樣，很多適合你的工作剛看上去並不那麼炫目，而很多聽上去的「好職業」也許恰恰是「廣告」。

拿律師來說，很多人提到律師，總是想到公正嚴肅、主持正義。但是，一項在律師行業的內部調查顯示，85%的律師覺得自己很少在做「眞正公正」的事情。

同步口譯行業以精英雲集、收入高聞名。但是，因爲精神壓力太大，超過35歲繼續做下去的人並不多。考慮「同步口譯」最佳受訓階段是30歲以前，如果你今年28歲，由於對英語的熱愛而準備入行，那麼你就要冒著只有幾年工作時間的風險。

「四大會計師事務所」你一定聽說過，並且羨慕不已。早在2010年前後，那裡一名普通大學生的月薪就能達到四五千元，加班還能有3000多元的加班費。但是請注意，他們的新人（以審計部爲例）每週平均工作時間是60~90小時，平均出差時間是全年170天。如此算下來，他們的時薪甚至比一般的外企還要低。更重要的是，由於不停地工作，他們幾乎喪失了參加外部學習、瞭解和進入其他行業的機會。

「互聯網大廠」的百萬年薪讓你羨慕不已，但考慮到「996」的漫長工時和全年無休的工作節奏，細算下來，稅後的時薪是多少？只有217元，比好一點的健身教練還要低。

其實，每一個職業都沒有你想像的那麼美好，你看到的也許只是廣告，而不是廣告背後的東西。當你千辛萬苦，最終進入一個公司或選擇一個職業，才驚恐地發現原來自己想的和現實是多麼不一樣！你就好像故事裡被揪著頭髮下地獄的人：為什麼？那些光鮮呢？這個時候有人告訴你：哦，那是廣告。

天晴是一家著名會計師事務所的所得稅會計。三年的事務所生活讓她有了一些經濟基礎，但是她覺得壓力很大，近期家庭也出現了一些問題，給天晴本來就疲憊不堪的內心壓上了最後一根稻草。她徹底崩潰了。她向公司請了一個月假，在家休息。

朋友建議她去做一個心理諮詢。第一次諮詢的時候，天晴很抗拒，覺得自己沒有精神疾病看什麼心理醫生。好在心理醫生對這樣的人見得多了，先穩住她，然後慢慢進入正題……幾次諮詢下來，天晴對心理諮詢的印象完全改觀，她也慢慢從心理陰影中走了出來。她覺得心理諮詢師太偉大了，他們就是從心靈黑暗中拯救人類的天使。

休假後上班的第一天，重新面對壓力和無聊的舊工作，她突然萌生了一個想法——我應該去做一個心理諮詢師！每天有自己的可控時間，幫助別人解決困難和問題，那才是我喜歡的事業！

多年的外企工作經驗讓天晴成為一個說做就做的人。她很快辭了職，並且報了一個北師大心理學的在職研究生班。第二年，她又報了一個三級心理諮詢師，開始進入實習諮詢。

等實習諮詢開始，天晴才發現自己的想法完全錯了。原來心理諮詢師是一個壓力很大的行業：每天要接收很多負面情緒，而且結束後還要寫案例總結，幾乎沒有自己的時間。最糟糕的是，心理諮詢這一行在國內還沒有發展起來，剛入行的心理諮詢師很難單憑諮詢賺到維持生存的錢。

兩年過去了，積蓄也快花光了，天晴到底應不應該繼續這個工作？

天晴的困惑源於她的一個邏輯錯誤：我喜歡「被心理諮詢」，是不是就等於我喜歡做心理諮詢師。這就如同我喜歡鮮花環繞，是不是就必須開花店；我愛聽陳奕迅演唱會，是不是就意味著我就能當歌手。吸引天晴的不是心理諮詢師的眞實面目，而是心理諮詢師的「藝術照」。

藝術照最大的尷尬是什麼？就是別人到你家看著照片說：「哇！眞漂亮！這是誰？」選擇職業也是一樣，最尷尬的事情是：進入這個職業才發現，原來我以前知道的版本是「藝術照」！很多人因爲一個「藝術照」進入某個工作或者職位，等到發現有問題已經過去很久了。是後退還是硬著頭皮前進？兩者都代價慘重。

如何拆掉職業「藝術照」這堵牆？

第一，別相信有完美的東西。

我見過那種一夜暴富的職業，見過那種純靠黑幕生存的職業，也見過所有人無比羨慕，當局者卻痛苦萬分的職業，但是我還沒有見過一種完美的職業。我有一個簡單的常識：如果一個東西過於完美，那麼它一定有問題。

第二，看看「卸妝照」。

不管你要進入哪個行業和公司，在收集優點和好處之後，一定要問問自己：這個方向的問題在哪裡？有什麼缺點嗎？下面告訴你如何找到職業的「卸妝照」。

找到理想職業的「卸妝照」

如何避免只看職業的「藝術照」？難道我們要把所有職業都嘗試一遍嗎？世界上的職業有4萬種，一一嘗試顯然不可能，可不去嘗試又總覺得不甘心。事實上，我們可以通過以下5種方法，用很小的代價瞭解職業的眞實資訊。

第一，做一個在職人士的職業訪談。

職業訪談就是找到在這個職業中的成功人士進行訪談。他們往往是這個行業內最有洞察力和體驗的人。通過對一系列相關問題的採訪，你可以很快地瞭解到這個行業工作很久的人也無法了解的職業內幕。

職業訪談一般有四步：

- ✓ 列一個訪談清單；
- ✓ 尋找訪談對象（通過朋友、師兄師姐引薦，或者去「在行」、「選對」等知識服務平臺約，都是不錯的方式）；
- ✓ 見面開聊，確保你的問題基本都能得到回答；
- ✓ 感謝對方後，重新尋找兩個以上的訪談對象，重複前面三個步驟。

具體聊什麼呢？我列了一個訪談清單，幫你用9個問題洞悉一個職業。

訪談清單	
序號	問題
1	能否說說您在職場中的一天是怎樣度過的？
2	在這個領域做得不錯的人，一般都具備怎樣的能力和性格特徵？
3	背景：您是怎麼進入這個領域的？什麼樣的教育背景或工作經驗對進入這個領域會有幫助？
4	這個行業的薪酬階梯大概是怎樣的？除了工資，您最大的收穫是什麼？
5	您今後幾年的規劃或更長遠的規劃是什麼？晉升空間大嗎？升職制度是什麼？同事中跳槽的人多不多？怎麼考核？
6	趨勢：今後 3 ～ 5 年這個行業的發展趨勢怎樣？公司前景如何？影響這個行業的因素有哪些（比如經濟形勢、財政政策、氣候因素、供貨關係等）？
7	建議：對我的簡歷，您有哪些修改建議？
8	訊息：從哪裡可以獲得相關的專業資訊（比如微信公眾號、網站、論壇、專業期刊等）？如果我準備好了，如何申請成功率會更高？
9	推薦：根據今天的談話，您認爲我還應該跟誰談談？能幫我介紹幾位嗎？約見他們的時候，我可以提您的名字嗎？您還有沒有其他建議？

第二，嘗試參加一個與目標職業相關的培訓。

培訓一般是接觸一個行業最直接的手段，因爲那裡的學生是一群和你目標一樣的人，老師則是這個行業中最優秀的從業者。他們的資訊和意見對你非常重要。

> 《當和尚遇見鑽石》❶的作者麥可・羅區格西從印度學佛22年後回到美國，卻希望找到一個鑽石加工行業的工作。他用了半年時間求職，結果一無所獲。
>
> 你知道，即使世界上最大的鑽石加工廠裡的所有鑽石，都可以輕鬆裝在一個手提包裡被拿走。這樣的行業需要高度信任，一般都是家族壟斷的，外人根本無法進入。後來，羅區格西上了一個關於鑽石行業的培訓班，在培訓班裡，他認識了一對來美國投資的夫婦。課程結束後，他成為這對夫婦美國公司的經理。

如果一個22年都沒有「下過凡」的佛學博士，都能通過培訓得到像鑽石這樣封閉的行業的內部資訊，你是不是也一樣能夠通過這個方式找到你喜歡的工作？

如果你喜歡心理諮詢這個行業，可以通過上一個週末的心理諮詢課程來瞭解，同時觀察一下自己是否適合這個人群。培訓老師一般是這個行業比較傑出的人，他們對你的評價和建議對你進入這個行業相當重要。如果最後覺得適合，你正好可以通過培訓進入這個行業；如果不適合，那你至少讓自己少浪費了兩年時間。而且，學學心理學對你的未來新方向也有很大幫助。

我認識很多相對封閉的行業的從業者，比如攝影師、瑜伽教練、培訓師、時裝採購、設計師等，他們很多人都是通過參加培訓的方式入行。新精英生涯平臺上的職業生涯諮詢師，也有很多來自我們的學員。

第三，**關注一些專業網站**。

很多職業都有專業的社區或論壇，比如，「人人都是產品經理」（專注互聯網產品）、「烏哥筆記」（專注互聯網行銷），「知乎」上相關專業的熱帖也值得關注。這些網站裡一般會有大量的職業資訊或入門資料，還會有大量的相關專業人士解答你的各種職業問題，打擊你不切實際的想法，以及給你眞正有效的切入方式。

我的一個客戶小美，在一家公司裡做文書人員，已經做了4年。文書人員的工作非常清閒，正好她對人力資源感興趣，所以有空的時候她就在人力資源師的論壇裡泡著，看看大家的帖子。雖然半懂不懂，但她覺得很有意思。有一次公司人力資源同事過來列印資料，不小心掉了最後一頁。小美一看覺得熟悉，她在論壇裡看到過，這是人力資源的一個測評，叫作16PF。她就給那個人送了回去，嘴上還嚷嚷地說：「喂，你們這個16PF的結果掉了。」

正好人力資源總監在，就問她：「你知道什麼是16PF嗎？」她說：「我知道啊。」於是她把平時看到的內容說了一遍。人力資源總監很好奇，說：「你怎麼會知道這麼多？」小美說：「我

❶ 對管理和佛學有興趣的人都可以看看這本書，它主要講如何用《金剛經》做企業管理。

平時自學的。」（她當然沒敢說是上班時學習的。）人力資源總監說：「不錯，不如你來我們部門做招聘吧？」於是，小美正式從文員進入人力資源領域了。

這個故事還沒結束。小美在新的職位上班，同時繼續她的「泡論壇」事業。三個月後，小美看到一個樓主說，他們公司急需一個招聘經理。小美第一時間看到，馬上留言，同時發了簡歷。沒多久，她收到面試邀請。面試時，沒說幾句話，對方就說：「過來上班吧！」小美現在已是某外企的招聘經理啦。可見，專業論壇泡好了，也是一個巨大資源。

第四，看招聘網站和公司網站。

如何在招聘網站找到職業資訊？告訴你一個不錯的方法：隨便進入最大的職業招聘網站，輸入你想進入的職位，比如「市場部經理」，你能找到一兩百個這樣的職位，點擊進入以後，你可以看到「職位描述」。收集大概5個這樣的職位資訊，這個職位的工作內容和工作要求你就大致瞭解了。現在的招聘網站還有和老闆聊的選項（比如「BOSS直聘」），你甚至可以直接和業務負責人溝通，拿到更多的第一手資訊。

第五，找一些職業資料庫。

中國有很多關於職業資訊的資料庫，裡面有大部分職業的詳細介紹。資料庫的資料主要有兩種：官方的和民間公司的。

中國國家資料庫《中華人民共和國職業分類大典》目前已經更新到2015版，將近700頁。❷

這樣的書職業資訊大而全，適合研究，但是對想瞭解一個職業的老百姓來說，花 380 元買太不值了。

民間公司，比如「看准網」。這類資料的優點比較全面，內容也多是大家關心的，比如入職要求、平均收入、工作內容、面試經驗等資訊。但是由於財力限制，它的資料並不是每一個都精確。

另外，職場社交軟體，如脈脈、領英也有不少在職員工或前職員的爆料，可以作爲參考。在「天眼查」、「企查查」的網站上，可以查到企業的更多資訊，比如，這個企業成立了多久，註冊資本是多少，有沒有吃過官司，等等。

總之，不管你用什麼方法，都一定要記得看到職業的原始面目。因爲你遲早要面對一個職業的眞面目，不是入職前，就是入職後，當然是越早越好。

❷ 臺灣職業類別查詢請參照行政院主計處網站 https://www.dgbas.gov.tw/mp.asp?mp=1

不投簡歷也能就職的8種「野生求職法」

如果不遞簡歷，不上網站，不走後門，如何能拿到一個職位？

下面推薦我從事職業生涯規劃多年，親自驗證的8種「野生求職法」，也許它們會給你的求職帶來一些新鮮思路。

職業訪談

前面說過職業訪談是瞭解職業的好方法，其實也是一個求職的好方法。在訪談中，你有機會接觸到業界最優秀的人；如果只是靠面試，這些厲害的人你可能一輩子也見不到。而且，最重要的是，在訪談中你會建立一種教導與被教導的師生關係，而不是挑選與被挑選的求職者和企業方的關係。

你也許會擔心這種方式很容易被拒絕，也許一開始的確會被拒絕幾次，但是請相信，優秀的人都有一個良好品質——願意幫助別人。你會驚喜地發現，如果你勇敢嘗試，至少有20%的人會接受你的訪談。

我們職業規劃師班的學員小宇，就是一個職業訪談求職的高手。她先通過陌生拜訪（cold

call）一個個地找到自己的訪談對象，然後約好時間，按時打電話訪談或者拜訪。每一次訪談的時候，她總會問兩個問題：

- 對於我這樣一個人，如果要進入這個職業，您會給我什麼建議？
- 什麼時候我會知道自己能夠勝任這份工作？

如果前面訪談的效果很好，這時候的氣氛也會比較快樂真誠，對方往往就會給她一些關於進入職業（其實也是自家公司）的關鍵意見和一些硬性要求。接下來幾個星期，小宇會發一封感謝郵件以及一個計畫書，同時想聽聽專業精英對這個計畫的看法。

三個月後，她帶著簡歷，以及這三個月中針對招聘要求積累的案例，再去應聘這家公司。

你能猜到結果嗎？

應聘非常順利！因為小宇準備的一切能力和素質，都是企業方自己說出來的！她把自己「訂製」成一個屬於這個企業的人！

用這種方式求職的最核心要點是：第一，認眞傾聽，尊重對方；第二，永遠不要在職業訪談中談求職的事。

給名人寫信

給名人寫信有用嗎？非常有用！

名人看上去風風光光，其實卻是一群最孤獨的人！因爲他們的光環和名望，很少有人敢和他們平等對話，也很少有人給他們眞正的建議。正是因爲這樣，給名人寫信是不錯的求職方式。

徐小平老師的親傳弟子羅賓（Robin）原來是出版社的一個編輯，他是如何進入這個行業，並且成為徐小平老師的弟子的？羅賓看完了徐小平老師的書以後，給他寫了一封信，談到他對徐老師著作的一些看法，並且邀請他出下一本書。徐小平老師平日受到無數粉絲的愛戴，被捧得不行，突然有一個年輕人來砸磚頭，而且還字字中的、文風犀利，徐小平特別喜歡，於是邀請羅賓來北京面談。羅賓還在想怎樣拉徐小平出書，徐小平卻說，不如你來做我的助理吧！於是羅賓留下了。

我們公司的一位同事也是以類似的方式加入的。當時新精英生涯的大學生業務板塊有一部分是求職者培訓，她上完我們的課程之後，覺得以自己當時的能力還不足以加入我們的團隊，就去了另外一家求職培訓機構，一邊學習知識，一邊思考新精英生涯的定位。其間，她給我寫了三封信，信中都是以一個前學員的身份告訴我：其他機構是如何操作的；對於求職她有什麼觀點；新精英生涯有什麼優勢和劣勢；如果要建立網路行銷，她的思路是什麼。這三封信，我第一封沒有看，轉給了市場部經理；第二封打開後覺得很有道理；等到看完第三封信，我蹦起來找我們的人力資源，說我們要把這個人爭取過來。於是，她就成了我現在的同事。

有人會問，如果寫砸了怎麼辦？那也無所謂，反正名人都很忙，過一個月就把你忘了。你就換個網名繼續寫，寫到他認識你爲止。多年後你們坐在一起，他會說：「你小子不錯，當年幸好我通過郵件發現了你，果然我沒有看走眼。不像以前有一個不靠譜的傢伙，什麼都不懂還敢亂嘰歪。」這個時候你可以很淡定地說：「老大，那是我的筆名……」

混專業論壇和社區

混論壇和社區的方法可參見前文，此處不再贅述。

參加資源類的學習班

韓國富裕家庭的孩子，一般從高中開始就被送往國外讀書。你猜他們從國外名校博士畢業回來以後，第一件事情是做什麼？是在本地排名第一的高校讀一個MBA學位。他們不是爲了獲得學位，而是獲得行業內的人脈，因爲同學對工作的幫助實在是太大了。

以前講職業規劃培訓課的時候，我們有一個「班級資源圖」的遊戲，這個遊戲總會創造一兩個職業機會。比如，一名英語教師分享自己的職業發展，談到自己高中畢業後沒有考上大學，然後通過一路打拚成爲今天的英語名師。這時候，一個大學老師站起來說，你一定要來我們學校給學生們講講你的經歷。再比如，一個非政府組織的大姐上來分享自己做非營利組織的艱辛和快樂，下面有人舉手說，我找你們很久啦，我想加入可以嗎？又比如，在廣州的一期職業規劃師培訓中，一個自願上來扮演職業規劃當事人的同學，在被諮詢完以後，被啟德、格蘭仕和中國移動三家人力資源看中。因爲他們覺得這個孩子很不錯！事實上，培訓界的公司裡，幾乎80%的員工都曾經是它們自己的學員。

如果你找不到進入工作的方式，那就找一個培訓課上吧！

培訓和學習是最容易把大家聯合在一起的方式。衆多的遊戲和分享讓你有絕好的機會展示自己、推銷自己。如果把它當作一個面試，這個面試的成功率一定很高：這裡的面試官和藹可親，面試環節超長，機會超多，而且面試者只有你一個。

加入社群、俱樂部和讀書會

加入俱樂部或社群，和參加培訓的效果類似。這些地方也是人脈聚集之地。不同的是，也許你可以在這些地方遇到更多其他行業的人，比如，在我們的年度陪伴型讀書社群「個人發展共讀會」，就有諮詢師、優勢教練、大廠運營總監、資深獵人頭者、記者、專案經理、私域操盤手、課程製作人等各行各業的人才。他們會給你提供其他行業的工作資訊和機會，這樣的機會往往可遇不可求。

很多海歸回國，都會爭取加入當地的海歸協會，或者很多企業主聚集的各種俱樂部。這種俱樂部往往需要介紹人引薦，但是一旦進入，通過這個方式找工作的效率就很高。因為只要你能證明自己，企業主是能提供所有工作職位的。

義務工作

通過實習進入公司，然後在實習期間表現良好，畢業後轉正，這是大學生進入外企或者國企最有效的一個方式。ＩＢＭ的「藍色之路」實習生專案始於2004年，涵蓋日常實習和暑期實習兩種實習類型。該專案每年招聘大量大學生，已經讓數千名學生獲得了ＩＢＭ的職位。但是如果你已經工作一段時間了，外企和國企基本上不會讓你實習了，它們更多會通過招聘和獵人頭公司尋求在職人士。

但是進入民企，尤其是有發展潛力的中小企業和創業公司，義務工作往往是一個絕佳的方式。這些企業創辦初期往往最缺乏人力。如果這個時期你找老闆說：「我先義務工作一個月，如果您覺得需要，我再留下，好嗎？」很少有人會拒絕你。

這一個月期間，你的目標就是提升能力，賺回自己的工資。如果一個月以後，你能賺到比自己工資高的錢，那麼你差不多就會擁有這份工作。即使遇到最差的情況，你遇到了一個特愛占便宜、就是不給你工作的老闆，你也能收穫一段工作經驗、一些行業內的人脈和一定的工作能力。

而且你離開的選擇是對的，因爲這樣的公司做不長久。

還有一些人通過義工的方式獲得好的訓練和學習機會。比如心理諮詢，這是一個需要長期督導的行業，很多諮詢師因爲得不到好的督導和指導，找不到好工作。中國著名的心理諮詢熱線「青春熱線」則提供這樣的免費督導。如果你可以提供義務的心理諮詢工作，就可以從他們那裡獲得最好的指導老師，並獲得足夠豐富的案例。

同樣，很多世界 500 強的白領也熱衷於進入類似 JA[1] 這樣的公益性組織。這個組織致力於讓優秀的年輕人事業啟航。它組織企業的精英人士進入大學宣講，同時也給這些願意義務授課的人提供義務的培訓師培訓。很多白領通過這個管道從義務培訓師做起，成爲眞正的企業培訓師。

成爲客戶

如果以上方法都無效，你還有一個方式：進入你目標行業的下游，先成爲一個最受行業尊重的客戶。

有多少心理諮詢師是從解決自己的心理問題開始的呢？有多少職業規劃師始於對自己職業的困惑？有多少色彩設計師一開始只是想自己穿得漂亮一點？

中國人說「久病成良醫」，這其實是一種職業進入的方式。

成爲自由職業者

如果上述方法都無法讓你找到一個工作，我只能告訴你，你的工作太超前了。如果你眞的有信心，不妨嘗試自己雇用自己，成爲一個自由職業者！

情感評論家這個職業聽說過嗎？連岳寫著寫著就寫成了。童話大王鄭淵潔因爲不滿意市面上的童話書，就親自寫。家庭收納師聽說過嗎？我的朋友敬子老師，在機場讀到一本《斷捨離》覺得理念非常好，四處找能做這個的人卻找不到，於是自己做了中國第一名家庭收納師。因爲覺得職業規劃的諮詢費用太高，不能夠普及，於是我就通過培訓的方式自己做起來。

如果你眞的找不到工作，那就自己創造一個吧！

❶ JA，全稱 Junior Achievement，青年成就組織，成立於 1919 年，是全球影響力最大的非營利教育組織之一。目前在全球 100 多個國家爲青少年提供教育專案，每年約 47 萬名志工參與其中，影響學生人數超過 1200 萬。

千萬別做完美的職業規劃

百分之百的規劃毫無用處

我的諮詢者常常會提出這樣的要求：能不能給我做一個30年的詳細的職業規劃？職業規劃報告裡要詳細地告訴我：未來30年、10年、5年、1年我分別該做什麼，每一步該如何做。似乎如果真的有這樣一份詳細的規劃報告，他們就可以高枕無憂地一步步靠近自己的職業目標，不用擔心任何閃失了。當然，他們要求這份評估報告還要包括：金融海嘯什麼時候來，房價何時會跌，何時適合生孩子，等等。總之，錢不是問題！但是要夠詳細。

這些想法哪裡來的？

你隨便翻開一本書，裡面就會有很多這樣「完美職業規劃」的例子。

- 陳勝是個農民，年輕時卻有「鴻鵠之志」。
- 劉邦是個小吏，當他看見秦始皇的威嚴時，就有了一個「瘋狂」的想法：「大丈夫當如是也！」
- 劉備是個小販，年輕時就立志「上報國家，下安黎庶」。
- 法國皇帝拿破崙是個調皮學生，成績一塌糊塗，他卻說：「我具有出色的軍事家素質，權力就是我要得到的東西！」

✓ 美國前總統柯林頓是個學霸。17歲因成績優異而有了去白宮見甘迺迪總統的機會。回來後，他買了兩張甘迺迪的畫像貼在自己的房間，還寫下一段話：「我今年17歲，我發誓這一生一定要成為美國總統，服務美國民眾。

這些人並非個個天賦優異，他們的背景、學歷和運氣也不一定比普通人好，但他們的人生起飛，在很大程度上借助了夢想的翅膀。

怎麼樣，看得熱血沸騰吧？這些故事告訴你：想做偉人，先立大志，然後制訂一個偉大的職業規劃。你應該在很小的時候，就定下來這一輩子要幹什麼；否則，什麼領導、主席、總統、首席執行長，統統和你無關！

這裡的故事和真實歷史的差距有待考證，但不管是中國古代的陳勝、劉邦和劉備，還是外國的拿破崙和柯林頓，他們都沒有做出「完美的職業規劃」，清晰地知道自己每一步要幹嘛。

柯林頓倒是有點預見力，但是他的規劃也不可能精確到這種程度：我50歲要當總統，所以40歲要當州長，30歲的時候要當議員，20歲的時候我一定要努力找到希拉蕊當老婆——沒有這個女人，我根本不可能選上總統。

百分之百的規劃除了給自己買個安心毫無他用，理由有三：

第一，不是我不明白，是這個世界變化快。

今天的中國處在高速發展中。《活著》的作者余華說：「一個西方人活400年才能經歷這兩個天壤之別的時代，一個中國人只需40年就經歷了。」未來的50年是整個世界更快發展的50年，誰也不知道未來會出現什麼新型的職業。所以，誰都沒理由去相信一個關於未來50年的預言。

比爾．蓋茲創辦微軟的時候，不可能知道今天有互聯網；賈伯斯創立蘋果的時候，也規劃不出來iPhone（蘋果手機）。**職業是天賦和世界趨勢的結合，**我們只能規劃我們目前視線所及的部分。

亞里斯多德說：「你的天賦與社會需求的結合點，就是你的職業所在。」天賦在慢慢增長，社會需求在不斷變化，你的最佳職業也在不斷變化。

第二，一個過於明確的目標，會讓你對新出現的機會視而不見。想想看，如果你從18歲開始規劃未來，並且在未來20年只往那個方向走，想想你會錯過多少機會？

「Swatch之父」尼古拉斯．海耶克成功地挽救了瑞士破產的鐘錶產業，他說：「你的時間需要規劃，但永遠不要百分之百地規劃它。那樣的話，你會扼殺自己創造性的衝動。」

第三，請相信「最好的還沒有來」！

《牧羊少年奇幻之旅》裡有一個小情節，當煉金士送給修士一塊金子的時候，修士說：「這是我這一輩子最大的好運。」煉金士說：「別這麼說，因爲生活會聽見的，它會吝嗇地給你好運。」

不管多壞，對未來保持希望，因爲一切都會好起來的。

不管多好，對未來也要保持憧憬，因爲生活會帶給你意想不到的驚喜。

我畢業於建築工程專業，雖然大學裡我就痛恨自己的專業，但是從來沒有想過自己有一天會以做培訓師和諮詢師為生。大學畢業以後我在一家英國建築師事務所做了半年，後來實在不能忍受畫圖之苦，就辭職了，和兩個朋友合作開始做裝修工程。裝修很累，我發現最吸引我的是做建築（那個時候的我就喜歡設計了，哈哈），很快我決定出國讀書，讀建築學。要出國，自然就要去新東方。

在新東方47中的住宿部，我第一次接觸新東方的課堂，我被那裡鮮活的老師和身邊那群學生深深地打動著。而且我覺得這樣講課，我也行！我喜歡和這群人這樣相處！於是我決定來這個地方成為一名老師。

再後來的故事你都知道了，由於看到太多人讀著最好的大學、做著最好的工作，卻依然活得痛苦不堪，我覺得，告訴別人為什麼出國，比幫助別人背單詞出國更重要。於是，我開始了職業規劃諮詢之路。

這個時候，我絕望地發現，我又和這群人遠離了。職業規劃的一個諮詢需要花費的時間太長，很少有人可以支付這樣的費用（即使我把費用降到了最低）。即使我全部做公益諮詢，也無法解決絕大部分人的問題，這讓我開始轉行做職業規劃的培訓，這是我當時可以看到的幫助更多人找到自己方向的辦法。

在20歲大學畢業的時候，我從來沒有想過自己的生命會像上面講到的那樣。我曾以爲我會是一個樂手，有自己的錄音工作室，或者是一個海歸建築師，在中國有幾所自己設計的房子。但是，顯然我的規劃完全失敗了。我正在做一個讓中國人「成長爲自己喜歡的樣子」的機構，每天面對那些希望讓自己生活變得更好的人，幫助他們從思想的鐐銬中解放，活出自己的精彩。

回想那個大學畢業之初的我，那個一臉稚氣的我，那個一心想當建築師的我，又怎麼可能規劃出這樣的生命？**生命給我的規劃遠遠比我想像的要好，我深深地感激它。**

如果生命是旅途，你的眼界就好像探照燈，你永遠只能看到現在所處位置 100 米範圍之內的東西。100 米以外的地方到底怎麼樣？你能聽到很多傳奇和故事，但是無法確切地計畫。

在你的視野範圍內，你需要精細地計畫；在你聽說的範圍內，你需要有大方向的規劃；而在那些你連聽都沒有聽過的地方，你需要的是相信。

計畫趕不上變化，所以放棄做計畫？

一個萬全的職業規劃是不存在的，但這並不意味著，我們要走向事物的另一極端——完全放棄規劃。我能聽到有人會說：「原來職業規劃是騙錢的，讓我們去瘋狂吧！」

聰明的畫家都懂得，雖然我們不能一下子勾勒出一幅圖畫，但是有一個鉛筆草稿往往會讓你更容易達成目標。我們需要用職業規劃爲未來打一個草稿，抓住那些實質性的、不容易改變的東西。

所謂「道不易，法簡易，術常易」，意思是說，「道」是不會改變的，而「法」會簡單地改變，至於做事情的方式「術」，就會經常地改變。

在職業規劃中，人的價值觀和天賦就是人的「道」，所以人的深層價值觀和天賦是不會改變的，它們能決定這個人以後大概的方向和趨勢。中國人常說「三歲看大」就是這個道理：三歲時，就能知道你未來的發展大方向（有人說價值觀會改變，筆者認為，那只是對更深層價值觀的一種回歸）。

職業規劃中的「法」，指的是做事情的方法、態度等。一個人做事情的方式會隨著時間的推移和外界的變化緩慢地改變。比如我們在小的時候，主要是體力方面的競爭。中國的應試教育就是拚體力的，誰下的功夫多，誰贏的概率就大。進入社會後，我們通過能力來競爭。知識多沒有用，關鍵是誰能用出來。人到了30歲以後，主要靠資源競爭。力量再大，能力再強，也需要看到自己的極限：你的體力如何，你的能力有哪些，核心競爭力是什麼，有什麼特殊的資源，等等，這些都是「法」的改變。

另外，外界的環境也會導致「法」的變化。比如20世紀初的時候，中國一流學生的發展路徑一般是考進清華、北大，接受一流教育，然後最優秀的人拿獎學金出國。這是當時的「法」。現在有錢人多了，大家的「法」就有點改變了。富裕家庭會在高中的時候把孩子送出去，然後爭取考進國外的名牌大學，學成後再回國發展。還有一些學生會在高考的時候選擇國外或者中國香港的大學。當然，還是會有一部分人進入中國的一流高校，但是教育資源配置從之前的按分數分配到了今天按照分數、財富、能力等更多元化的方式分配，教育資源的範圍也從中國變成了全世界。這都是「法」的變化。

「術」是指具體的實踐操作方法。在我看來，職業就是一個人和社會合作的方式和手段。你可以在這個地方用這個方式來做，也可以在那個地方用那個方式來做，職位可以不斷地變動。

美國前副總統艾爾．高爾退下來之後，拍了一部關於環境保護的紀錄片——《不願面對的眞相》，這部片子還獲得了奧斯卡最佳紀錄片獎。高爾希望保護環境，他可以在副總統的位置實現自己的理想，也可以通過紀錄片來實現。因地制宜，環境變了，做事的方式也就相應地改變了。

當回顧自己的職業生涯時，我也能看到我生命中的道、法、術。

從「術」上看，我的職業發展非常混亂，一直在變化：藝術青年、建築工程師、GRE教師、諮詢師、培訓師、作者、創業者，毫無主線可言。但是我很清楚，我有5項核心能力：把複雜的東西簡單化、體系化的能力，與人溝通的能力，創造力，直覺力和永遠放鬆的狀態。不管做什麼行業，我都在使用這5項核心能力。這是我的「法」。

比如，我的吉他技術稀爛，但是創意填詞不錯。我在新東方選擇講GRE詞彙（這是世界上詞彙量最多的英語考試）而不是四級詞彙，因爲GRE夠複雜也夠痛苦，而我卻可以遊刃有餘。我選擇做職業規劃而不是心理諮詢，因爲這個行業比心理諮詢新很多，是個交叉學科，橫跨心理學、組織行爲學和社會學，讓我可以系統地建立框架，而且我的直覺力和創造力也可以少受一點打擊。至於職業規劃培訓，那就是「新東方培訓師＋職業生涯諮詢師」的合體。我在前面兩個領域是最優秀的，所以這個「合體」也不會差。至於工程師——好吧，這眞是一個錯誤，但是至少我很快不幹了，這也算是我的直覺力吧。最近這些年當首席執行長、做企業管理，我發現自己的核心能力又開始不足，這就意味著，如果我要繼續做好，就需要「法簡易」一下，提升我的領導力和計畫能力。

回顧我的職業生涯，我很清楚我的「道」，這是我一直沒有改變過的東西：幫助更多的人成爲他們自己。我突然明白爲什麼我在年輕時會喜歡表達眞實的搖滾，會在工作時躲避單純和事務打交道的職業（比如「該死的」工程建築），會在上GRE課時講那麼多關於生命的故事，會放棄新東方的發展做職業生涯規劃師，會在職業生涯規劃師做得不錯的時候開始給更多人培訓，會在這裡寫一本掏心掏肺到可能讓我失業的書……我希望幫助更多的人成長爲他們自己喜歡的樣子，這是我一直沒有改變過的「道」。

「道不易，法簡易，術常易。」每一個人在回顧自己生命的時候，都能看到生命故事的脈絡。梳理你生命故事的主題，發掘你的天賦，評估你的能力，把握你的趨勢，定位你的職業，職業生涯規劃師就是這樣來幫助你，瞭解你的過去，規劃你的未來。

如何做一個靠譜的職業規劃？

職業規劃就好像打牌，你永遠無法完全按照你想像的那樣出牌。但是，你在開始之前可以先整理好你的牌，對獲勝大有好處。

我對一個好的職業規劃有以下幾個建議：

- 應該有一個20年的夢想，夢想盡可能大一些，盡可能抽象一點，有個大方向就足夠了。你知道20年很長，可以發生很多事情，所以這個計畫以你的夢想爲主。
- 給自己一個7年的長期計畫。這個計畫主要以培養和發展核心競爭力爲主。
- 瞄準一個3年內能達到的目標，並將它細分爲3年的職業計畫，從而詳細地瞭解你和這個職位的差距。這個計畫以務必達成的執行爲主，同時給自己預備一個「Plan B」（B計畫）。
- 給自己設定一個底線，比如實在不行，我就回家做××去。
- 把你的規劃保留下來，每隔一個月看一看，讓自己保持節奏。
- 每隔半年停下來回顧一下你的計畫。
- 對新的機會和趨勢永遠保持警醒。

不要因爲一個水杯約束你的生命

先來做一個心理測試，測測你的決策能力：

今天，你準備去一個很遠的地方旅行。剛走出家門，一個白衣服、白鬍子的神仙突然出現在你面前。他告訴你，他可以送給你一個禮物，作為你旅行的幫助，但是你只能選擇下面三種中的一種：

- 《射雕英雄傳》裡提到的一匹汗血寶馬；
- 一頭被視為神物的單峰白駱駝；
- 一頭強壯的大象。

你會選擇哪一種當坐騎？

讓你的思維在這個地方停留一下，進一步思考一下你決策背後的原因。問自己兩個問題：

第一，不管你的選擇是什麼，你爲什麼要選擇這個？

第二，你是根據什麼來排除另外兩項的？你在日常生活中，又是如何排除其他選項的？

下面是我聽到過的最好的答案：

看看我將要去哪裡旅遊。

一般人的邏輯是不是這樣的：我喜歡寶馬，因爲它很威風、很漂亮，而且可以跑得很快，我喜歡這種奔馳的感覺！我不喜歡駱駝和大象，因爲牠們太慢了！但是如果是去沙漠，騎大象走不出20公里就得渴死。如果是去草原，要一頭駱駝又有何用？所以心智高級的人會明白，選擇哪一種動物，不取決於動物對當下的我有什麼意義，而取決於它對未來的我有什麼價值。**一件事情的價值，不取決於它在當下的價值，而取決於在未來中的價值，這就叫作未來價值。**

職業選擇是一個人一輩子最重要的選擇之一。在職業選擇中，尤其是對年輕人，考慮一份職業未來的價值，遠遠比考慮它在當下的價值重要得多。

大學生爲什麼找工作難？其實找工作不算難，難的是很多人非要找對口專業。他們最常見的理由就是「不要浪費了自己學了4年的專業」，這些學生從來沒有思考過什麼才是眞正意義上的浪費。在一個不適合的專業領域裡工作，你很難成爲行業內的高手。**那麼，你大學4年的專業學習時間和你未來35年（25～60歲）的職業生涯，哪一個才算浪費呢？可見，一份適合你的專業的未來價值遠遠高於你現在的專業。**

剛剛畢業幾年的白領，往往會熱衷於比較工資的高低（當前價值）。我當年大四快要畢業的時候，班上的同學會自動按照找到的工作起薪分成三六九等。那些起薪高的同學，腰板筆直，說話聲音都大了幾分貝；起薪低的同學則自覺地小聲講話，溜邊走路。現在畢業已經20年了，同學會上回顧過去，我們才意識到當年我們對價值的判斷有多愚蠢。決定我們10年後成就的完全不是工作的起薪，而是工作的平臺、發展機會或者眼界——這才是工作對人的未來價值，而起薪是最不值得看重的東西。

20年前，即使兩個同學起薪差再多，也不過2000多元，一年也就2萬多元，10年也超不過30萬元。但是一個人在工作職位上，如果有好的平臺、好的學習機會或者巨大的提升空間，只要找對一個項目，做好一件事情，哪怕買對一間房子，這30萬元就馬上賺回來了。那些10年前眞正看到工作未來價値的人在這場競賽中遠遠超前，因爲他們當時緊緊盯住的是未來價値。

我有一個北京理工大學畢業的學生，他2007年畢業後想申請出國深造。他申請的學校不太出名，分數也不高，最後只申請到英國一所一般大學。於是他面臨兩個選擇：第一，家裡掏錢去英國讀一年；第二，有一個國家重要的機電項目，正好分給了他的老師，老師希望他加入進來，但是項目工資不高，只有1800元。他很鬱悶，這個工資低得讓人無法接受。去英國還是不去？如果去，父母大半輩子的積蓄都會投進去，值不值得呢？如果留在國內，一份1800元工資的工作，實在又讓他覺得無法接受。他找到了新精英生涯。

我的建議是：大型國家科研專案，是非常有未來價值的！貼錢都要參加！

再加上他只能借錢出國，資金沒有存夠6個月，英國也沒有辦法去，他就半推半就地選擇留在了國內。兩年後，他有了國家級項目經驗，獲得了自己的教授以及一家著名企業董事長的親筆推薦信。憑藉這些，他獲得了美國一所大學電氣工程專業的全額獎學金，共6萬美元，當時相當於人民幣48萬元。

臨走前他請我喝酒，我問他：「你小子現在工資多少？」他說：「不多，還是只有2500元一個月。」我說：「你兩年工作經驗換到了名校獎學金，你算算這兩年你每個月賺多少？」他算了一下就笑了，工作24個月，獎學金48萬元，平均每個月2萬元。我說：「你還嫌工資少不？」月薪2萬元的他搖搖頭，樂了。

平臺、資源、眼界、機會、好老闆、失敗的經驗，這些都是未來會升值的生命潛力股。年輕的時候，即使犧牲點既得利益，也要「購買」這些東西，它們會在未來的時間裡百倍增值。

所以，一份好的工作經驗，未來價值絕對超過2萬元月薪。

一段好的工作經歷，未來價值無限；一段壞的人生經歷，未來價值也無限。從這個角度來說，早失敗比晚失敗好，晚成功比早成功強。正如法國詩人勒內．夏爾的兩句詩：「懂得靜觀大地開花結果的人，絕不會爲失去的一切而痛心。」

最後再做一個測試，作爲「未來價值」這個心智模式的尾聲：

在2006年一次職業規劃師的交流會上，我問了在座所有人一個問題：「如果一個人手拿一個水杯，他下一步最好的選擇是做什麼？」

有人說應該去裝水，有人說應該去分享給別人，有人說應該分析自己，用最好的方式利用水……

你的答案是什麼？

我告訴大家，一個人手裡拿著水杯，他應該去做自己想做的事情，和水杯有什麼必然關係？

你答對了嗎？

我們每個人的內心都有一個這樣的水杯。我們害怕失去而死死地盯著這個杯子，它限制了我們的眼界，僵化了我們的思維，阻礙我們看到眞正有價值的事情。有的人把這個水杯叫作「自己的專業」，有的人把這個水杯叫作「一段感情」，還有人把這個水杯叫作「安逸的好工作」。

你的水杯叫什麼？

無論如何，請你記得，不要爲一個水杯約束你眞正有價值的生命！

放掉人生的沉沒成本

先來回答一道一個著名餐館的面試題：

如果你的餐盤掉下來，你又無力挽救，你該怎麼辦？

最佳答案是：

用盡全力，把餐盤拋向離你最近的沒有女士和孩子的方向。

這道題告訴我們一個道理：如果損失無法避免，就讓損失少一點。

如果這道題變成這樣，你會怎麼回答？

如果一份工作、專業或感情，已經確定不是你想要的，你該怎麼辦？

最佳答案就是：

用盡全力，用最快的速度放棄。

這顯然和我們的經驗不相符，因爲我們身邊滿是不願意放棄的人。明知道不合適的工作，我們不願意放棄，因爲「我們畢竟做了這麼久」；我們不願意放棄專業，因爲害怕「四年白讀了」；我們也不願意放棄一份完全絕望的感情，因爲「我們在一起太久了」。

我們爲什麼這樣熱衷於過去的投入，而不是未來的價值？經濟學有一個專門的術語來解釋這種現象，叫作「沉沒成本效應」。

想像今天晚上經過電影院，你決定花50元進去隨便看一場電影。結果剛坐下來15分鐘，你就發現這部電影無聊透頂，周圍的人不是在打呼嚕就是在刷手機。你確定繼續看下去對你毫無價值。現在請你做一個決定：你是繼續看完它，因為不想浪費了50元，還是馬上離開？

從經濟學的角度來說，如果你已經確定電影毫無價值，最明智的選擇就是馬上離開。因爲當你進入電影院的瞬間，50元已經損失了（沉沒成本）。如果你坐下來15分鐘後選擇離開，還可以節省一個半小時；如果你繼續坐下來，你會浪費接下來的一個半小時，這個叫作追加成本。

沉沒成本其實是已經損失的成本，爲了這個損失而追加成本，最後只會頭破血流。

過去已經投入並且損失的價值，會影響我們對未來投入的判斷，這就是沉沒成本模式。根據沉沒成本而不是未來價值做決策，由於害怕損失所以繼續投入，最後只會造成更大的損失。這是我們常犯的錯誤。

見過許多身旁的情侶，熱情明明已經消耗殆盡，還堅持在一起。他們最常見的理由就是：「雖然確定已經不喜歡他（她）了，但是一想到多年的戀情，還是捨不得白白浪費。」既然已經確定不喜歡，這段感情對未來生活的價值就等於零。由於「捨不得」，決定在一起的結果只能是浪費更多的青春，噁心自己更久。其實，此時分開的未來價值，遠遠高於在一起的價值。

越是自尊心強，越是因自卑而自大的人，他們的沉沒成本模式越嚴重，因爲他們總希望證明自己是對的，假裝自己沒走彎路。

害怕損失的人，損失最大

- 買衣服，只因為逛了很久的街；
- 結婚，只因為談了太久的戀愛；
- 學鋼琴，只因為買了鋼琴；
- 繼續工作，只是因為做了很久……

你有沒有這樣的購物體驗？當走過商場裡「降價 300 元！最後一天！」的牌子，你是不是內心有一個小聲音在說：「注意！今天不買，損失 300 元！」結果你一激動花了 1000 元買下這件衣服，卻發現自己損失更多——你其實不太喜歡這件衣服，穿兩次就不穿了，而你衣櫃裡因爲害怕吃虧而買回來的衣服，已經遠遠超過因爲喜歡買回來的衣服。由於害怕損失 300 元，結果你損失了 1000 元。

大學的時候，我曾經很喜歡玩《星海爭霸》。當時聽過一個故事，有個人玩這款遊戲非常入迷，戰術和微操作都很好，卻總在關鍵時刻輸掉遊戲。後來他請高人指點。高人看了一盤說：「你太害怕損失了，少一個小兵就往回退，別人當然就趁機追擊，你也沒有時間造新的兵。你總糾結於少死幾個，所以打不好。」此人大悟，終成高手。故事的結論是：害怕損失也許讓你當下少輸幾個，但很容易滿盤皆輸。

我在職業規劃班遇到過一個學生，她說自己很早就接觸了職業規劃，看了很多相關的書，關注新精英生涯也很久了，但就是沒有行動，一直到現在實在是遇到瓶頸才來。我問她爲什麼？她說害怕太浪費時間，也覺得有點貴。

顯然，她是害怕損失時間和金錢的人。

但是，由於缺少規劃，她實際上已經花了2萬元，讀了許多與未來毫無關係的書，參加了許多不解決問題的培訓，更重要的是浪費了3年時間。這算不算更大的損失？還有人花了家裡100多萬元出去讀書，回來還是一頭霧水，這又算不算更大的損失？

你有沒有過這樣的體驗？爲了隱瞞一件小事而撒了一個小謊，然後爲了不讓自己的小謊言被揭穿，於是撒一個更大的謊來彌補。最後你終於不可收拾，一敗塗地。所以千萬不要爲了一個謊言，再說一個謊言。

哀嘆是不是一種沉沒成本？無比懷念前任是不是一種沉沒成本？面子是不是一種沉沒成本？抱怨過去是不是一種沉沒成本？現代社會深諳這種害怕損失的小心理，所以發明出來超市這樣的購買方式。原本你需要從貨架上拿下來，然後付現金，這個時候你會感覺到損失；但是今天在超市裡，你只需要從貨架上拿下來，然後丟到車裡，最後在結帳臺刷卡或掃碼——你幾乎感覺不到有什麼損失。但到月底的時候你才發現：超支了！可銀行繼續「不懷好意」地說：不要緊，你可以以後再還……

損失從來不會讓你安全，只會讓害怕損失的你繼續損失。西方傳說中的吸血鬼，貌美英俊，在吸血的同時會向你的血液注入讓你感覺快樂的毒素，你甚至會在被吸血的時候感到快樂安詳。這讓你無力反抗，最後血液慢慢被吸乾，只剩一副軀殼。

沉沒成本模式就是你頭腦中的吸血鬼。爲了不接受小小的損失，你會面臨更大的損害。

我們都知道別爲打翻的牛奶哭泣，但是爲什麼還有那麼多牛奶哭泣者？

人對損失的感受比獲得的感受強烈約4倍（可以嘗試著體會一下：我借你100元，還你102元的快樂；我借你100元，只還你98元的壞心情）。在同樣的刺激下，人們對失去總有著過高的判斷。

我們總是害怕損失，而忘記我們可以獲得更多。如果勇於接受這些損失，我們便有機會把生命投向無限資源的未來，找到更好的途徑來彌補這些損失。

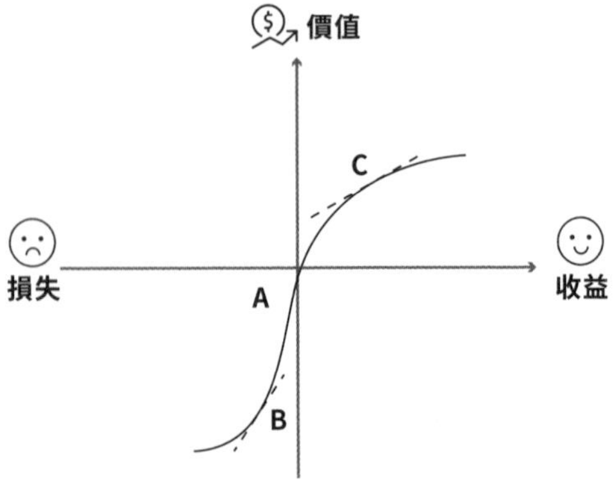

損失曲線為什麼比收益曲線陡峭得多呢？

印度詩人泰戈爾在他的詩中寫道：如果你因失去太陽而流淚，那麼你也將失去群星了。（If you shed tears when you miss the sun，you also miss the stars.）

所以，有效的做法就是在失去太陽的時候主動擁抱星星，這才是眞正的智慧。

你是人生的漂泊者還是航行者？

有一個人走進我的諮詢室。他40多歲，還沒有結婚，穿著一身筆挺的西裝，請教我關於職業發展的問題。我們暫且稱他爲L。我問他爲什麼還沒有考慮成家，他說現在還在忙事業。於是我們開始聊他的事業。

他的問題是：「爲什麼我這麼努力，尋找一切機會，事業卻一直沒有成功呢？」我花了一段時間聽完他的故事。爲了讓大家更加清楚，我列出他的工作履歷：

在西北偏遠地區當中學老師。

不甘心一輩子這樣，去西安外事學院學習英語，成為英語導遊。

覺得北京好賺錢，來到北京當導遊。

導遊太不穩定，進入培訓機構做教務，月收入3000元。

家人希望他在身邊，於是他回到甘肅。

但他不甘寂寞，再次出來，到揚州當老師。

覺得當老師沒有前途，又去深圳當銷售，後來又回北京做銷售。

年紀這麼大，不想替別人打工，應邀回深圳創業。

我請L把每一次的轉換理由畫出來，於是履歷表變成了這樣：

不甘心一輩子這樣；
好賺錢；
不穩定；
在（家人）身邊；
不甘寂寞；
沒有前途；
不想替別人打工。

看到這些，我想你也能夠和L一樣恍然大悟。爲什麼有的人能力很強，腦子不笨，手腳不慢，但一直沒有大的發展？因爲他們只知道什麼是自己不想要的，卻沒有思考過什麼是自己眞正想要的。

你在中學是不是學習過布朗運動？花粉在液體中間，被水分子左沖右擊，走出彎彎曲曲的不規則路線。那些不知道自己要去什麼地方的人也是這樣：浸泡在這個世界，沒有自己的方向，總被現實「趕」得亂七八糟。我把這種現象稱爲「生命布朗運動」。這種做生命布朗運動的人，我稱爲**漂泊者**。

漂泊者很多，他們有一些共同的特徵：精力充沛，夢想遠大，適應能力強，但沒有眞正的目標。正是因爲他們缺乏眞正的目標，所以會下意識地抓住一切或眞或假的機會，卻在眞正需要堅持的時候落荒而逃。漂泊者注定一輩子都在躲避什麼，而不是追尋什麼。

我們還能看到另外一些職業生涯發展者，我稱之爲**航行者**。你可以在每一個行業的頂尖人物中找到他們。航行者同樣精力充沛、夢想遠大、適應能力強，但是他們擁有一個眞正的目標。

航行者很清楚自己到底要什麼，這也讓他們敢於放棄一些機會，同時眞正勇敢地面對那些需要堅持的地方。

漂泊者與航行者都在向前走，可他們各自能走多遠？

想像這樣一艘帆船，它有著白色的帆布，棕黃色的船身，高高挑起的桅杆。你站在船首，迎面吹來略帶腥味的海風，你掌控著寬大的方向盤，感覺到船身在海浪拍打下的微微顫動，以及身體深處那種馬上要出發的召喚。你意識到這就是你的生活之舟，這就是你要開始的生活之旅。你要帶領你的船員去什麼地方？你在對自己說什麼？

看看你身邊的船。有這麼一些航行者船長，他們淸晰地知道自己要去哪裡，也知道將在哪裡停靠，在什麼地方

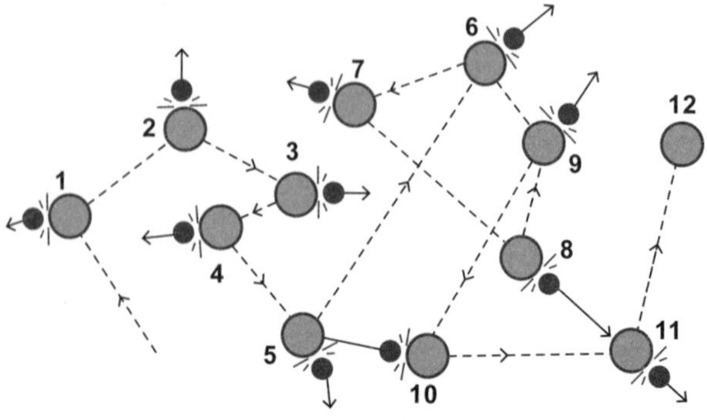

生命布朗運動

補給，與什麼樣的水手合作。他清楚地知道自己將要經歷的危險。雖然他們也沒有十足的把握，但他們是專注夢想的船長，你可以從他們那雙堅定而安靜的眼睛中看到這一切。

也有一些漂泊者船長，他們不知道要去哪裡，也不知道什麼時候來到了這片海上。爲了生存，他們不得不出海。但是由於不知道想去哪裡，所以他們躲避一切有風暴的地方。他們的目光迷離，似乎總在尋找危險的資訊。他們是躲避危險的高手，這是他們的生存本領，他們能最快地嗅出危險的味道，然後逃往安全的地方。

你是哪一種船長？你會怎樣面對充滿危險和夢想的大海？

大海很公平，不管哪一種船長，都會遇到危險的風暴：黑色的海浪像巨型的小山，與黑色的天空連接起來；狂風把船隻的每一塊木板都搖得吱吱作響，好像要把船上所有的釘子都拔出來。

你是哪一種船長？面對這樣的風暴，你會做什麼？

航行者目光堅定，他透過風暴看到自己要去的地方：那個地方還隔著很多危險的海域，但是那裡寧靜祥和，陽光輕輕地灑在銀色的沙灘上。航行者能看到那個港口，他沉浸在幸福中，並大聲發出號令，校準船頭，劈開海浪，向著內心的目標航行過去。這麼多年，航行者一直在接近目標。

漂泊者看不到遠處的目標，他只能看到眼前黑色的風暴。他的腦子裡閃過船毀人亡的景象，他的內心被恐懼狠狠地抓牢。他大聲哀號，沉浸在恐懼之中。他看到背後還有一小片地方沒有風暴，他調轉船頭，退向那個方向。他也知道，那個方向未來也會有危險，但是不管怎樣，先逃離這裡再說吧！也有幾次，他運氣不錯，碰到過很好的港口。但是每一個好的港口都有很多強大的競爭對手，對他來說，競爭也是一種風暴。他又調轉船頭，回到這片大海。你知道，這麼多年，漂泊者一直在逃離恐懼。

你是哪一種船長？你怎麼看待航行中的風暴？

大海很公平，不管哪一種船長，都會遇到很多的風暴。在痛苦風暴陸陸續續的圍剿中，漂泊者永遠在躲避一個又一個的痛苦，逃離一場又一場的衝突，最後被逼到生活的死角，痛苦更甚。航行者堅定地穿越那些風暴，因爲那個吸引他的目標好像岸上拋過來的纜繩，堅定地牽引著他，讓他慢慢駛向自己的聖地。

航行者最終能走出去很遠很遠，穿過那些風暴，走到自己想去的地方；漂泊者則被恐懼詛咒，一輩子胡亂地漂泊在海上。

Impossible（不可能）和**I’m possible**（一切皆有可能）只差一點。那一點，就是你心中真正的目標。

7

原來我還可以這樣活

是誰讓你不開心？

每一個人都希望擁有快樂幸福的生活，也希望遠離不開心、令人沮喪的事情，但是這一切是誰在把握呢？是生活，還是自己？是誰讓你不開心？

下面講兩個故事。

司機身上的按鈕

有一次坐飛機回北京，晚上12點到達北京3號航站樓。我在冰天雪地裡終於等到計程車，把包往裡一扔就鑽了進去。司機很緊張：「到哪兒？」我說：「中關村。」

司機挺開心，說：「中關村還行，我昨天大半夜排隊20分鐘拉了一個活兒，一問去哪兒？——望京！我今天一直鬱悶著。」

我問司機：「如果我家在南五環，你還不得高興死。」

司機笑：「那可不！」

我對司機說：「你身上是不是有一個按鈕，一個寫著開心，一個寫著不開心。上來望京的乘客按一下不開心，你就鬱悶一天；上來中關村的乘客按一下開心，你就開心一天呢？」

司機說：「有點兒意思。」

如果你是司機，你身上有按鈕嗎？如果有，你會有什麼按鈕？別人一旦做了什麼，會按到你身上的不開心按鈕嗎？

所謂「人生不如意之事，十有八九」。我們難免會遇到不如意的事情，比如，遇到不講理的上司，碰到難溝通的客戶，或者更糟糕，嫁給一個不靠譜的人。這時候，你是什麼反應？你身上有寫著「快樂─不快樂」、「成功─不成功」的按鈕嗎？誰會觸動這些按鈕呢？如果總是讓別人觸動這些按鈕，那我們的生活到底是誰在掌控？

就像故事中提到的那位司機一樣，這個世界上大部分的人身上都有這樣的按鈕，讓別人掌控著自己的生活。有一些人的按鈕放在胸前，一看就能看到；有一些人隱藏得很好，在很隱祕的地方才能觸碰到；還有一些人的按鈕被按到後，自己感覺痛苦，就到處去按身邊人的按鈕。但是這些人都有一個特點：他們的生活經常失控。他們的心智模式是：是外界、別人在掌控我的生命，是他們導致我現在的狀態。

一旦安裝了這種模式，他們只能小心翼翼地保護那個痛苦按鈕，不讓別人按到。一旦被按到，除了沮喪，他們似乎也毫無辦法。就好像你的老闆偏偏要發火；你的孩子就是不聽話；明明急得不行，前面的路就是堵得紋風不動……

他們習慣把痛苦和快樂放在別人手中，有的時候是交給家人、上司，有的時候是交給朋友、同事，還有的時候是交給過去的自己。我們稱這種人為「受害者」。你很容易從人群中辨認出他們，因為他們面帶怨氣，講話時常使用虛擬語氣加過去完成時：

「就是因為他，如果不是……我早就……」

「那個時候我還小，所以……」

「他怎麼可以這樣！」

「他都這樣做了，我們只好……」

禪師與蘭花

有一位禪師很喜歡養蘭花。有一次他外出雲遊，把蘭花交給徒弟照料。徒弟知道這是師父的心愛之物，於是小心照顧，蘭花一直長得很好。可是，就在禪師回來的前一天，他不小心把蘭花摔到地上，摔壞了。

徒弟非常擔心：自己受罰不要緊，師父生氣、傷心了可如何是好？

現在問問自己：如果你是禪師，你會怎麼處理？

禪師回來以後知道了，並沒有生氣，也沒有懲罰。他告訴徒弟：「我當初種蘭花，不是為了今天生氣的。」

這個世界上還有一小部分人，他們擁有一個奇妙的心智轉化器，就好像沒有痛苦按鈕，只有快樂按鈕，而且按鈕就掌控在自己手中。就像這位禪師，即使蘭花摔壞了不是自己想要的結果，但是總有比大發雷霆更好的選擇。他們的心智模式是：不管外界如何，我都有能力對自己的狀況負責。這種人總能找到當下更好的方法，因爲他們明白，不管外界怎麼樣，下一步的生活都是自己的！老闆發火，我可以選擇去溝通，也可以選擇離開；孩子不聽話，我可以選擇去教育，或者調整自己講話的方式；堵車的時候，我可以選擇下次不在這個時間出來，也可以選擇用這個時間聽聽音樂或者練練聽力……這種人我們稱爲「掌控者」。

你是受害者還是掌控者？你的大腦裡安裝了哪種心智模式？

我做諮詢和教練多年，發現來做諮詢的客戶裡，大概有六成都是希望換工作或改變環境的人，他們並不是工作或情感眞的出了問題，而只是安裝著「受害者」模式。這些人在工作和生活中感到痛苦，便下意識地認爲是外界的原因。他們認爲改變外界環境就能改變自己的生活。

所以，他們花了很多時間和金錢，從一個地方換到另一個地方，從一個人換爲另一個人，卻從沒有幸福過。那些讓他難過的問題，會在另一個地方冒出來；那些阻礙他們的瓶頸，會在新工作中重複出現。

他們眞正需要的，其實是拆除內心的痛苦按鈕，成爲一個掌控自我的人。

對掌控者來說，每件事情都是生命的禮物，但是你可以選擇是否打開它。

受害者與掌控者模式

作爲一個受害者，到底有什麼好處和壞處？如果選擇做一個掌控者，我們要爲之付出些什麼？願不願意和我做一個小遊戲，深入這兩種人的內心？

受害者遊戲

在腦子裡回憶一件眞實且讓你難以釋懷的事情，嘗試讓自己進入受害者的世界。努力說服自己：這件痛苦的事情其實不是我的責任，全部都是外界（如社會、家人、同事）的原因，我除了抱怨，一點辦法也沒有！

你也許覺得這個遊戲很荒謬：事情發生了，一定是內外因都有的，怎麼可能全部都是外界原因或自己的問題呢？記得，這只是一個遊戲，你不需要相信自己講的話，只要全力扮演和體驗就好了。

也許你可以先看看下面這個案例。故事的主角是一位職業經理人，在這個遊戲當中，他在大腦裡找到了這樣一個故事。

「讓我最痛苦的事情，就是2006年年底團隊成員的離開。我們當初12個人的團隊，說好一起互相幫助，一年後竟然只剩下3個人。我特別難受，而且相當氣憤。這些人進來的時候，都信誓旦旦地說要把事情做起來，而且也說過一定會對自己的選擇負責，為什麼一遇到困難就全跑了呢？這樣的人，以後不管去哪裡都一定會失敗，他們人品有問題！而且，我覺得現在的教育也有問題，導致現在的年輕人普遍沒有責任感，他們覺得自己講話說了就說了！這個社會太浮躁，你根本沒有辦法！」

這個時候有人說：「不對啊，我看其他部門不是好好的嗎？為什麼就你們部門這樣？是不是你也有點問題？」

「其他部門是沒問題，但是它們和我們不一樣啊！我們這個部門是新業務，所以錢不多，又沒有固定的計畫，壓力特別大。公司的高層領導自己不懂戰略，總把我們當槍使。」

這個人繼續挑戰他：「是不是你自己沒有做好管理工作啊？我聽說你手下很多人都是看不到希望才走的。你得給員工一個清晰的計畫，這樣大家就知道該幹什麼了。錢少不要緊，關鍵是怕人心散了。」

由於眼中只有障礙，
受害者會永遠希望世界改變，
就好像希望大山走路一樣。

「唉，你不知道，我哪有時間做管理工作啊？我自己的事情都做不完！我每天要工作10多個小時，你知道嗎？我哪有時間思考方向？他們（離開的人）看到我這樣辛苦還要走，我真是心寒了。」

「你也真的是不容易。」別人說。

這像不像在你身邊發生過的對話？身邊的人其實給了他很多很好的建議，但是身處受害者世界中的人非常善於玩一種「是的……不過……」或者「你不知道……其實……」的遊戲。這種遊戲讓他深陷指責，看不到任何可能與希望。

你願不願意花3分鐘試試看，安裝一下「受害者」心智模式，體驗一下這種感覺？這對你瞭解自己或者身邊的人是一個非常好的機會，但請遵循以下步驟：

- ⓥ 你難以釋懷的故事是什麼？
- ⓥ 你覺得這是誰的錯？（請注意，你現在是在玩受害者遊戲，所以，不管是誰的錯，反正不是你的錯。）
- ⓥ 別人會怎麼挑戰你的說法？
- ⓥ 你會怎樣反駁他們，這真的不是你的錯？
- ⓥ 確保你完成了以上步驟再往下看。

實驗做完後，回答一下這幾個問題：

第一，體驗受害者的時候，你有什麼比較舒服的情緒？比如，覺得自己很可憐，覺得發洩出來很開心。寫到收益表裡。

第二，你有什麼比較不好的情緒？比如，覺得很絕望或者被揭到痛處。請你寫到損失表裡。

恭喜你完成一個「受害者損益表」。受害者不是你，那只是你的一種模式。當你更瞭解它，也就能更快地打破它，開始掌控自己的生活。

掌控者遊戲

現在再試試掌控者遊戲。還是回憶剛才那個故事，不過，這一次，你要嘗試換一個版本，讓自己嘗試進入禪師的方式來思考：**不管怎樣，你都要論證，我是可以負全責的，如果我願意，我會有更好的選擇！**當然，這也只是個遊戲，你不需要相信你說的話，只是努力去做就好啦。

受害者損益表

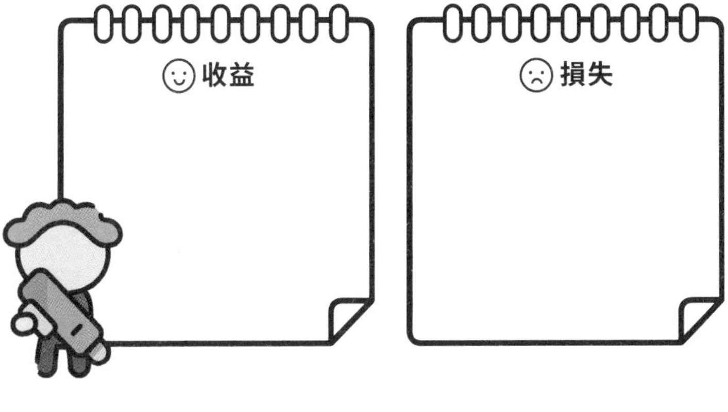

還記得那個倒楣的經理嗎？看看這個故事的另外一個版本：

「那次團隊成員集體離開，其實我是有責任的。說實話，我在他們離開之前就有一點感覺，他們當中有好幾個人都提出想和我聊一聊，不過我那個時候沒有注意，覺得自己特別忙，就錯過了。如果當時可以真心地和他們聊聊，或者他們就不會走了。」

這個時候有人說：「其實也不是，你不是說你很忙，沒有時間做管理嗎？」

「作為團隊管理者，即使自己的事情做不完，也要先做好管理啊！管理工作做不好，大家都沒事做，我一個人忙也沒有用。而且，如果我很好地帶動了大家，我也就不會那麼忙了。」

「這也不能怪你，公司就給你們安排了這麼一個活，新業務，不好管。」有人安慰道。

「這個項目是我接的，當初我就知道它的難度。而且由於是新項目，雖然沒有固定計劃，但就是因為有挑戰性，我們才吸引了很多人進來。他們的創造力和衝勁都很大，我完全可以利用這個優勢來做突破口的。」

「你這麼一說也的確是，你真的是太背了，要是早知道他們會離開就好了。」

「現在也不遲啊，我從過去的經驗中學習了不少，我可以把這些經驗放到現在的團隊裡！」

怎麼樣？這個故事有沒有給你一些新的思路？掌控者找到問題另外一面的同時，也找到了改變事情的可能性——從過去到現在。

你準備好講你的「掌控者」心智模式的版本了嗎？願不願意花3分鐘時間試試看，體驗一下這種感覺？請遵循下列步驟：

- ✓ 你剛才那個故事的新版本是什麼？
- ✓ 如果你能夠負責，那麼從什麼時候開始？（請注意，你現在在玩掌控者遊戲，所以，你能夠掌控一切。）
- ✓ 別人會怎麼挑戰你的說法，幫你找到藉口？
- ✓ 你會怎樣反駁他們？其實這也是你可以掌控的。

完成這個體驗，回答幾個問題：

第一，體驗掌控者的時候，你有什麼比較舒服的情緒？比如，覺得自己突然找到了新的方向。寫到收益表裡。

第二，你有什麼比較不好的情緒？比如，覺得很後悔。請你寫到損失表裡。

如果把以上四張表單放在一起，我們能夠清楚地看到我們從這些不同的模式中獲得了什麼。

作爲受害者，最大的收穫是：發洩的快感，

掌控者損益表

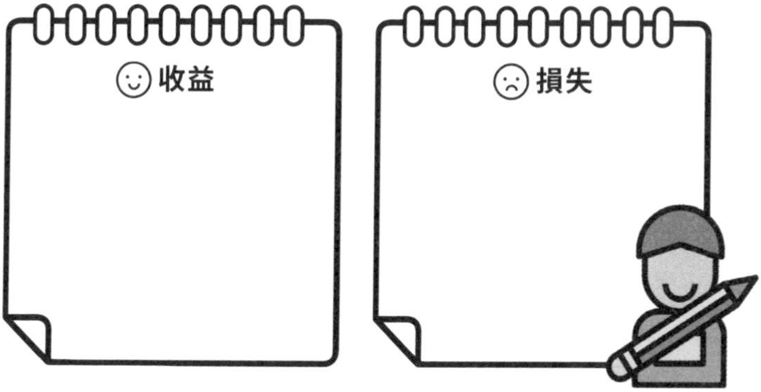

被同情，覺得自己其實是正確的。

最大的損失是：覺得失落、絕望、無奈、無助、無力。

作爲掌控者，最大的收穫是：找到新的可能性，自省，覺得自己可以應付一切，有動力再嘗試。

最大的損失是：很有壓力，沒面子。

你具有受害者模式還是掌控者模式？

受害者生活在讓自己舒服的自憐狀態裡，卻失去了掌控生活的機會和可能性；掌控者則需要面臨一些壓力和沒面子，卻可以掌控自己的生活。

你最常使用的是哪一種心智模式？

請記住，心智模式無法相容，你只能選擇其中一種。當安裝了受害者模式時，我們就只能看到那些讓我們覺得無力掌控的受害者故事，我們自己也傾向於活得更加悲摧。如果安裝的是一個掌控者模式，我們就能看到掌控者應該看到的東西，但也必須面對掌控者所需承受的壓力。

你願意堅強地掌控還是願意自憐地受害，請選擇。

爲什麼受害會上癮？

在生活中，很多人希望成爲一個掌控自己命運的人，但最終卻還是一個自怨自艾的受害者。

爲什麼我們對受害那麼戀戀不捨、藕斷絲連？事實上，大部分受害者都挺享受這個過程的，因爲受害者其實有不少隱祕的好處，如果不信，帶你去看看「受害者天堂」！

「受害者天堂」的第一條法則：推卸責任，保住面子

如果丈夫偷懶不想洗碗，卻偏偏和老婆約定「你做飯，我洗碗」，這時還有什麼比一個受害者的故事更加有效？──「你不知道我有多累，我們老闆有多變態！」

如果孩子沒有考好，卻遇到父母的追問，這時還有什麼比一個受害者的故事更加有效？──「不是我不好好學，是我們老師講得不好！」

如果任務沒有達成，遭到上司的質問，這時還有什麼比一個受害者的故事更加有效？──「經理，真的不是我們的問題，實在是那個客戶太變態了！」

「不是我的問題，是我太累了。」

「不是我的問題，是別人不好。」

「不是我的問題，是我小時候沒有這個條件。」
「不是我的問題，是這個社會太浮躁。」
……

廣東人有一句俗語叫作「阿屎唔出賴地硬」，後來，網上有人將其改爲「便秘就怪地球沒引力」，這句話在「受害者天堂」被奉爲絕對眞理。

因爲奉行這個「眞理」，「受害者天堂」的人個個都很有面子，他們完美無缺，神采奕奕，中華五千年的美德集中在他們身上，他們從來沒有犯過任何錯誤。

當然，他們也沒有做成過任何事情。

他們活得非常輕鬆，不需要承擔責任，只要編故事就好了！這些故事一開始比較眞實，後來慢慢地加入誇大、情緒化的，甚至是虛假的元素。受害者每天生活在這樣的故事裡，慢慢地，自己也相信自己生活在一個老師不好、老闆變態、老婆不可愛的世界。

「受害者天堂」的第二條法則：安心做壞事

《人性的弱點》的作者戴爾·卡內基曾經寫信給新新懲教所（美國最臭名昭彰的罪犯關押地）的監獄長路易斯，希望研究一下那些犯重罪的人是如何看待自己的罪行的。他有一個驚人的發現：

在新新懲教所中，幾乎沒有哪個罪犯會承認自己是壞人。他們和你我一樣，同樣是人，他們會為自己的所作所為辯護，例如，他們為什麼要撬開別人的保險櫃，為什麼會開槍打別人。儘管他們這種反社會行為給人們造成了極大的危害，但是他們大多數人都有意識地以一種錯誤的邏輯來為自己辯護，並且他們都堅信自己不應該被關進監獄。

你有沒有發現，很多做壞事的人都擁有一個完美的受害者故事，這讓他們做壞事的時候心安理得。在此摘錄幾位近年來「受害者天堂」裡「諾貝爾受害獎」得主的獲獎感言：

我還要向沒有槍的受害者家庭說一聲「對不起」，現在想起來，以前有些事情的確做錯了。

但是我沒有辦法，因為我要生存。

我要說的就是這麼多，祝我們的祖國更加美好！

——殺人魔頭張君（實施結夥搶劫，犯故意殺人罪22次，致28人死亡、22人重傷）

我是為聯合國省錢。

——「石油換食品」醜聞當事人斯特凡尼季斯

我殺人是因為我這樣的人每天都受虐待。

我從來都覺得自己是一個被社會遺棄的人，我很孤獨。

——16歲的殺人犯盧克·伍德漢姆（槍殺他的父母，然後回到學校殺死9名同學）

「人之初，性本善」，正常人做了壞事，良心會不安，但是，「受害者天堂」裡的壞人則身心合一。他們的受害者故事幫他們取得「良心豁免權」。

你有沒有一些讓自己良心舒服的受害者故事？

你有沒有買過明知道是偷回來的自行車？你知道這是不對的，是嗎？但是你還是買了。因為你有一個關於自行車的受害者故事——我的車也被偷了。

你有沒有在感情上傷害過別人？你知道這樣做不對，是嗎？但是你還是做了。因為你有一個關於愛情的受害者故事——我也是一個被愛情傷害過的人。

你有沒有對無辜的人發過脾氣？你知道這樣不好，但是你還是發了，而且還覺得挺爽。因為你有一個關於情緒的受害者故事——我也受氣了，誰哄我了？

你有沒有在職場中做過讓自己噁心的事情？你知道這樣不對，是嗎？但是你還是做了。因為你有一個關於生存的受害者故事——為了生存，我這樣做也是沒有辦法。

眞的沒有辦法嗎？

眞的眞的沒有辦法嗎？

「受害者天堂」的第三條法則：讓我們一起分享「淒慘故事會」

「受害者天堂」裡的人有一個共同嗜好：迷戀受害者的故事。

看幾首暴露年齡的流行歌曲，你會發現它們都可以歸結爲關於受害者的故事，因爲這樣的歌曲最容易獲得認同。

怎麼忍心怪你犯了錯，是我給你自由過了火……如果你想飛，傷痛我背……

——《過火》

明知道讓你離開，他的世界不可能會，我還傻傻等到奇蹟出現的那一天，直到那一天，你會發現，真正愛你的人獨自守著傷悲……

——《癡心絕對》

「受害者天堂」的情節，同樣也充斥在其他地方，比如電視劇、言情小說等（請注意，眞正的悲劇和受害者故事是有很大區別的，簡單來說，就是悲愴和悲情的區別）。

曾幾何時，許多地方電視臺都有不止一個受害者節目——你一定注意過這種節目。這種節目的形式往往是講故事或者訪談，它們的宗旨可以概括爲「我比你更慘」。比如，老婆必然出軌，男友一定不忠，兒子肯定不孝，嘉賓互相撕咬……「我比你更慘」的節目收視率相當高，因爲受害者往往都是「很好」的電視觀衆：有的人在節目裡找安慰——「對對對，這個世界上怎麼有這樣霸道的人」；有的人則在節目裡找快感——「我慘不算慘，還有人更慘，哈哈哈」。每天晚上，「受害者天堂」的人們心滿意足地關上電視機，安心入睡，他們每一個人都在別人的受害者故事中收穫了不少廉價的快樂。

在「受害者天堂」，如果你失戀了，你的閨密會聚集起來，陪你喝酒，說男人沒有一個好東西；如果你上午被老闆罵了一頓，你會很快被拉進公司的受害者小分隊，他們中午聚餐的主要任務就是一起討論自己的老闆有多變態；如果小孩子不小心摔倒哇哇大哭，家長不會怪小孩沒有走好，而會邊打地板邊說「臭地板，臭地板」，然後孩子笑了。

在這樣一個「受害者天堂」，我們每天沉浸其中，居然會慢慢習慣，享受其中，開始分享……

「受害者天堂」的第四條法則：用受害獲得同情和幫助

「受害者天堂」裡的人喜歡當受害者，還因爲受害者容易輕鬆地獲得理解和幫助。

在「受害者天堂」，女孩子很早就知道，假裝無助會獲得男生的幫忙。她們很早就學會了假裝弱不禁風，讓男生幫忙提熱水瓶或者拎行李上樓。她們總是聽到這樣的告誡：女人要懂得裝傻，女孩子不要太能幹，否則沒有人會喜歡你。男生也被教育喜歡這樣的女生，他們發明出一系列廣告詞：「女子無才便是德」、「楚楚可憐」……

在「受害者天堂」，職員很早就知道通過假裝自己的無能來獲得幫助。「啊（嘴巴張大，撓頭），這個我不懂」、「這個我做不來」、「能幫幫我嗎？」然後自己偷著幹別的事情。

在「受害者天堂」，人們甚至還有機會什麼都不幹，以受害爲生，職業乞丐可能是最具代表性的一類人。鎮江公安分局車站派出所在勸返安徽省一個職業乞丐熊某回家時，被他的收入嚇了一跳，熊某基本上三五天存一次錢，一次 500 ～ 800 元，兩個月收入就能過萬。除了職業乞丐，我們身邊也有不少人以「精神乞丐」爲生，他們爲了輕鬆獲得幫助，最好的辦法就是賣慘哭窮，到處訴說自己的傷心往事和糟糕經歷，然後找一個好心人群體待著。他們很快可以賣出悲慘，換得足夠的情感和物質支持。

裝著裝著，他們開始變得無能、柔弱。他們一邊把自己搞得越來越慘，一邊獲取更多的情感支持；他們內心一半暗爽，一半自憐，享受著身邊人源源不斷的幫助。

終於有一天，他們完全進入自己編寫的「受害者天堂」劇本。這個時候，業餘受害者升級爲專業受害人士，成爲一個「情感黑洞」（心理學術語叫作「邊緣性人格」）。他們會無休止地尋求關愛，表現得猶如孤獨的棄兒，抑鬱、酗酒、暴飮暴食，帶著過去的慘痛經歷尋求幫助。當他們身邊所有的支持者都被搞得身心俱疲、無力支持的時候，他們會痛斥一句「原來沒有人愛我，你們都拋棄了我」，然後轉到下一個好心人的群體中……很可能，他們一輩子都要以此爲生了。

「受害者天堂」的第五條法則：自我傷害，綁架他人

「我很痛苦，我想和男朋友分手，但是怎麼都分不掉。」

「為什麼啊？」

「因為他說如果我離開他，他就去自殺！」

你聽過類似的話嗎？這種話對你有效嗎？這是受害者最後一大好處，他們用自我傷害來操縱他人。受害者往往都是控制狂，如果不能控制別人，他們就狠狠地傷害自己。下邊看一個著名的「受害」故事[1]：

瓊瑤是影響了華語地區幾代人的著名言情小說作家。她的小說處女作《窗外》發表後，大獲好評，並被搬上了銀幕。她的父母在電影公映的第三天去看了電影，看完之後，母親瞪著瓊瑤。瓊瑤回憶說：「世上再沒有那樣的目光，冷而銳利，是寒冰，也是利劍。」不知瞪了多久，母親狂叫：「為什麼我會有你這樣的女兒？你寫了書罵父母不夠，還要拍成電影來罵父母！你這麼有本事，為什麼不把我殺了？」瓊瑤撲通跪下，抓住母親的旗袍下擺，淚如雨下。

母親並沒有饒恕瓊瑤，她要用自虐來折磨和鞭撻瓊瑤的良心，她要用自身肉體的痛苦把瓊瑤推上「審判席」。**她要重新取得勝利，讓女兒俯首稱臣**。第二天，母親開始絕食。大家輪流到母親床邊，端著食物求她，母親就是滴水不進。第四天，瓊瑤從一大早就雙手捧著碗跪在母親床邊，哀求母親吃點東西，但母親理都不理，閉著眼睛不說話。到了第五天，瓊瑤6歲的兒子小慶跪在「奶奶」面前，說：「奶奶，你不要生媽媽的氣了，我端牛奶給你喝！」

母親依然不理，小慶又說：「奶奶不吃東西，媽媽不吃東西，大家都不吃東西，小慶也不敢吃東西……」

瓊瑤再也忍不住，走過去和小慶一起跪在那裡，小妹也走過來跪下，大家一起跪下了，那場面十分淒慘。母親終於一邊掉著眼淚，一邊喝了小慶捧著的牛奶。

看到了嗎？受害者母親先是插自己一刀，然後要求女兒為這一刀負責。如果稍微有遲疑，就再給自己來一刀——不信你不聽！這就是受害者最高級的「葵花寶典」。

更加可怕的是，小慶居然很快也學會了這一招，「奶奶不吃，小慶也不敢吃」。奶奶遇到了這樣的晚輩奇才，也只好見好就收。但是，受害者的心智模式就這樣傳遞下去了。通過自我傷害來綁架他人是如此好用，以至我們身邊流傳著不少這樣的套路，「一哭二鬧三上吊」、「絕食自殺」、「今夜不回家」都是經典橋段。你會發現那些上演過這些橋段的家庭，經常會一代代地演下去。

你有沒有去過「受害者天堂」？

這個天堂給了我們那麼多好處：推卸責任、安心做壞事、找到團隊、獲得幫助和同情、保住面子……正是由於有那麼多好處，我們總是對此戀戀不捨。沒有人想當命運的奴隸，除非這個奴隸有不少的好處。

❶ 生死一線的體驗 [OL].http://qiongyao.zishiba.com/wodegushi/16236.html.

所以，生活沒有壓力的時候，我們眞誠地希望掌控自我。但一旦遇到問題，受害者模式又習慣性地帶我們回到這個「受害者天堂」。受害者模式變成我們的「心理嗎啡」，我們通過它來逃離短暫的痛苦，也讓自己陷入無法自控的長久折磨。

我們在這個天堂獲得短暫的快樂和安全，卻永久地損失了自信、自省的能力，以及未來的可能性。最可怕的是，我們失去了對自己生命的掌控。因爲受害者模式堅信，自己的快樂與否、成功與否都掌握在他人手中。

對生命屈服有很多種，最可怕的那種就是喜歡上「被奴役」。

拒絕受害，掌控生命

我有一個好朋友，最近有點煩。他的好兄弟離開公司自己創業，還想拉他一起幹。他剛剛建立家庭，孩子還小，不想太折騰，一開始他拒絕了。但是對方情深意切，登門拜訪，而且一聊就是三四個小時，到最後他終於不好意思就同意了。

去新公司上班前一天，他給我打電話，說：「我真的很發愁，我應該去嗎？」

我說：「你為什麼要來問我呢？」

他很苦惱地說：「其實我不想去，只是覺得實在無法推脫，每次談話前一小時，我都打定主意不去，但是到最後我又糊里糊塗地答應了。」

我說：「人家談一小時你就不去，談三小時你就去，你把去不去的權利放在誰手上了？」

「對，」他若有所思道，「他談是因為他很需要我，但是去不去我應該自己做決定。不過，我真的很希望幫他。」

我說：「我現在也在幫你，但是不是一定要你付費才算支持？」

他說：「我明白了。你的意思是，其實我可以用其他方式幫他的。」

他去新公司做好了答應做好的事情，然後回到原來的公司繼續開心地工作。

每個人都是自己命運的掌控者，卻往往因爲外界的態度改變自己的意願。所以，不管是三小時還是一小時，都不要把你的命運放到他人手上。

在課堂上，學員莉莉分享了自己掌控職場的故事：

「我做行政多年，覺得不適合這個行業，想進入人力資源行業。正好我現在的公司枝繁葉茂、體系全備，所以在公司內部換職務是最好的選擇。」她明確了自己的職業發展方向，也做好準備，就信心滿滿地開始她的職業轉換計畫。

幾週過去了，莉莉還是沒有任何進展，但是，她擁有了一個受害者的故事：「我給部門主任寫信了，他倒是挺尊重我的意願，說如果對方同意要，你可以走。但是人力資源部主管海倫卻一直沒有表態。我想，我可不能當受害者啊，我繼續給她寫信，每週一封，結果還是等來了套話式的拒絕。你說，我是不是沒有辦法了？我也想當一個掌控者，但這次是公司制度問題，對方不要我，我有什麼辦法？只好等著她來選囉！」

老闆可以掌控嗎？公司可以掌控嗎？當然不能，你唯一可以掌控的是自己。你不能讓老公不抽菸，但是你可以選擇成爲一個可以心平氣和與他溝通這件事情的女人；你不能掌控股票不跌，但是可以掌控自己的心情，同時學會在下一次避開風險；你不能掌控運氣，但是可以學著掌控自己識別與抓住機會的能力。在莉莉的故事中，你無法掌控公司和對方部門經理要不要你，但是你可以掌控自己，讓自己成爲更加被需要的人。莉莉很快發現了自己的誤區，她決定反擊：掌控自己的命運！

第二天上午，公司人力資源部經理海倫收到一封莉莉發來的郵件，她在信裡告訴海倫，我已經開始報名學習人力資源師了！海倫禮節性地回覆了一句「加油」！

時間又過去兩週，海倫收到莉莉學習人力資源課程的一篇感想和一篇專業文章，並且諮詢海倫，是不是可以就相關問題向她請教。莉莉這次還是收到了淡淡的回覆：歡迎交流。從此開始，海倫每週打開郵箱，都能看到關於莉莉對人力資源最新的見解和思考。海倫從信裡還知道，莉莉參加了人力資源的聚會，正在閱讀關於這方面的書，還在幫助北大的一個教授做研究，兩個月後考取了人力資源師證書……

4個月後，海倫打開郵箱，收到莉莉最後一封信：「謝謝你的支援，××公司希望我過去做人力資源，這是我一直以來的夢想，希望能夠保持聯繫。」

15分鐘後，莉莉抬頭看到海倫臉色燦爛地站在她面前，並且說出了那句莉莉期待很久的話：「你有興趣在我們公司做人力資源嗎？」

看明白了嗎？如果你願意，你總是可以掌控些什麼。

你沒有必要得到允許才開始學習，也沒有必要得到機會才開始努力。如果願意，你現在就能夠爲這件事情做些什麼，除非你的受害者模式讓你陷入深深的抱怨與自憐中。

拒絕受害，掌控你的命運。

如何面對世界的不公平

剛剛畢業的大學生最愛講的一句話就是：這不公平！

你有沒有發現，隨著年紀越來越大，講這句話的人越來越少，而且每次聽到別人說這句話的時候還會暗暗發笑。因爲在他們看來，這句話就如同「媽媽是女人」一樣簡單、明白。

那麼，這個世界是公平的嗎？

有人說世界是不公平的。每個人生下來起跑線就不同：有人抱怨沒有一個好父親，有人抱怨沒有好的天賦，他們覺得世界太不公平了。

有人說這個世界是公平的。每一個人都需要面對死亡。面對死亡的時候，每一個人都需要直面生命的價值。這個價值，是你可以去創造的，與起點無關。

關於這個問題，雙方爭論良久，沒有結論。我不想繼續爭論下去，只想給你講一個尋找公平的故事。

離開，能解決問題嗎？

十幾年前，我在武漢見了一個朋友，那時他40多歲，正在辦理澳大利亞移民。他在公司摸爬滾打多年，覺得實在不公平，他說：「沒有關係的，累死也上不去；有關係的，敢踩著你腦袋拉屎。」偶然一個機會，他遇到了移民到澳大利亞的同學，一番長談下來，他也決定舉家移民去澳大利亞。

所以，十幾年後當他告訴我他想回國發展的時候，你知道我有多驚奇。我問他：「為什麼回來，澳大利亞不是最公平嗎？」他揉揉臉，和我說了兩件事情。

他在澳大利亞遇到一個自己的小老鄉，一個小姑娘，在澳大利亞上TAFE（職業技術教育學院，類似高職院校）。澳大利亞規定，只要他們修完烹飪、美髮等技術課程，且有900小時直接工作經驗，就能獲得長期居留權。這是所有去澳大利亞學習TAFE的人的夢想。但是，澳大利亞政府又規定，留學生每週工作時間不得超過20小時。也就是說，他們至少要在澳大利亞連續打工45週，每週20小時，才能攢夠工作時間。但是，當地所有餐廳都忙得要死，再加上本地勞動力保護，哪裡會有地方雇用這種每週只上20小時班的華人打工者？像她這樣來自普通家庭的人，既需要工作時間也需要薪水，所以只能選擇在華人街的中餐廳打黑工。每天除了上課，她還要再工作6小時，一直到凌晨一點，然後拖著疲倦的身體，從雪梨華人街「四海一家」的牌子下面走過，穿過幾個街區，到自己合租的小房子裡休息。週六、周日也是全天上班。

這樣一份工作，因為可以開出工作證明，所以即使只能拿到很少的工資，也有很多人競爭。這怎麼辦？如果失去了這個機會，她用盡家裡所有積蓄出國就會變得毫無價值。於是，她只好用最後的方式來獲得留在澳大利亞的機會——和餐廳老闆，一個50多歲、滿口金牙的男人住在一起。朋友說到這裡，看著我，確定我知道他的意思，然後深深地歎了口氣：「那個女孩子才19歲啊，和我女兒一樣大，正在最好的時候……我一直以為澳大利亞會公平一些……」我拍拍他的肩膀，以示安慰。我還想告訴他，他也許還算幸運的，因為他能花錢移民澳大利亞（至少要花20萬美元，這還是2010年的物價水準，現在肯定不止）。在中國，大部分家庭根本支付不起這筆費用。

真正讓他回國的是第二件事情。每天下午4點，他都會在社區附近的綠地散步。雪梨的空氣清新寧靜，草坪從腳下一直延伸到天邊。草地上一群孩子在嬉戲。這裡的孩子沒有太多功課，下午3點就放學了，剩下的時間就是玩——這是他在澳大利亞最喜歡的場景。有一天，他走到活動區，看見一個中國父親帶著兩個男孩子。兩個孩子七八歲的樣子，穿著藍色的吊帶工服。中國老話說「七歲八歲狗都嫌」，這兩個小傢伙正是最淘氣的時候，他們在地上翻滾，互相打鬧，用普通話在說著什麼……朋友在一旁開心地看著他們。為了孩子，這難道不是來這裡的重要原因嗎？就在這個時候，他們的父親走過來，喊著他們的英文名，並且很嚴肅地對兩個孩子說：「Speak English!」（講英語）兩個孩子愣了一愣，然後停止說笑，沉默地走開了。那時候周圍沒有任何人，為什麼這個年輕的父親不讓自己的孩子講中文呢？那一瞬間，他突然想了很多，似乎看到了自己的生活。那是他在澳大利亞的第三年，他已經拿到了居留權，但決定馬上回國。

「我還是想回來，踏踏實實做點事情。」他2007年回來，開了一家留學仲介公司，用自己在中澳的關係，致力於幫助中國學生找到更安全和更有效的出國留學方式。

我們生活在一個處處不公平的世界，所以總希望在另一個地方會有我們追求的眞正公平。我們期待過富有，期待過結婚，期待過進城，期待過出國……但是，這一切在眞正實現的時候，你才發現自己依然要面對一個不公平的世界。

這個世界眞的有公平嗎？在中國，教育的不公平是被反覆提到的話題。我們都知道，中國的高考非常不公平，不同地區的孩子會受到不同的待遇。有一個經典的故事說，在北京某工地的一個民工與總工程師聊天的時候才發現：他們同一年高考，而且分數相同，只不過一個落榜，一個進入了大學。同時，很多人都大談特談美國的教育有多公平。美國大學的入學，是眞正公平的嗎？

顯然未必。拿申請大學來說，一個美國本地的孩子，只需要在（舊）SAT中獲得2100分（滿分2400），加上良好的素質，就有可能申請到美國排名前十的名校。但是中國大陸的孩子至少需要接近滿分才有可能進這樣的學校。（舊）GRE也是一樣，當美國人1200分（滿分1600）就可以過關的時候，中國大陸的學生則需要1400分才能進入最好的學校。

這種不公平的制度，是不是只是針對中國留學生呢？其實不是，這也許是一種普遍的膚色的不公平。我在網上找到一個華裔移民的帖子，覺得很有道理：

斯坦利．派克，一個韓國移民的孩子，家庭收入微薄。3年前，父母離婚，他跟母親過，但母親得了乳腺癌。於是，他小小年紀就開始給人家當家庭教師，幫助母親付房租。儘管他用了大量時間去打工，但在（新）SAT中仍取得了1500分的高分。然而，當他申請加州大學的柏克萊分校和洛杉磯分校時，全被拒絕了。

巴爾卡．馬丁內斯，另一個移民後裔，也因母親得了乳腺癌而要打工養家，不過她的（新）SAT成績比派克低了390分，僅考了1100分，但收到了那兩所學校的錄取通知。

為什麼會如此？因為馬丁內斯是拉美裔的後代，派克則不幸長著一張「亞洲臉」。

我幫助過很多孩子申請到美國排名前20的大學。我知道進入美國一流大學不僅僅是SAT或者GRE分數的問題，同時還要考察很多綜合素質：有沒有參加公益活動，有沒有獨特的素質和領袖故事，有沒有自己的願景，有沒有名校背景……但是，上述這一切軟實力很大程度與普通人家的孩子無關。普通人家的孩子無緣昂貴的學習班、各種國際夏令營，以及各種課外鍛煉機會，甚至都負擔不起「國考」SAT的費用……

我不想陷入一個關於「本來就沒有絕對的公平，其實我們總能多做一點」的討論，我只想告訴你：不管你跑到哪裡，**世界都是不公平的，我們既無法讓這個世界永遠公平，也找不到一個永遠公平的地方**。

如果你願意，我可以在後面的書裡舉出更多這樣的案例，實際你也能從身邊找到很多類似的案例，也會聽到很多不同領域的專業人士告訴你：這個世界就是不公平的。難怪比爾．蓋茲對青年人的10條忠告中的第一條就是：

生活是不公平的，去適應它。

那些希望通過換地方來找公平的人，就像鐵達尼號上的乘客——從一個船艙逃到另一個船艙，卻發現這個船艙也在下沉。

所以，如果有人對我說：「這不公平！」我的回答是：「是的，世界就是不公平的。」

往上爬，就會更舒服嗎？

有人說，如果不能逃離不公平，那就捏著鼻子往上爬，有一天如果可以進入特權階層，我要踩在所有人頭上，是不是很爽！

這可能嗎？比如，創業眞的能讓你感覺掌控一切，沒有一絲不公平嗎？

有人過來找我說：「我要創業！」

我問他：「為什麼？」

他說：「因為不用看老闆的臭臉，也因為不用忍受不公平的待遇！」

如果僅僅是爲了不受氣，我建議這樣的人不要創業。我正在創業，心裡非常清楚：當老闆的不僅要看工商、稅務、消防的臉色，還要看下面所有員工的臉色。而且你還會發現，即使你當上了企業一把手，企業與政府之間也是不公平的；即使你當上了國家領導人，國家與國家之間也是不公平的。

有人說，社會就是一棵大樹，樹上爬滿了猴子，每一隻猴子都笑臉向上，屁股向下。如果你向上看，看到的全是屁股；如果你向下看，看到的全是笑臉。如果你今天爬到樹的中間，你會做何感想？你會不會想說，我踩著你們的頭，上到頂端就好辦了！但是當有一天爬到樹頂，你才發現，你爬上去的是森林中最矮的一棵樹，其他樹上還有無數在你頭頂拉屎的猴子！也許你還有鬥志，繼續向上爬。等你爬到森林最高的一棵樹的樹頂，突然砰的一聲，你被撞得眼冒金星。這時你才發現，這個森林上方的藍天其實是一層無法打破的透明鋼化玻璃。

這個世界是不公平的，你活得越久，站得越高，看得越清，你就越會意識到，世界的本質其實就是不公平。老子說：「天地不仁，以萬物爲芻狗。」這也是很多科學家、法學家、企業家最終遁入宗教尋找安寧的原因。他們曾經努力希望創造一種公平，但是，當努力到一個很高的高度時，他們卻發現自己依然面對的是無法改變的不公平。比如，梁啟超在戊戌變法前後，就曾呼籲學佛、信佛，晚年對於佛學簡直到了如醉如癡的地步。他這樣寫道：「社會既屢更喪亂，厭世思想，不期而自發生，對於此惡濁世界，生種種煩懣悲哀，欲求一安心立命之所；稍有根器者，則必遁逃而入於佛。」[1]

世界是不公平的。如果你要公平，換地方沒有用，往上爬也沒有用，因爲那些在你上面的猴子和你一樣。那麼，知道了這個道理，你會怎麼做？

也許你終於長歎一口氣，這個發現讓你的受害者模式非常舒服：難怪我活得不夠好，原來社會本身就是不公平的，這當然不是我的錯。

比較友善的想法是：如果這個世界到處都不公平，我應該找到一個自己可以忍受的不公平方式或者程度，然後快樂地生活下去。

我最喜歡的想法是：如果這個世界到處都不公平，那麼我應該找到那個能讓我改變的不公平，然後用自己的方式影響別人——這樣會不會讓這個世界更加美好一些？

如果你還年少，你相信世界是公平的，那是天真。

如果你已成年，你還在尋找絕對公平，那是愚蠢。

我們無法讓這個世界永遠公平，也找不到一個永遠公平的地方，我們需要學會培養對不公平的免疫力。因爲**學會如何面對不公平，遠遠比學會如何評價不公平重要**。

除了妥協，你也可以改變世界的不公平

還是談談美國，讓我們看看美國當年有多不公平。

20世紀40年代是美國教育資源嚴重不平衡的年代，當時美國的常春藤盟校如同豪門的私人俱樂部。甘迺迪家去哈佛大學，布希家去耶魯大學，「常春藤」是他們世襲權力的第一步。

愛德華．甘迺迪（約翰．甘迺迪總統的弟弟）生於1932年。因生於豪門，他得以進入哈佛大學，但很快因為考試作弊被除名。在那個年月，這樣的富家子弟自視能淩駕於一切規矩之上。

❶ 梁啓超．清代學術概論[M]．朱維錚，導讀．上海：上海古籍出版社，1998.

考試作弊被除名，那麼就再申請回去。

1960年，他哥哥當選美國總統，空出了自己在麻薩諸塞州的參議院席位。弟弟愛德華當時才28歲，而法律規定年滿30歲才有當參議員的資格。不過，新總統自有安排：他建議州長任命自己的一位朋友填補這一參議員席位，這位朋友等到總統弟弟年滿30歲後馬上忠誠地將議席讓出。

怎麼樣，這個故事有沒有讓外國的月亮扁一點？美國的「高幹子弟」（甘迺迪家族）可以不考試就輕鬆地進入最好的高校。被發現考試作弊就走人，然後再大搖大擺地重新入學，簡直視哈佛大學如公廁，視參議員的席位如占座。老百姓和有權人家的孩子相比，就是這麼不公平！

你有沒有面對過這種明目張膽的不公平？比如，在今天，北京的孩子可以以低得多的分數進入北京高校，農村的孩子卻往往連一本輔導書都找不到，只好一遍一遍地翻看課本？有些人寒窗苦讀十年考得一個好分數；有些人則可以通過贊助費、走後門，輕鬆擠掉屬於你的名額？

其實，這一切也在美國發生過，而且美國大學更加露骨：各所私立大學一直在招收一定比例的「遺產學生」，即以特殊標準錄取一些豪門特別是給學校捐款的富豪子弟。他們拿走的就是另外一些同樣優秀但無錢無權的人的教育機會。名校經歷的背後是整個美國的名校情結：柯林頓夫婦、歐巴馬、2009年上任的美國最高法院大法官索尼婭．索托馬約爾，全是清一色的「常春藤」。特別是美國最高法院，幾乎被哈佛、耶魯和哥倫比亞大學的三大法學院一手遮天。

面對這種現狀，你準備做些什麼呢？

面對這種現狀，你又做了些什麼呢？

抱怨？憤恨？覺得世界不公平？發誓要超過那些人，還是決定出國？

前面說過，出國會更加公平嗎？那只是「另外一棵樹」罷了。

我要給下面案例中的這個人崇高的敬意，他也遭遇過這樣的不公平，但看看他是怎麼做的。❷

這個人叫卡普蘭。1939年，20歲的卡普蘭以優等生的身份畢業於紐約城市大學，但連續申請5所醫學院均被拒絕。他在自傳中寫道：「**我是猶太人，我上的是公立大學，真是禍不單行。**」他覺得很不公平，他認為，只要醫學院也有入學考試，他就能向校方證明，他這樣一個從公立大學畢業的學生完全不輸任何一所私立大學的畢業生。

當時猶太人很受教育歧視，社會沒有給他們接受高等教育的太多機會，唯一的突破口就是考試。猶太人靠考試成績大量擠入常春藤名校，甚至在哈佛、耶魯等名校引起恐慌。他們要想辦法「解決猶太人的問題」，美國大學中專門設立的錄取辦公室（Dean）就是這麼來的。他們的辦法是把「品格」作為衡量學生的重要標準，沖淡了考試成績的重要性，成功地降低了猶太學生的錄取率，捍衛了傳統的壟斷地位。

❷ 薛湧．美國應試教育之父卡普蘭的歷史意義 [N/OL]. [2009-09-06]. https://news.ifeng.com/opinion/world/200909/0906_6440_1336624.shtml.

這就是卡普蘭的時代。整個猶太人受盡盎格魯—撒克遜人的排擠，而他恰好是最弱勢群體中的一員。卡普蘭對不公平做出了回應。他沒有埋怨，也沒有屈服，而是把精力放在猶太人唯一可以依賴的武器——考試上。卡普蘭於1946年開始研究針對（舊）SAT的應試辦法，研究如何在短期內提高（舊）SAT分數。

考試機構告訴學生，參加卡普蘭的系統培訓完全是浪費錢。但是當越來越多參加卡普蘭系統培訓的學生取得好成績後，聯邦行業委員會（Federal Trade Commission）坐不住了，他們決定對卡普蘭展開調查，以證明他在做虛假廣告。

1979年，調查報告出爐。讓專家跌破眼鏡的是：卡普蘭的培訓能夠提高英文和數學部分的成績各25分（總分為200~800分）！這個調查結果是對卡普蘭培訓最好的全國性廣告（人稱「美國俞敏洪」）。從此他的事業一發不可收拾。希望通過努力進入名校的高中生源源不絕地參加卡普蘭的培訓。他們通過自己的努力提高了（舊）SAT成績，這在很大程度上彌補了社會對他們的不公平待遇。卡普蘭一生致力於讓更多沒有特殊背景的人通過（舊））SAT考試獲得本該屬於自己的教育機會。他引發了一場「考試革命」。

現在，雖然上得起SAT補習班的還是富裕家庭的孩子，但甘迺迪如果活在今天，不可能找人代考，分數還是要他自己考取的。另外，美國大學的錄取辦公室對富人的經濟優勢也很警醒。當年作為排擠猶太人工具的「品格」評價，如今被用來照顧弱勢階層子弟。特別是在精英大學，富裕家庭的孩子必須考得更高，才能和窮孩子競爭。窮孩子則因為顯示了「克服生活中的挑戰」等品格而獲得加分。總的來說，平民子弟出頭的機會多了不少。

卡普蘭引發的考試革命，被稱為教育民主運動，他改變了整個美國對人才的選拔機制，因此被稱為「美國應試教育之父」。

我想，我們或多或少都有過類似卡普蘭的經歷吧。你當時的反應是什麼樣的？你有沒有抱怨、憤怒或者妥協？所幸卡普蘭沒有，他把焦點放在自己能做的事情上，他用自己獨特的方式對抗世界的不公平。他發起了一場運動，改變了千千萬萬個如同他一樣沒有特殊背景的人的命運，甚至改變了一個社會對資源的分配。

這個世界是不公平的，你抱不抱怨都一樣，關鍵是你爲這種不公平做了些什麼。如果世界完全公平，那麼我們只剩下按照這個公平的方式來生活，這樣豈不是無趣得很？

從這個角度來說，學會如何面對不公平，遠遠比學會如何評價不公平重要。不公平是我們生命的契機，是生命提供給我們讓自己和世界變得更加美好的機會。

再講一個案例。

2010年年初，廣州正在實施亞運會前的「迎亞運，穿衣戴帽」市政工程。按照市政府的計畫，有81條馬路的人行道地面磚和路緣石需要改造。計畫還要求，不論新舊與否、能不能繼續使用，這些道路元素都統一由過去的混凝土改為價格不菲的花崗岩。工程一旦開始，廣州就立刻成了一個大工地，被挖得處處「狼煙」。

如果那個時候你去過廣州就會知道，上下班的時間點，在天河區附近一堵一個多小時是常事。

那段時間我正在廣州講課，出租車司機上車就罵修路，一直到下車連續50分鐘都沒重複，我被他指桑罵槐的功夫逗得一直樂。我說：「你口才這麼好，幹嘛不反映上去呢？」司機說：「我們這些小市民，有什麼辦法啊？」

小市民有辦法嗎？

2010年1月24日，一位操著廣東話口音的男子，戴著墨鏡和口罩，背後掛著大大的一個宣傳板，手裡拿著厚厚的一疊投訴單，出現在廣州亞運整治工程諮詢會上。他逢人便派傳單，見人就說：「我每天都經過廣園路和環市路，看著漂亮的花基被砸爛，好好的路沿被搗碎。說是要全部更換成花崗岩，心痛得不得了！向政府各級熱線打電話不下15次，向人大、政協多次去信，每次都沒有下文！就算是迎亞運改造也不能這麼浪費，有錢何不用來建設解困房、搞教育衛生……」

「口罩男」引起了媒體的注意，廣州市的相關領導也破例接見了他。次日，工程管理部門火速宣佈，除了已完工和新建的路段，其他20餘條道路的維修工程不再統一使用花崗岩，一律按原狀整飾。這意味著廣州可以減少5100萬元的支出。

「口罩男」太帥了！

為什麼要戴口罩？因為雖然幫市政府省了5100萬元，但是不知道會損害到多少施工單位的利益，所以「口罩男」堅決不露面。他太明智了！

面對不公平，無聊的人冷嘲，懦弱的人抱怨，聰明的人跟隨，清高的人躲避，勇敢而智慧的人則嘗試用自己的方式去改變，用自己的力量來掌控我們這個世界。我尊敬這樣的人。一個人面對不公平的態度，最能反映他的品德。

不公平就好像空氣，充滿世界每一個角落，我們每一瞬間都身在其中，無法逃離。關鍵是，在呼吸之間，你是在做有意義的事情，還是讓自己慢慢老去。

其實我們可以爲自己的生命掌控些什麼：

我們可以掌控自己的升職，
我們可以掌控自己的面子，
我們可以掌控我們的政策，
我們可以掌控世界的不公平，
雖然這些很難，但是值得。

我願意用我的精神偶像藍儂的話，結束關於掌控的這一堵「牆」。

You may say I am a dreamer,
But I am not the only one.
If some day you join us,
The world will be as one.

——Imagine

譯文：

你也許會說，我只是一個夢想家，
但是我不是唯一的一個。
如果有一天，你也加入我們，
世界會合而為一。

——《幻想》

拆掉「受害」這堵牆

從後知後覺、當知當覺、先知先覺、不知不覺四個角度來談一談如何拆掉「受害」這堵牆。

後知後覺

第一，**找到受害者情景**。

定位自己最容易受害的情景是讓自己找到受害者情景的最好方式。每一個人都有獨特的受害者模式，不妨留心一下：有些人覺得自己總是情感受害者；有些人一旦遇到惡劣的服務就怒不可遏；有些人則是遇到別人的評價就照單全收，然後暗自委屈。

問問自己：什麼時候覺得最沒有掌控感，最沒有力量，那就是你的受害者模式。

第二，**找到受害者故事背後的模式**。

爲什麼會這樣？爲什麼我對這件事只有受害的份兒？受害者模式其實來源於過去某個時刻的故事，而故事的主題往往是「面對……我沒有辦法」。

比如前面提到的「口罩男」。那麼多的市民之所以沒有成爲「口罩男」而成爲受害人，是因爲我們從小被灌輸一個信念：「面對政府決定的事情，我沒有辦法。」「面對有背景的工程承包商，我沒有辦法。」

他們有很多受害者故事：「這不是我能管的事」「我有家有口，怎麼得罪得起？」其實眞正的解決辦法只需要一張海報和一個口罩。

再比如，那些聲稱被男人拋棄就活不下去的女子，她們也許從小就被反反覆覆地灌輸「沒有男人就活不下去」「除了愛，只有死」的故事。所以，她們一旦不幸失去了自己心愛的人，就會覺得生活沒有選擇。

無法拒絕別人要求的「面子受害者」，他們的腦子裡有什麼樣的故事呢？也許是「我很孤獨，我沒有朋友不行」「我不能讓別人看不起」這樣的故事在左右著他們。

第三，給自己一個新的掌控故事。

找到這個故事，然後說服自己：過去的過去吧，我可以現在就掌控我的生活。嘗試把這個情況當成別人的事情，給自己寫一封信：

如果這一切發生在你身上，我覺得你可以做的是……

當知當覺

第一，盡快意識到自己的情緒。

受害者往往伴隨著一種淒涼的自憐情緒，就好像喝酒買醉時那種隱隱的快感。一旦有這種感覺，就要注意，你的「老朋友」就要來啦！

第二，讓自己與這種模式共處一段時間。

別著急一下子擺脫這個模式，讓這個模式與自己共處幾次，好好摸摸這堵「牆」的高度與厚度，眞正理解和認清楚之後再下手！

第三，**嘗試拆掉它**。

你可以開始根據自己的故事，試著拆掉這堵「牆」。想像用一把思想的小錘子，輕輕敲敲自己的腦袋，然後告訴自己：拆掉它！然後按照你的新故事行動起來。

先知先覺

觀察這個情景發生的地點，提前調整好心態。

一個父母親的受害者找到自己的掌控故事後，可以在給父母打電話之前重溫一下自己的掌控故事。你可以嘗試用不同的方式和他們溝通，即使他們完全不可理喻，你也可以選擇不受他們的干擾，然後，去撥通父母的電話。

不知不覺

這是你想要達到的最佳狀態。能夠掌控這個心智模式的人，會體會到那種久違的掌控感，他們會輕鬆跨過生命中那些曾經卻步不前的地方。偶爾回頭看看那群被隔絕在自己思維之外的人，他們會奇怪為什麼這些人做不到呢？

恭喜你成為這個掌控自我的人。

8

幸福是一種
轉換力

你活在父母的劇本裡嗎？

下邊這段對話，看著是不是有點眼熟？

紫：唉，師兄啊師兄，我曾經是多麼不想做學術研究，但現在看來做科研可能是最靠譜的路。人生啊，真是一言難盡。

古：如果你只是害怕，那就做科研吧。

紫：呵呵，你怎麼知道我害怕？我害怕去公司。

古：真正的職業方向是那種不顧一切都要做的事情。

紫：你說得非常對，可是我做不了那種想讓我不顧一切要做的事，因為我沒辦法不顧一切。我本來想去美國讀營養學的，那才是我真正想做的事。我想出國，我能出國，但是我男朋友出不了國，他說如果讓他出國陪讀對他不公平，那樣做我就太自私了。而且我爸媽也不想讓我出國，尤其是我媽媽，她會太想我。我覺得人生的悲劇，不是你不具備得冠軍的實力，而是你的親人根本不讓你去做運動員。所以，只能看著別人得冠軍了。

古：到底是你覺得自己無法當冠軍，還是你覺得自己可以為了他們放棄冠軍？

紫：有什麼區別嗎？我分不清。

古：前面是悲劇，後面是喜劇。前面是你被迫選擇的生活，後面是你主動選擇的生活，只不過重心沒有放在職業上而已。

紫：我想是前面一種吧。

古：也就是說你誰都不想得罪，所以什麼都做不了。你對所有人說 Yes，然後對自己說了個 No。

紫：不能用「得罪」這個詞，是我放不下，放不下我的媽媽，放不下我的愛人。如果沒有他們，我的人生又有什麼意義？

古：沒有自己，你的人生有他們又有什麼意義？拿你的男朋友說吧，他就不知道自己愛的是誰，你也不知道。

紫：如果我堅持自己想做的事，那麼犧牲掉的可能是我人生中最珍貴的東西。如果是你，你可以放下你的老婆，也不顧及你的媽媽，然後執意去做嗎？

古：如果兩者真的完全衝突，我一定會選擇先做自己。

恕我孤陋寡聞，我眞的很少看到有哪個國家的父母，會像我們中國父母那樣，爲自己的孩子犧牲那麼多，同時又給他們提那麼多的要求。他們總是把自己缺失的東西強加到孩子身上，並從小教育他們，這就是幸福。這種故事就發生在你我身上。

下面是我的故事。

由於外公出身問題，「文革」中，我的媽媽從一個師大附中的優等生變成了沒戶口的知青，被大學拒之門外。聽爸爸說，「文革」後他們結婚，我媽媽什麼條件都沒提，只有一個：讓我讀書！

一年後，她以驚人的毅力懷著我考入了廣播電視大學。在生下我以後，又馬上投入下一學期的學習。不知道多少次，我在搖籃裡咧著嘴、憋紅了臉哇哇大哭，媽媽則忍著淚水不去看我，繼續在電視螢幕上抄下一兩個單詞。三年後，她從電大畢業了。

但是這只是電大啊！可以想像當年的媽媽對身邊這個不斷干擾她看書的孩子寄予了多大的期望。那個時候還沒有出國，所以媽媽的想像也就止步於清華、北大。她一定無數次地對尚在繈褓中的我說：你長大了要去清華、北大讀書！

後來改革開放，她知道了哈佛、耶魯，想像力也進一步擴大，幫我把人生目標定在了國外名校。按照她給我的規劃，最好的生活就是出國，讀到博士，然後找一個女人，生一個博士的後代。為了這個夢想，媽媽存下每一分錢，寧願走很遠的路也不打車，從來不在路上買水喝。

有時候我想，如果我是一個「乖孩子」，也許我們家真的會更加和睦。我會拿著這筆錢出國，然後生一個「博士後」。可惜我不是，我只是我，我是一個挑戰者。我背離了父母給我讀建築工程的路線，走入了設計的路途，又從出國的路途上「開小差」走入了新東方，然後又在新東方最好的時候，出來做職業生涯規劃。

我無法實現媽媽對我的規劃，也無法按照她希望的時間表出國、結婚、生孩子。但是，我現在很幸福，而且，媽媽也開始幸福了。

我們的父母很容易有這樣的思維方式，把自己的缺失放大，強加於兒女身上。尤其是獨生子女家庭，兒女占用了所有資源，所以也承擔著所有希望。當資源付出到一定程度，這樣一場對兒女的「愛的綁架」就開始佈局了：如果你不按照我的計畫，我就會傷心，就會內心壓抑，偷偷飲泣，「我這一輩子把你養大，現在過得這麼累，都是因爲你！」

很多父母一再告誡自己的孩子：「你的幸福就是我的全部！只要你幸福，爸爸媽媽做什麼都可以！」你覺得這是動力還是壓力？

這個時候兒女腦子裡面的心智模式也被啟動了，我們從小被教育要聽話、要孝順，讓父母傷心是很罪惡的事情。這個時候叔叔、伯伯、鄰居大媽也以同謀者的姿態出現，他們苦口婆心地勸你：「父母還不是爲你好？你現在還不懂，以後就知道啦。」

最終這場打著愛的旗號的綁架一拍即合：兒女願意爲父母放棄自己的想法，進入父母爲他們準備的「萬事俱備，只欠東風」的生活中。這種生活，父母在自己腦海裡預演了多年，到今天終於由你來實現，他們感到無比欣慰。

你今天到任何一家婚姻介紹所，都會發現來相親的父母多

過孩子，他們希望替子女選到理想的丈夫或妻子；你到培訓中心，也會看到等待的家長比孩子還多，他們希望孩子不要輸在起跑線上。有一位接受採訪的家長曾對著電視鏡頭說：「我不能還他一個童年，如果那樣，我就會欠他一個成年！」

可是，這是誰要的成年？

父母爲孩子苦心寫好一場生命的劇本，仔細打磨，多方求證，打理好所有演出成功所需的明暗規則，只等孩子戴上面具，登臺表演，然後等待掌聲。結果卻常常事與願違：孩子帶著怨氣表演，最後無法掩飾內心的難過，摔面具罷演。

「父母爽—我不爽」的雙輪模式

我們身邊常有這樣的故事：

一個很優秀的女孩子，突然宣佈結婚。原來，男方是父母為她看好的。參加婚禮回來，朋友都羨慕得不行。大家都說，她的先生英俊瀟灑，性格很好，事業穩定，為人忠誠。可是，僅僅三年後便聽說他們在鬧離婚。雙方父母震驚，朋友不解，閨密相勸，都不管用。有一次朋友聚會，我在香山腳下的一個咖啡館裡遇見她。問到離婚的原因，她淡淡一笑說：「他什麼都好，只有一個缺點，就是我不喜歡。」

活在讓別人爲你設計的生活中也一樣：這種生活什麼都好，也許只有一個缺點，那不是你眞正熱愛的生活。你可能會享受幾天，然後忍受幾個月

「我不爽—父母爽」的模式		
	我不爽	父母爽
我不爽—父母爽	我覺得無力，但是還能忍	父母開心，覺得終於讓孩子幸福了
我不爽—父母不爽	我覺得失控，越來越無法忍受	父母開始發現我不幸福
	我開始自暴自棄，還抱怨都是你們弄的	父母覺得很抱歉，但勸我再堅持一下
我很不爽—父母不爽	我覺得自己的人生很失敗	父母放棄堅持，覺得自己怎麼會有這樣的孩子，他們的人生很失敗

或者幾年，在最後只能選擇放棄自己或放棄別人，沒有好結局。

因爲一旦你決定進入這個「父母爽－我不爽」的模式，雙輪迴圈就開始了。你的生命就像你的家，因爲你的不堅持，所以由別人進來佈置。可是，你不要忘了，在裡面住一輩子的人可是你啊。

因爲你的懦弱，你的無主見，你會讓整個家庭陷入「我很不爽－父母不爽」的狀態。其實我們完全可以有更好的選擇。

「我爽—父母不爽」的雙贏模式

對那些打著愛的旗號，設計你生命的人而言，不管他們的武器是循循善誘、哭天喊地式的情感攻勢，還是「外面世界很無奈」、「你年紀太小不懂事」之類的恐嚇，你都要堅持如下心智模式：我爽—父母不爽。

因爲只有堅持做你喜歡的事情，你才會眞正幸福起來。你的父母會慢慢發現：他們堅持的只是讓你幸福的方式，如果你眞的用自己的方式找到幸福，他們也會眞正地快樂。

在新東方的一天晚上，一個學生過來請教我關於她和她父親之間的矛盾。她的父親希望她可以繼續讀法律研究生，而她希望自己成為一個室內設計師。我問她：「你和父親溝通過嗎？」她搖頭說：「我爸爸那個人是不會理解的。」

這個時候一個中年人走過來，他也許是來接孩子的家長，也許是一個聽課的學生，總之他之前一直在旁邊，安靜地聽我們的對話。他打斷我的回答，對那個學生說：「這位同學，我是一個軍人，也是一個孩子的父親。我想告訴你，作為一個父親，如果我的孩子真的讓我意識到某條路會讓她幸福，我會全力支持她，只要她真的可以讓我知道。我相信你的父親也是一樣。」

我不知道那個學生最後有沒有去和父親溝通，但是我相信全天下的父母都希望孩子過得幸福，而且擁有自己的幸福。他們只是需要看到你所選擇的那條路的希望。

所以讓你的父母停止懷疑的最好方式，就是你儘快開始行動，然後用事實證明給他們看！而等到那一天，這個模式就變成了「我很爽—父母也爽」的狀態。最有諷刺意味的是，你發現唯一能讓他們爽的方式往往是：先讓他們不爽。

李安導演，想必大家並不陌生。他橫跨中西文化，電影幾乎拍一部火一部，叫好又叫座。《臥虎藏龍》《少年Pi的奇幻漂流》都是享譽全球的影片，拿獎拿到手軟。

可是，李安導演卻是父親眼中「失敗的兒子」。早年間，李安考大學連續兩度落榜，直到第三次聯考，才勉強考上一所三年制的藝術專科學校。

李安學戲劇、學電影，父親勉強接受，

「我爽—父母不爽」的模式		
	我爽	父母不爽
我爽—父母不爽	我選擇自己喜歡的事情，並開始行動	父母生氣、絕望，甚至打算放棄我
我爽—父母觀望	我有一點內疚，但還是堅持做自己喜歡的事情	父母很絕望，覺得孩子大了，自己有想法了，不聽話了
	我堅持做自己喜歡的事情，慢慢小有所成	父母開始懷疑自己的判斷，但是依然不確定我現在的選擇是對還是錯
我很爽—父母爽	我覺得自己生活很幸福	父母放棄堅持，覺得我的選擇很不錯

但心中總覺得不甘。他不希望長子做一個逗人開心的「戲子」。即便學戲劇，至少也要做教授才好，這樣才不至於辱沒門庭。

當李安以《喜宴》拿下金熊獎時，父親仍希望他改行。拍完電影《理性與感性》後，父親還說：「小安，等你拍到50歲，應該可以得奧斯卡，到時候就退休去教書吧！」

天知道，如果李安導演聽從了父親的安排會怎樣。

李安說：「現在，我格局比較大了，但心理障礙依舊存在，我一回臺灣就緊張。搞戲劇，我是跑得越遠能力越強，人也越開心；一臨家門，緊張壓力就迎面而來。」但是，「我真的只會當導演，做其他事都不靈光」。

這個故事是不是很熟悉？當年讓父親感覺丟臉的李安，如今不只成了家庭的驕傲，甚至成爲「華人之光」，正是因爲他堅持著「我爽─父母不爽」的心智模式。

在我們今天這個物欲橫流、價值觀單一、家庭壓過自我的世界，堅持自己眞的是一件需要勇氣的事情，尤其在剛剛開始那幾年。我還記得在我堅持走這條艱難之路時，曾經反反覆覆地聽一首歌──李宗盛的《和自己賽跑的人》。我想把這首歌的歌詞送給所有與自己賽跑的人，希望這首歌能給你們勇氣，讓你們相信堅持自己是值得的。

和自己賽跑的人

詞／李宗盛

親愛的蘭迪，我的弟弟，你很少贏過別人
但是這一次，你超越自己
雖然在你離開學校的時候
所有的人都認為你不會有出息
你卻沒有因此怨天尤人、自暴自棄
我知道你不在意
因為許多不切實際的鼓勵
大都是來自酒肉朋友或是遠房親戚
人有時候需要一點點刺激
最常見的就是你的女友離你而去
人有時候需要一點點打擊
你我都曾經不止一次地留級
在那時候我們身邊都有一卡車的難題
不知道成功的意義就在超越自己
我們都是和自己賽跑的人
為了更好的未來拚命努力
爭取一種意義非凡的勝利

我們都是和自己賽跑的人
為了更好的明天拚命努力
前方沒有終點
奮鬥永不停息

人生董事會，你是最大股東

如何做到「我爽—父母也爽」呢？給你三條建議。

不要抱怨

不要抱怨父母暫時不理解你（這也是受害者情結）。他們那個年代沒有受過這樣的教育，也沒有看過古典寫的這本書，或許也沒有機會給自己的生活做一個選擇。他們和你一樣，第一次面臨今天這個變化的世界，他們只是用自己的方式來愛你。如果你一直抱怨，其實就是在證明，你眞的是一個應該被父母掌控的人，因爲你無法掌控自己。

巧妙處理那些可能對也可能錯的建議

父母的確會給你很有效的建議，你也的確會對自己生命做很不切實際的計畫。事實上，我們總是高估了自己計畫的正確性和他們建議的荒謬性。如果你安靜下來好好聽，你會發現其實你們講的是同一個計畫。

要判斷這些建議是否對你眞的有好處，最好的方式是低成本地嘗試和體驗一下。比如，去他們建議的單位實習，接觸一下從海外回來的人，或者，見見那個他們強烈推薦的小夥子，然後用你自己的頭腦來判斷。

萬一你錯了怎麼辦？錯就錯了唄，你還能收穫很多的經驗和下一次再來的勇氣呢。在按照自己的方式生活之路上，錯誤是一種最好的也是必需的學習方式。

如果你希望永遠安全地生活，不犯任何錯誤，還是回到你父母爲你設計好的「水管」去吧，你不適合當一條蜿蜒的河流。

尊重他們，嘗試溝通

如果你希望你的家庭進入「雙贏」狀態，那麼只有你能停止這種自毀式的家庭模式。開誠佈公地跟父母暢談一次，像成年人一樣拿出自己的理由和證據，用事實和資料來說服對方，把自己的幸福主張告訴他們。

面對家庭的壓力，大多數人用的其實還是孩子的戰術：把自己鎖在房間，冷戰幾天，或者大哭大鬧，讓自己覺得淒涼，甚至離家出走。這樣的行動只會強化一個想法：你看，他（她）還是個孩子。

你不妨把自己的夢想當成一家上市的董事會，你和你的父母都對「你」這個公司有一定的發言權。他們佔有一定的股份，也有權利發言表達觀點，而你也有義務認眞傾聽、考慮。但記得在關於人生的董事會上，你永遠是最大的股東。

做自己，還是演自己？

想像一個普通的兩口之家，一個男人和一個女人：

男人負責工作，給家庭創造收入，他的任務是如何在最短的時間內賺到最多的錢。

女人負責持家，讓家庭快樂，她的任務是如何用最少的資源換取最多的幸福。

男人理智、堅定。他清楚地知道外面的世界什麼地方有機會，什麼地方有陷阱。他瞭解一切知識。他制定出清晰的目標，不顧一切地去實現。

女人溫暖、包容。她清楚地知道家裡最需要什麼，什麼東西有價值，怎樣讓家裡更舒服。她瞭解一切感受，用直覺去做該做的事情，並且努力去支持和給予。

這個家庭本來應該很幸福。男人白天出門，打工賺錢；女人購買家裡需要的東西，把家裡佈置得井井有條。男人在家裡總是感到很幸福，第二天出門工作也更加充滿活力。

但是有一天，男人參加了一個同學會，遇到了一個已經事業有成的老同學。老同學告訴他：「你這也叫幸福？錢要賺得多一點，更多一點，再多一點，不能比別人少。房子要大一點，更大一點，再大一點。這就叫幸福，而這一切都需要錢。」

男人覺得同學講的話很有道理。於是，他工作更加努力，回家的時間越來越晚，賺的錢也越來越多。

女人面對越來越多的錢卻直發呆，因為他們的交流越來越少。由於太久沒有溝通，她也不太清楚男人到底喜歡什麼。慢慢地，她覺得心裡特別空，有時候整整一天不知道幹什麼。女人病了。

男人不瞭解女人，這麼多錢，她應該開心啊？他以為是自己賺得還不夠多，所以繼續賺錢。但是每天回到家，他總覺得家裡很空。為了躲避這種空，他開始少回家。他感受不到以前的幸福，只好用其他方式來尋找自己的幸福。他每天晚上都數一遍錢，看一遍自己的名片，上網搜越來越多自己的名字，然後說服自己：你看，我很好。

終於有一天，他也病了。

他們想不通，問題出在哪裡呢？

這是一個再常見不過的家庭故事，不過我在這裡講的，是一個關於我們自身的隱喻。男人就是我們社會的自己，他按照社會要求的遊戲規則工作，獲取更大的利益。女人就是我們內心的自己，她按照我們價值觀的規則工作，獲取更大的幸福感。而那個家庭，就是你和我。

每一個人身上都有兩套系統：社會系統（男人）負責滿足外界要求，換回生活需要；自我系統（女人）負責滿足內心需求，把這些東西轉換爲我們心靈需要的價值，讓我們快樂。社會系統總去做更有用的事情，自我系統總去做更有趣的事情。

這個系統像不像我們的身體？社會系統好像我們的手，負責從外界攝取食物；自我系統好像我們的胃，負責把食物轉化爲營養，傳送到身體各處，讓我們的身體健康，手腳有力量。

如果你的身體營養不良，也許是因爲吃得不夠好，但大部分時候都是你的胃出了問題，你缺乏把食物轉化爲營養的能力。如果你覺得生活出了問題，也許並不是因爲你賺得不夠多、名聲不夠大，而恰恰是因爲你缺乏一種把物質轉化爲幸福的能力。

幸福是一種轉換力。

由於花了太多時間關注社會系統，很多「成功人士」不懂從成功與財富中吸取生命的營養。他們覺得饑餓，於是下意識地占有更多物質。他們的生命像是一座華麗的城堡，有華麗高貴的外牆、黃金的圓頂，人們圍觀而羨慕。城堡的內部卻是毛坯房、竹板床。你說他是貧窮還是富有？你說他是可恨還是可憐？

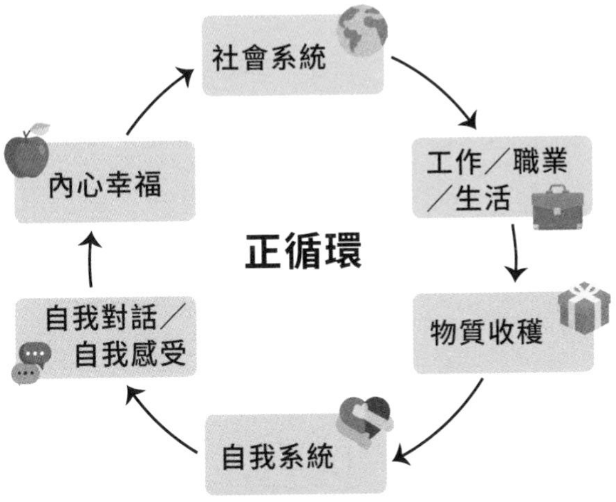

誰動了我們的幸福？

「我要比你更好」的執念

你剛從電梯中走出來，推開塑膠門簾，冷風撲面而來。北京的冬天很冷，涼風從你的領子處往裡灌，你渾然不覺。你兩隻手插進褲兜，右手在玩著一張銀行卡——剛剛年終總結會上，由於你的優異表現，公司獎勵你一張卡，裡面有2萬元。對剛剛畢業兩年的你來說，這是一筆不錯的收入了。你盤算著，怎麼樣花掉這筆錢。

你第一個想到的是給父母1萬元，他們養育你這麼多年，很不容易。想到父母拿著一疊錢的表情，你很欣慰。

第二個想到的是給女朋友一個驚喜。你們在一起很久了，好像沒有給她買過什麼像樣的衣服，她卻從來沒有抱怨過。想到她上次去商店，試了幾次，看完標籤又怏怏放下的那條項鍊，你決定一會兒去把它買回來！

你深吸一口涼氣，走到天橋上，看到橋下車水馬龍。大城市總是這樣喧鬧。路兩邊的高樓，入夜後慢慢亮了起來。你幸福地想，也許未來會在這個城市買一個屬於自己的小房子呢。

這時，你的電話響了，接通電話，那頭傳來的是你同班同學小明的聲音：「兄弟，我們公司剛剛給我發了4萬元，走，晚上咱吃一頓去！」

放下電話，你開始憤憤不平了：小明怎麼能拿這麼多錢？就他那個窩囊樣！他們公司不是不怎麼樣嗎？怎麼發這麼多？

剛才的快樂煙消雲散。

剛才你看到了我們身體上兩個系統是如何作用的。

給父母錢、給女友買項鍊和擁有自己的小家，這是你的自我系統在工作。這個系統的功能在告訴你：這件事情對你的意義是什麼，該用這些錢兌換什麼，才能換回來最多的幸福和快樂。我們的自我系統還有一個特徵：享受當下。當你還在憧憬、還未得到的時候，你就進入幸福狀態了。這是我們自我系統的功能，就好像小時候春遊的前一天興奮得睡不著覺一樣。這時我們往往用很少的資源，有時候甚至只是一點點希望，就能讓自己快樂幸福。

然而，對小明的嫉妒打敗了這一切，這是你的社會系統在工作。這個系統的功能是告訴你：這件事情對社會的意義是什麼，別人怎麼看，有沒有做得比其他人好。社會系統還有另外一個特徵，它只有在獲得正面評價後才會覺得快樂。就好像小時候的考試一樣，不管你是不是努力，考得比別人高才是硬道理。

社會系統的你其實不喜歡成功，你喜歡的是比別人更成功；而自我系統的你，其實也不喜歡成功，你喜歡的是成功的過程與希望。對自我系統來說，成功就是越來越近。

本來這兩個系統一個管外，一個管內。正如前面的比喻，一個是手，一個是胃。管外（手）

的社會系統，通過與外界的比較，推動你更好的表現（比如，讓你努力獲得優異的表現）；管內（胃）的自我系統，把資源轉化爲綿綿不絕的幸福（比如，讓2萬元轉化爲幸福感）。

這本來是個運轉良好的系統，但小明的電話卻啟動了你的社會系統：一個不如我的人竟然拿到比我高一倍的獎金。你的社會系統冒出來，一腳踹醒你感覺良好的自我系統：喂，可不能隨便幸福！我們一定要拿到5萬元的時候，才能夠幸福！於是在這樣的思維方式下，你只有在自己拿到5萬元，或者得知小明公司倒楣之後，才會感到幸福。我們過分關注外界的感受，所以社會系統開始越界，掌管我們的幸福。

但是，這麼下去，眞的會幸福嗎？

答案是不會。

心理學家通過調查一萬人的快樂程度與收入關係後發現，雖然收入在某種程度上起重要作用，但人們更看重與別人比較的結果。

不要忘記社會系統的運作方式：與他人比較，然後超越別人，最後獲得短暫的滿足。在這個系統下，你很快會發現這個世界上有年終獎金拿10萬元的人，有比小明差100倍卻比你活得好10000倍的人。於是，你的社會系統會說明你定下一個目標，然後再繼續挑戰……樹立更高的目標，繼續挑戰。

英國華威大學教授克里斯．博伊斯指出：「過去40年裡，每一個人的生活水準都提高了，所有人都是這樣……我們的車變快，鄰居的車也變快，與那些跟我們關係密切的人相比，我們沒有優勢。」他說：「如果朋友年薪是他們的兩倍，這些人可能年薪100萬英鎊都不覺得快樂。」「一些人住著大房子，開著新款汽車，但如果在熟人圈中房子不是最大、汽車不是最新，他就感覺不到這些物質本應帶來的那份快樂。」

我們的幸福感，很大部分就是在這種「比你更好」的比較中流失的。

「我要更多」的貪婪

文豪列夫．托爾斯泰經常一出手就是《戰爭與和平》這樣的大部頭，其實，他一直很羨慕像莫泊桑這樣的短篇小說家，也曾嘗試寫短篇，其中不乏精品。

《一個人需要多少土地嗎？》講的是一個叫帕科姆的地主向巴什基爾人的首領購買土地的故事。當他問及土地的價格，首領告訴他：「我們的價格一直不變：一天1000盧布。……我們以天為單位賣地，你一天走多遠，走過的土地都是你的，而價格是一天1000盧布。……但有一個條件：如果你不能在當天返回出發地點，你就將白白失去那1000盧布。」

帕科姆從第二天早上開始圈地，他努力地往外走，一直到不得不往回走，才發現自己走得太遠了。於是他用盡全力狂奔回來，在最後一刻回到了原點，但卻吐血而死。他的僕人撿起那把鐵鍬，在地上挖了一個坑，把帕科姆埋在了裡面。帕科姆最後需要的土地只有從頭到腳6英尺那麼一小塊。

「帕科姆情結」是不是就是那種有口無胃的人？這些人有強壯的手腳，卻沒有胃。他們感覺不到幸福，只能感覺到饑餓。他直到死的時候都不知道，其實人只需要從頭到腳6英尺長那麼一小塊土地。

總有人會比你更成功，你也總能得到更多！被社會系統接管自我系統的人，像在食物堆裡餓死的無胃人一樣，永遠吃不飽。正如我前面談到的成功正態分佈，成功從來都是少數人的遊戲。社會先給我們定義「成功」（一個到達才允許幸福的資格），然後獰笑著讓我們參與一場永遠只有少數人笑、多數人哭的遊戲。

社會系統與自我系統分離的「空心人」

從什麼時候，社會系統開始接管我們的幸福？那是在我們很小的時候，在我們沒有把自己弄丟之前。

正如故事一開始看到的一樣，我們在很小的時候，社會系統和自我系統是一體的。我們爲了一塊食物會放聲哭泣，爲了一個擁抱會哈哈大笑，父母也希望我們是那個樣子。所以，那個

時候我們身上的兩套系統非常和睦，我們做的就是我們想的，我們想的就是我們做的。

但是慢慢地，社會系統和自我系統開始分離，因爲他們會進入這樣一個社會：

小學一年級的時候，你跑過去告訴媽媽，你得了100分。媽媽很高興地摸摸你的頭，說：「真是媽媽的好孩子，媽媽愛你。」

第二個月你跑過去說：「媽媽我得了50分。」媽媽說：「你還好意思回來？我沒有你這個不爭氣的東西！」

你的自我系統說：「我想要媽媽的愛。」

你的社會系統馬上回答：「那需要考一個好分數。」

它們慢慢明白了一個道理：媽媽愛分數，跟我沒有什麼關係。

哥哥高考成績出來了，興沖沖地回家說：「我考上清華了！」於是親戚們敲鑼打鼓地說：「真了不起，老早就看出來你是一個聰明的孩子。」

你高考成績出來了，興沖沖地回家說：「我考上『哈佛』了！」於是親戚們也敲鑼打鼓地說「真了不起」，但是，你又繼續解釋：「是哈爾濱佛學院。」於是大家都帶著奇怪的眼神對你笑著說：「你爸你媽供你讀書不容易，你要好好學習。」

你的自我系統說：「我想要親戚喜歡我。」

你的社會系統回答：「誰讓你考不上清華，大家都喜歡清華的。」

它們慢慢明白了一個道理：親戚喜歡的是清華，和我沒有什麼關係。

你的第一份工作，你遇到陌生人立刻遞過去名片——經理，對方說：「經理您好您好，快請進。」

你的第一份工作，你遇到陌生人立刻遞過去名片——助理，對方說：「助理你好你好，你先等一下。」

你的自我系統說：「我想要受尊重。」

你的社會系統回答：「那就需要去當經理。」

它們慢慢明白了一個道理：經理受人尊重，跟我沒有什麼關係。

面對愛情，你對女朋友說：「我愛你。」她問你：「有房嗎？」你說：「有。」她說：「我好愛你，永遠。」

面對愛情，你對女朋友說：「我愛你」。她問你：「有房嗎？」你說：「有，租的。」她說：「我很愛你，但是……」

你的自我系統說：「我想要女朋友。」

你的社會系統回答：「那就需要有房。」

它們慢慢明白一個道理：女朋友愛我的房子，跟我沒有什麼關係。

終於有一天社會系統對自我系統說：「你怎麼搞的？我們倆一起出去混世界，結果每次都和你沒有什麼關係！不如你不要出來了！」

自我系統於是傷心地回到家，發誓再也不出門。

自我系統就這樣慢慢萎縮了，社會系統也就這樣越長越大。在未來的日子裡，社會系統獲得了媽媽的「愛」、親戚的認同、社會的尊重，也獲得了女朋友和經理的名片，但是總覺得內心空空的。雖然它擁有很多很多的東西，但是卻丟掉了自己的自我系統，不懂得兌換幸福了。於是獲得來自自我系統的禮物越來越少：內心的激情、動力、充實與寧靜。

我們很聽話地長成一群有腦無心的人，就像北京大學徐凱文教授說的那樣，我們罹患一種「空心病」。這是一群有邏輯沒情感的人，一群講高度不講尊重的人。我們長成別人要求的樣子，並以此為榮。

就這樣，我們把自己弄丟了。

這一章，我們從父母干涉慢慢講到社會對人的影響，你可以按照社會設置好的方式

社會系統與自我系統的比較		
	社會系統	自我系統（幸福系統）
希望⋯⋯	有用	有趣
評價標準	單一社會價值觀：有錢，有權，外在價值	多元自我價值觀：多種多樣，內部價值
遵循規則	社會規則	自我方式
意義	提供生存發展的條件，如工資、房子、聲譽	提供生存發展的動力，如動力、激情、快樂、自信
成果	· 工資、房子、車子 · 名與利 · 對與錯	· 愛情、友情、親情 · 自我認同 · 和諧與寧靜

去工作，按照社會設置好的方式去競爭，按照社會設置好的方式去交換，但是，一定不能按照社會設置好的方式去幸福。幸福是不能被預先設置的！

那麼到底該怎麼做呢？

9

成長，
長成自己喜歡的樣子

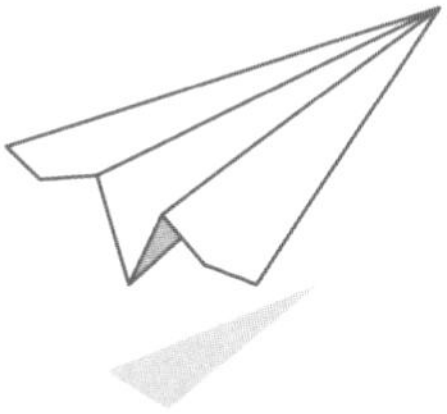

因爲很貴，所以很好嗎？

「這件衣服不太襯你哦。」

「不會吧，這可是名牌貨，2000多元呢！」

你一定對這樣的對話習以爲常了吧？衣服穿在身上就是爲了好看，爲什麼不好看還穿？後面的人說了：「價格2000元！名牌呢！」

這個邏輯非常奇葩。因爲2000元，所以就應該好看嗎？因爲貴，所以就好嗎？

這樣的邏輯還有很多，比如相親的時候，有人會告訴你：

「上次介紹那個人怎麼樣？」

「我不喜歡。」

「哎呀，小姑奶奶，這個男孩子很優秀的！他才27歲就有房有車了，很多人追的，你怎麼會不喜歡呢？」

27歲買房買車，可能說明公司喜歡他，但是公司喜歡他等於我也喜歡他嗎？

我們總是混淆兩個概念：一個是價值，一個是價格。一件事情有價值，也有價格，價值來自自我系統，價格來自社會系統。

價格來自統一規定。每一個小體系都有自己的規定：工資1000元的想漲到10000元；本科畢業的想讀碩士，碩士畢業的想讀博士；科長想升處長……沒有價格，就沒有規矩，社會就不會進步。

價值來自內心的感受，每一個人都有自己的價值系統：書櫃裡面發黃的信紙，對別人一文不值，你卻一萬元也不賣。這就是價值。價值讓人感到生活的意義，讓人活得幸福。

衣服的價值不高（不好看），但是價格挺高（2000元）；男人的價值不高（我不喜歡），但是價格挺高（有房有車）。

在很多時候，價格和價值不總是對等的：貴的飯店，菜不一定好吃；有錢的男人不一定適合你；名牌的衣服不一定好看。關鍵是適合你的內心。你要清楚地知道，你要什麼價值。

聰明人根據價值選擇合適的價格，蠢人通過價值選

價值與價格的關係		
	價值	價格
衣服	好看	2000 元
愛人	我喜歡，和他在一起感覺很好	有房有車，事業有成
生活伴侶	過上好日子	有房有車，事業有成
房子	溫馨的家庭	100 萬元
工作	生存，成就感，被認同	5000 元 / 月

擇不合理的價格。最糟糕的是一群有腦無心的人，他們不知道自己要什麼價值，於是他們只好按照價格來判斷價值。如果這群人碰巧還是固執而影響力很大的人，這件事情就加倍糟糕。他們不僅自己按照價格來判斷價值，而且還試圖要求別人和他們一樣——別管什麼價值了，按這個標準一起玩兒吧！

價格遊戲如此簡單，以至完全不需要體會自我的好惡，這讓「丟掉」自己的人很滿意：2000元的衣服就是比1000元的好看；有房有車的男人就是比沒房沒車的男人好；100萬元的房子就是比80萬元的溫馨；月薪過萬的人就應該比月薪5000元的人好。這群有腦無心的人覺得挺好，因爲這樣一來，他們就不用花時間去思考自己到底想要什麼了。

世界上最可怕的事情，莫過於讓「價格」幫我們做了「價值」判斷。價值的世界是多維的，但是價格的世界只有一維——這樣的世界沒有了可能性。當世界出現唯一一條座標軸，則意味著世間所有的人和物瞬間各就各位，它們都有其明確的座標。爲了理解這個世界的荒謬性，你可以想想看：如果所有樂器只按照音量來評價高低，那麼世界將會是怎樣的？每一個人不是好人就是壞人，事情不是正確就是錯誤，寬廣的生活瞬間變成一條小胡同，你的選擇也只有兩種——進與退。

價格讓我們的生命變得狹窄，變得無路可走，變得無法突圍，讓壯麗遼闊的生命草原成爲狹窄壓抑的下水管道，讓我們從站著走路變成跪著鑽營的人。

價格讓孩子爬向高分，讓青年人爬向加薪，讓女子追求中年富男，讓夢想家成爲房奴……

我們放棄無限可能的生命擠在別人規劃好的小道上，還覺得天經地義！

幸好這個世界不完全是這樣。這個世界還有很多有腦有心的人，他們總有一天會停下腳步，走入屬於自己的小道以及與眾不同的生活。那是因爲在做好標記的賽道上，總有人會停下來想一想：這眞的是我需要的嗎？我要的到底是什麼？

高收入就是好工作嗎？

分享三個故事，都是與工作和金錢有關的。

第一個故事是我聽來的。

有對夫妻，20世紀70年代末80年代初開始創業，做火腿腸生意。當時民營企業剛剛起步，全中國做火腿腸的沒有幾個，火腿腸的銷售主要靠管道。兩個人奮鬥好幾年，從當地政府手裡以一畝5萬元的價格買了30畝地，蓋起來第一個廠房。過了幾年，廠房的效益還好，於是他們花了300萬元又買了60畝地。

20世紀90年代初，他們的廠房做得最好，產品占據了河北、內蒙古等三個省市（區）的市場，純利做到了1000萬元。因為經營得好，男主人還當選過當地人大代表。後來火腿腸生意進入品牌競爭的時代，他們沒有這方面的概念，所以就被雙匯這樣的牌子打了下去，工廠開始減產、裁員，每況愈下，每年純利也就幾百萬元了。

正在發愁的時候，傳來一個好消息——當地政府拆遷，要收回30畝那塊地，補償給他們3000萬元。這對夫妻倆來說是個大福音：有了這筆錢，他們可以好好經營另一個廠子，打個漂亮的翻身仗！就在夫妻倆拿著錢想著如何把生意做好的時候，又接到政府通知，第二片地也別幹了，再給他們6000萬元！

夫妻倆奮鬥了30年，突然面對這樣一個局面：手裡突然有了將近1億，而廠房沒有了。你覺得這是壞事還是好事？

兩位拚殺多年的創業者在1億面前，工作的價值觀徹底崩潰了：我們幹了這麼多年，都比不上兩次拆遷，那麼我們這麼多年奮鬥到底為了什麼？我們又用什麼方式來教育孩子呢？

第二個故事發生在我的一個同學身上。

我們在深圳的一個國際培訓師班裡相遇。她是四川人，黑黑小小的，看上去很不起眼。她上課時喜歡坐在最後一排，有一點靦腆，總是安靜地聽講。我則是一個遲到大王，所以也坐最後一排。幾天後我們熟悉了，我知道她叫曉，還吃驚地發現她是個身價不菲的女老闆。更加有意思的是，她告訴我，她是佛教入世弟子，現在還在運營一個公益組織。

曉說一開始來深圳，夫妻兩個人什麼都沒有，住在一家招待所天臺的鐵皮屋裡。他們開始努力賺錢，錢來得也比較順利。「車子從Santana換成了TOYOTA，又從TOYOTA換成了Lexus，」她說，「但是我們心裡沒有什麼感覺，總感覺心裡空蕩蕩的。」

後來曉信佛了，開始有意識地佈施。「也不知道為什麼要給，就覺得我不缺錢，就給人家一點。」有一天她在報紙上看到婦幼保健院的一個孩子得了心血管疾病，急需錢用。當時沒有什麼特別想法，只是希望去行行善，於是拿著一筆錢就去了。在病房，她見到了孩子的姥姥，把錢往人家手裡一塞就要走。這個時候，老人家「撲通」一聲給她跪下了。

曉非常震驚，在這一跪中，她第一次知道了錢的分量：這些錢對她來說，也許只是一件隨手買回來的衣服；但是對一個病人而言，這是生命的希望。

她瞬間知道自己的錢能夠用來幹什麼了。那些原本只有錢味的財富，突然間散發著一種神聖的光輝。那些為財富奮鬥的苦難日子，也突然有了更美好的意義……從那天開始，曉開始攢錢，信佛，救人，她終於找到了自己財富的價值。

最後一個故事來自臺灣黃素菲老師的課。在課上，她講了一個臺灣計程車司機的故事。

我在輔仁機場看到了一輛黃色計程車，車的後玻璃上寫了一行字：「I can speak English。」（我會講英語）我覺得很有趣，於是走過去和司機攀談：「喂，司機大哥，你會說英語啊？」司機大哥轉過頭對我說：「Speak English to me，Please。」（請和我講英語。）「OK。」我笑著上了他的車，開始和他用英語交談起來。

在和司機的談話中，我知道他學習英語一開始只是為了和兒子賭氣。兒子說：「你光讓我背單詞，你自己會背嗎？」他一生氣，就把兒子整本英語書背完了，背完了覺得還挺有趣，就開始系統地學習英語。幾年下來，他已經可以流暢地用英語交流了。他車上的外國人也慢慢多起來，收入明顯提高了。

隨著老外越來越多，也和他們越來越深入地溝通，他發現老外來臺灣很關注一些話題，比如民進黨和國民黨到底怎麼樣了。他覺得自己在這些方面瞭解得不夠深入，於是買了《鳳凰週刊》等雜誌放在計程車裡，這樣可以隨時和老外講。

每當有人好奇地問：「你怎麼懂得這麼多？」他就很淡定地說：「我們這兒的司機都這樣，

我是最差的一個。」

黃老師在講完這個故事以後說：「你們一定要記得，有些人不用社會意義的成功，也能很好地走完職業的所有階段，在普通的職位上活出自己生命的意義。」

錢會讓你幸福，錢會讓你失落，但是記得，工作不是用錢來計算的。

感情是不能放在秤上秤的

說起2009年中國最火的電視劇，非《蝸居》莫屬。在房價高漲的大背景下，「蝸居」成爲網路熱詞，劇中主角海藻的選擇也被大家熱議：是和自己年齡相當的意中人一起奮鬥，還是直接嫁個有錢有勢的人，一舉解決所有問題？幹得好眞的不如嫁得好嗎？

宋思明，這個如滿月般處於生命最高點的男人，在最好的時候遇到了海藻。他喜歡年輕女孩子，以爲這樣可以抵禦自己的青春流逝。然而，當他慢慢開始走向衰退，當他「愛」的海藻也年華漸去，這種感情還能延續多久？

海藻，這個不知道自己要什麼的女人，這個把物質滿足天眞地當成內心幸福、把被需要當成被愛的女子，面對宋思明，如果他各方面一天不如一天，她眞的能夠像宋太太一樣，傾其全力把宋思明救出來？不爲錢，不爲權，只爲這個人好好地活著？面對自己的孩子，她眞的能夠教會這個孩子幸福生活的方式—自尊自愛，忠於內心嗎？

我非常不看好。

如果這個故事有續集，會是什麼樣的呢？

我想大概是一個這樣的故事。

宋思明如果沒有死，他也許會和海藻以及他們的孩子在那間別墅裡過下去。當海藻也變成一個年近30歲的母親，這個時候的宋思明更加老了，他更加需要年輕女孩子的活力。宋思明會發現「海藻第二」。如果這哥們兒還有財力、物力，他會把《蝸居》裡的故事再來一遍。

海藻會成為一個成熟的女人，她慢慢地知道自己失去了什麼，她明白自己透支了原本和小貝應該有的幸福：那種享受奮鬥的過程，享受一起慢慢成熟、越來越好的可能。但是海藻不甘心放棄身邊的一切。現在才開始談愛情，就什麼都沒有了！海藻也許會選擇找個小情人，然後心照不宣地和宋思明一起過下去。

終於有一天，宋思明會老到連拈花惹草的心思都沒有了，他終於接受了自己的衰老。如果還回得去，他發現宋太太也許才是那個他可以依靠的人。這個時候還回得去嗎？這得宋太太同意才行。

《蝸居》的編劇說：「感情是不能夠放在秤上秤的。」

其實她是在說，有很多東西屬於自我系統：夢想，愛情，成就感，貢獻。這些東西是無法用社會系統的東西來量化的。一旦你開始用金錢來代表成就，用價格來代表愛情，用秤來秤感情，生活的幸福離被你毀滅就不遠了。

你越強調什麼，就越缺少什麼

我們大概都經歷過這樣的同學聚會，那簡直就是一場曬工資大會——

「你在哪裡上班？收入怎麼樣？」

「小企業，還可以。」有人灰溜溜地回答，語氣不太壯。

「是嗎？我們金融系統也就是一萬多。沒辦法，你知道，金融系統嘛。」

「你們就是好啊，我們土地局不行，一年到頭就掙點死錢，但是福利還可以，吃什麼都不用花錢。」

「還是你們好，你們是大權在握啊……」

「哪裡哪裡，你們才是精英人才……」

小明不喜歡聽這樣的對話。他看著這群以前曾經那麼要好的同學，才畢業幾年，就能從他們身上看出來很多變化。從商的、當兵的、做專案的、進機關的，各有各的作風。但是這群人不約而同地都會玩一個遊戲，就是先把自己損一遍，然後再狂誇一頓別人，之後享受別人更加猛烈的誇獎。

小明的工資在他們中不至於被羞辱，但是他毫不掩飾對這種比較的反感。如果你在這樣的同學聚會中看到小明，你會發現他鼻子皺起來，好像進了一間多年不掃的公廁——踮著腳，屏住呼吸，強忍著做完自己的事情，然後跑開。

從心理學來說，一個人缺什麼，就會投射到身邊人的身上，他會覺得身邊人也覺得自己缺，於是他會不斷地表達自己其實不缺，但一不小心就過了。結果就是，他不斷表達的東西就是自己最缺乏的。我把這命名爲「口是心非法則」。此法則看人非常有用：看一個人覺得自己缺什麼，你看他不斷強調什麼就好了。

看一個人缺什麼
你看他不斷強調什麼就好了。

我見過一位講師，他總是不斷地說：「你知道吧……」其實他自己也覺得沒有講明白。如果一個人的口頭禪是「我說句實話啊」，那麼代表這個人基本上沒有什麼眞話——誰說你講假話了？講話夾帶英語單詞的人，大抵是害怕別人不知道他出過國，同時這個人的英語水準也好不到哪裡去。我做企業幾年，發現越是小公司的名字越是嚇人，都是國際、全球、集團、科技什麼的。我先招供：我們公司的名字就很嚇人——新精英生涯國際技術有限……每次塡寫發票都遭到飯店櫃檯鄙視。沒辦法，當年成立公司的時候，實在缺乏底氣。

看過韓寒的一個電視節目，當時他的《三重門》剛剛賣到150萬冊，他宣佈「7門功課紅燈，照亮我的前程」，退學回家。在節目中，韓寒作爲80後作家，也作爲成功人士參加了訪談，而與他對話的是一群老作家和中年人。在一段激辯交鋒之後，有兩位中年女士站起來，在我看來，她們以最大的惡意對韓寒說：「你一定會後悔的！你這樣是不行的！」

我深深地爲這兩位中年女士感到悲哀，因爲她們對韓寒講的話，顯然不僅跨過了忠告的強度，而且直接進入詛咒的狀態。這句話用口是心非法則翻譯出來就是：你這樣也能賺到那麼多錢？沒上大學成爲作家？我不服氣！我怎麼沒有這個機會？

後來，韓寒編雜誌，做賽車手，當電影導演，每一個都做得有聲有色。不知兩位大姐這些年有沒有繼續關注這位被她們斷言「會後悔的」年輕人？

如果把偉大的口是心非法則用在生活中，你會發現越是強調價格的那種人，往往內心越缺乏這件事情的價值。

- ✓ 不斷強調衣服名牌的人，審美能力就很值得懷疑。
- ✓ 反覆強調自己有房有車的男人，自信心可能很有問題。
- ✓ 不斷強調自己工資的人，在工作上成就感一定不高。
- ✓ 不斷強調自己職務的人，工作能力一定好不到哪裡去。

所以，如果你有一份需要不斷告訴別人「這是一份好工作」的工作，或者你有一份只有在炫耀職位或者拿工資單才覺得快樂的工作，不如趁早辭掉吧！

「你是一個笨蛋！」有人說。

笨人會勃然大怒地說：「你才是笨蛋！」

真正的智者會微笑地回答：「是的，所有人都是笨蛋。」

向自己的生命發問

在我們培訓班上有一個學生站起來發言。他30多歲，是電腦工程師。他說他很懂職業規劃，不過，他隨即分享了他的煩惱：為了找到職業興趣，他做遍了市面上所有的職業測評，共計17種（好吧，我都不知道有這麼多種）。他找到了所有結果的交集，然後以一個電腦工程師的嚴謹排序法把結果按照頻率次數排好。當他搞完這一切，已經過去了一個月。他無意間又測試了一次——天哪，這次結果又不一樣！他決定做第二次，然後尋找第一次和第二次的交集。

當他做完上述巨大的計算工程後，他驚喜地找到了一個「理論上」的職業興趣——銷售工程師。但是接下來的幾週，他發現自己還是對那個「理論上」應該感興趣的職業沒有感覺。他的煩惱是，還有沒有更多的職業測評，可以提供更加權威的結果。

你可以想像爲什麼他沒有找到自己喜歡的工作。因爲喜歡，是「心」做出的判斷，而他一直在使用邏輯的工具。

心理測評有用嗎？我們總希望心理測評可以預測未來，其實恰恰相反。人的內心是無法測量的，所以心理學家只能通過心理導致的行爲來觀測，但是誰也無法瞭解對方的全部行爲。所以，心理測評其實是通過觀察你很少一部分行爲來推測你從過去到現在的心理，心理測評無法預測未來。

用一次測評來決定未來，就好比用一次高考（取樣）來決定你的受教育權利一樣野蠻。

我們願意通過專業測評來瞭解自己，卻沒有意識到，瞭解你最多的其實是你的內心。你的內心擁有最強大的行爲資料，而且如果你認眞聽，它還瞭解你的每一個想法。我們願意花幾個小時來做一個測評，卻很少安靜下來幾分鐘，問問自己想要什麼；我們願意相信一個測試的結果、一個星座的描述，卻不願去相信自己內心輕微的聲音。

羅素說：「我們是怎樣談論人的？會不會像天文學家看到的那樣只是一點塵埃，無依無靠地在一顆不重要的行星上蠕動？或像化學家所說的是巧妙地擺弄在一起的一堆化學品？或是像哈姆雷特眼裡看到的那樣，人在理智上是高貴的，在才能上是無限的？或者是兼有以上的一切？」

當你看上述文字的時候，你有沒有停留一兩秒，眞正去思考這個問題，我們是如何看待自己的生命的。是世界的一粒塵埃，只是在離開前等待死去？是一堆化學品，不斷地吃各種食品和藥物來維繫自己的迴圈？是一段資料，我們必須用工資和分數才能證明自己比別人強大？還是一個高貴的，即使落入低谷，也擁有無限可能的人？

我的大學生活在湖南大學度過，那是我的第二志願。我當年曾經想去北京航空航太大學，後來沒去成。一直到今天我還深深感謝自己當年的高考失誤，事實證明，我在這個中國唯一一所沒有圍牆的大學度過的時間，是我生命中最寶貴的一段時間。我還記得報到那天下著小雨，我提著吉他（其實那時候也不太會彈）走進宿舍。那時自己有點不太自信，到處討好別人，偶爾又覺得自己無比有理想和清高。我想那個年紀的所有孩子都是那樣。

等我和大家鋪好床，收拾完東西，10個人熱熱鬧鬧地吃完飯，已經晚上10點半，宿舍便熄燈了。我們斷斷續續地說著話，最後陸陸續續地睡去。我躺在床上，盯著上鋪的床板睡不著。我意識到這是一個全新的環境，我對自己說：你身邊的人完全不瞭解你，他們不知道你的過去，從明天起，你完全可以讓自己成為一個你自己喜歡的人。但是，你到底要成為一個什麼樣的人？

所以那天晚上，17歲的古典正式向自己的生命發問：我到底要成為一個什麼樣的人？

我把答案寫在了我的一個紅色筆記本上，答案包括自己最喜歡的10個形容詞，以及一定要做的10件事情。我還記得那些形容詞包括：真誠、靈性、義氣、自在、寬容……那些事情包括：學會開車、學習雙節棍、騎單車去北京、過英語四級、談一次轟轟烈烈的戀愛……

如果你認識我，你應該知道，這些形容詞已經印在我的生命中了，這些任務也變成了我最自豪的歷史：我學會了開車，考過了四級，學習了雙節棍，大二騎單車橫跨6個省，騎行1500多公里到達北京……這一切都是因爲17歲的古典，在那個熄了燈的夜晚，第一次對自己的生命發問之後帶來的結果。

2001年，我辭掉第一份工作，因爲我討厭我的專業——建築工程。雖然它幫我在一個著名的建築事務所找到一份相當不錯的工作，但是我堅持了半年卻發現無法喜歡上它。善良的父母認爲這是少年不負責的衝動舉動。即便他們只是用表情來反對，我也覺得壓力巨大。我一個人跑到附近的公園裡，坐在長凳上發呆，一直到晚上才回家。

一連三天，我就這樣坐著，想著如何向家人和女友交代？賺不到錢怎麼辦？爲什麼當年父親逼我選擇這個科系？同學會怎麼看我？如果我去找工作，又會有什麼新的遭遇？我越想越煩，滿嘴起泡，覺得不如死了算了。2001 年，你如果路過我家附近的公園，就會看到：一個既像白領又像大學生的人，天天窩在一個長條凳上；他一天就吃三元錢的蛋糕，喝一瓶水；他一會兒坐，一會兒躺，拿一本書似看非看，坐立不安。

我記得轉折發生在第三天的下午，我依舊坐在長條凳上發呆，憤怒地覺得全世界都不理解我。那天夕陽照在我的臉上，讓我瞇起眼睛。那一瞬間，我的心裡突然升起一個問題：對，不好的科系、沉悶的工作、父母的壓力、大家的輕視，都不是你要的，但你到底想要什麼？當明天再看到這個太陽的時候，你要成爲一個什麼樣的人？

這個問題的答案，我想你也許已經知道。後來，我離開深圳，來到北京，再也沒有從事與本科專業相關的工作。我成爲新東方的一名GRE 講師，成爲職業生涯規劃師，我學習了心理學和教練技術，創辦了新精英生涯，支援越來越多和我一樣的人成長爲自己喜歡的樣子……

直到今天，我也常常對自己的生命發問。我發現每一次，當我拋開所有困擾我的事情，拋開別人覺得「應該」的想法，去眞正問自己：你這樣一個人，活到今天，到底是什麼在支持著你？你希望成爲一個什麼樣的人？我也許會馬上恍然大悟，也許答案會在一兩天後跳出來，也許會通過別人的言語才能清晰，但我總能找到答案。在我們的生命戰略課上，當每一個人也眞心對自己的生命發問時，他們總能找到讓自己激動和願意全力以赴的答案。

親愛的成長者：

你的生命是一個奇蹟。任何人帶著好奇心和疑問去探索自己傳奇般的生命，都會獲得遠遠超乎期待的回答。僵硬的人把生命當成工資和數字、當成學歷和證書、當成讓某些人快樂和滿意的方式……但是，你的生命有無數種可能，只要你敢於對自己的生命提問。

現在就對你的生命發問吧：我到底希望成為一個什麼樣的人？這個世界因為我，會有什麼樣的改變？

與其在等待中枯萎，不如在行動中綻放

我在從深圳到北京的飛機上遇到一位女士。她前一年報考了自己喜歡的科系研究生，結果失敗，卻出乎意料地遇到了一份不錯的工作。今年是考還是不考？她害怕考了又考不上，浪費時間，但是不考又不甘心，已經糾結半年了。

我問她：「去年你每天花多少時間學習？」

她說：「我去年每天大概學習4個小時，學了3個月，考前一週衝刺了一下，最後差了3分。」

我又問她：「現在你每天煩這件事情大概花你多少時間？」

她說：「從過年到現在（6個月）每天都在想，上班下班都想，煩死了。」

我說：「如果你用煩惱的時間來學習，有沒有可能考研究所早就過了？反正是花時間，與其花時間鬱悶，還不如花時間學習，頂多就是不過，那還多學習了很多東西呢！不學白不學！」

花時間鬱悶，是「等待成本」；花時間嘗試，是「穿越成本」。這位女士用來鬱悶的時間，如果是每天5小時（上班下班都在想），一共6個月，那就是900小時。而去年差3分的考研成績，她用了多少時間呢？每天用4小時，學了3個月，考前衝刺了一週（按每天20小時計算），成本計算如下：

穿越成本：（4h×3×30）+（20h×7）= 3760h（h= 小時）。

等待成本：5h×6×30 = 9000h。

等待成本幾乎是穿越成本的 2.4 倍！

看得出來，如果她用糾結的時間來準備考研究所，可能兩個研究所都考上了！這裡還不算因爲鬱悶長痘痘、長魚尾紋，以及對學習喪失信心等隱性損失。

在這個故事裡，這位女士陷入一個心智模式：越等待，越沒有時間和信心；越沒有時間和信心，就越不敢考。她會在今年考研之前放棄，然後在新的一年裡繼續猶豫與焦慮，消磨她的信心和能力，如此循環往復，直到有一天完全放棄考研這件事。

當一個人等待與拖延的成本遠遠高於他眞正開始行動所需要成本的時候，他就會慢慢陷入越等待越不行動的惡性循環，我把這個模式稱爲「等死模式」。

我在一次朋友聚會中談到了等死模式。聽完這個故事，我的一個朋友走出去，10 分鐘後，她滿臉喜色地回來說：「終於成了！」

什麼成了？原來這幾天，她一直在糾結是不是該給一個大客戶打電話。這個客戶是她的重要資源：如果打了，她擔心人家覺得自己公司還在創業階段、比較小，對自己印象減分；如果不打，這個客戶肯定就沒有下文了。比這個更糾結的是，她已經為這個事情頭痛了一個星期，甚至開始失眠，和家人發脾氣，面對其他客戶也越來越沒有信心了。

她聽完我講的故事，迅速計算了一下自己的等待成本和穿越成本：

與其在等死模式中消耗心力與體力，不如去試一試！她走到洗手間，心跳加速，打通電話，驚喜地聽到客戶爽快地答應了自己，對方還開玩笑責怪她說：「為什麼現在才說？還以為你找別人了呢。」

她想：早知道這麼容易，我還擔驚受怕些什麼？

一旦陷入等死模式，你最好的選擇就是行動起來，穿越過去，因爲等待的成本遠遠高於穿越的成本。

西方人常說，等待生命就是等待死亡。生命不是用來等待，而是用來穿越的。

作家史鐵生，21歲的時候突然雙腿癱瘓，這個打擊太大了，他一次又一次地想到了死。後來，他想通了一個道理：死是一件始終都會到來的事情，是一件無論你做什麼也不會錯過的事情，那又何必這麼急呢？反正不會有更大的損失了，說不定活下去還會有額外的收穫呢！不活白不活！

等待成本與穿越成本的比較	
等待成本	穿越成本
· 肯定拿不到訂單 · 身心俱疲 · 影響其他業務	· 有可能拿不到單，但有成功的可能 · 身心愉快，早死早超生； · 實在不成功，集中精力應對新客戶

史鐵生後來寫出了《我與地壇》、《病隙碎筆》等名篇。他持續關注生死、宗教、信仰等人類根本問題，一再刷新當代精神的高度與深度。諾貝爾文學獎得主莫言曾說，我對史鐵生滿懷敬仰之情，因為他不但是一個傑出的作家，更是一個偉大的人。

我們平常人，也許不至於面臨史鐵生這樣的生死抉擇，但是會通過「等死模式」讓自己生命的某一部分永遠死去。

等待最好的道歉時機，讓你失去過朋友；等待最好的表白機會，讓你失去過愛情；等待最好的狀態，讓你連嘗試的機會都沒有——我們的一部分生命，就是在這樣的等待中死去的。

穿越也許有短期痛苦，但是「等死」往往會帶來更大甚至永久的損失。

《戰勝拖拉》的作者尼爾．菲奧里在書中寫道：「我們真正的痛苦，來自因耽誤而產生的持續的焦慮，來自因最後時刻所完成項目品質之低劣而產生的負罪感，還來自因失去人生中許多機會而產生的深深的悔恨。

2009年有一部很好看的動畫電影《天外奇蹟》。

一對老夫婦計畫去一個叫作「夢幻瀑布」的地方。他們有一個存錢罐，說好了等存錢罐的錢存滿了就出發。但是，日子總是不按他們的計畫進行——汽車要維修，房子在漏水，孩子要上學，他們被迫一次又一次用到這筆積蓄，一次又一次拖延出發時間。終於有一天，老奶奶過世了，只留下老爺爺一個人待在空蕩蕩的房子裡。

如果不是拆遷隊威脅要拆掉這所老房子，老爺爺大概永遠都不會做出這個瘋狂的舉動：他在

等待成本與穿越成本		
	等待成本	穿越成本
我該打電話提要求嗎？	· 身心俱疲 · 肯定拿不到單 · 影響其他業務	· 身心愉快，早死早超生 · 有可能拿不到單，但有成功的可能 · 實在不成功，集中精力應對新客戶
表白還是不表白？	· 焦慮、著急，萬一對方不答應怎麼辦？ · 焦慮感擋在你們中間，讓感情降溫 · 對方很可能覺得你沒有想法，就答應別人了	· 一旦決定去說，內心就安定了 · 有可能成 · 萬一不答應就再來一次，誰說表白只能有一次
不斷地把考試（面試、嘗試）延期	· 擔心考試分數太低、表現太差，自己沒有準備好，擔心別人會怎麼看 · 焦慮，不自信，學習效率降低 · 耽誤一兩年時間	· 一旦確定要去考，內心就安定了 · 全力以赴地投入學習 · 有可能考得很糟，那就再來一次 · 經常有超水準發揮的機會
道歉還是不道歉？	· 他會接受嗎？ 焦慮…… · 自己的愧疚感隨時間遞增 · 對方的受傷害感隨時間遞增	· 不管接不接受，自己先舒服了 · 至少讓這件事情不會再壞 · 如果不接受就再來一次

房子上綁上了成千上萬個氣球，在一天早上大喊一聲，房子飛起來了！他駕駛著氣球房子，在人們張大嘴巴的注視中飛向天空，穿過雷電，飛往夢幻瀑布。

也就是說，在他這一輩子身體素質最糟糕、財務上最貧窮的時候，他開始了自己夢想中的旅行。當房子騰空而起，他才發現原來無須等待，早就可以上路。

與其等待下雨，不如自己澆花

壞的開始等於成功的三分之一

二戰結束後，英國人熱火朝天地重建家園。他們發現二戰功勳邱吉爾是戰鬥型領袖，現在已經不合時宜，於是把他請下了首相的位置。

邱吉爾在政治上受到打擊，無事可做，終日鬱鬱寡歡。家人看在眼裡急在心裡，忙不迭地給他找活幹。事業上不成功，就找點其他消閒，人類自古就是這樣，要不幹嘛說失業去西藏、失戀跑麗江呢。

他一個鄰居的妻子正好是畫家，於是家人鼓勵他去和女畫家學畫畫。

邱吉爾在政治舞臺上敢作敢為，橫衝直撞，但是，面對乾淨潔白的畫布，卻遲遲不敢下筆。畢竟，這是一個新的開始！

你有沒有過這樣的經歷：剛剛從一個戰場敗下陣來，你認爲自己無法再承受另外一個失敗了，所以你害怕一切不夠完美的開始。你多麼希望等到完美的時候才開始，以至你始終不敢開始。

那天下午的邱吉爾，就面對這樣一個艱難的開始。他死死盯著畫布，發呆了10多分鐘，還是不知道從哪裡下手。畢竟，他太想要一個完美的新開始了。女畫家很有智慧。她站在邱吉爾旁邊看了很久，然後拿起邱吉爾的顏料盤，向著乾淨的畫布就是一甩——裡面所有的顏料，一股腦兒地被潑到了畫布上！雪白的畫布瞬間變得亂七八糟，像一幅最惡劣的油畫。畫布反正已經變成這樣，一邊的邱吉爾一下子放鬆下來，他開始拿起筆，在上面任意塗抹起來。這就是邱吉爾學畫畫的開始，雖然慘不忍睹，但是邱吉爾的心門已經打開。

從此邱吉爾在畫畫上一發不可收拾，留下了很多風格迥異、思維大膽的油畫。更加重要的是，邱吉爾開始恢復自信，在政治上重新找到自己的位置。

這個故事告訴我們，如果沒有一個好的開始，你不妨試試一個壞的開始。因爲完美的開始永遠都不會來到，一個壞的開始總比沒有開始強。

如果說一個好的開始等於成功的一半，那麼壞的開始至少等於成功的三分之一。

如果說好的開始等於成功的一半
那麼壞的開始至少等於成功的三分之一

開始很好，「開始愛好者」除外

新年是一個好事情，它提醒人們總結過去，思考未來。過去一年，你過得怎麼樣？新的一年，你準備如何開始？下面的故事，一定會讓你對「開始」有更深的體會。

我的一個女性朋友，知道我以前是新東方英語教師，嚷嚷著讓我教她英語。可我一直沒時間，等到某一天，她突然很神氣地給我電話：「我開始學習英語啦！」我說：「恭喜恭喜，你背多少單詞、講多少句子啦？」她說：「還沒有，但我辦了一張『華爾街英語』的卡，是一年的。」這個意思就是，她一年後英語就會很好啦！

這種故事你一定聽過，你也一定能夠猜到結果：一年後，這位女士的水準還是跟之前差不多，因爲她並沒有堅持下來。

這個故事不僅僅有華爾街英語版的，據我所知，還有健身中心版、瑜伽版、跳舞版、太極拳版和節食版的。這些故事的開始都有一個非常類似的特徵：一咬牙給自己制訂一個長期計畫，然後享受幾天結果達成的幻覺，最後該幹嘛幹嘛。

你會不會買一本書，其實你從來不看，但是你覺得好像擁有了其中的知識？你會不會制訂一個計畫，其實你從來堅持不下去，然後享受計畫制訂幾天的快樂？把開始當成結果，這是大部分人都有的心理習慣，我把它稱爲「開始愛好者」。

青鳥健身公佈過一個資料：有70%的人都是辦了年卡去了一次，然後就再也沒有去過。可見，「開始愛好者」占人群的70%左右。

「你的那個半年減10斤的健身計畫怎麼樣了？」

「我很久沒有健身了。」

「為什麼？」

「我發現其實打羽毛球才有意思，我請了個教練，半年後一隻手打敗你！」

……

「你的羽毛球打得怎麼樣了？」

「我很久沒有打了。我發現其實人該多讀點書，我買了本《西方哲學史》在讀呢！」

……

開始愛好者最喜歡的事情就是制訂計畫，計畫越長越好，課程越貴越好，因爲一個計畫就意味著一個開始。最討厭的事情是落實計畫，因爲落實計畫實在比制訂計畫難多了。所以，開始愛好者一般不選擇堅持，他們會選擇另一個開始。

久而久之，開始愛好者越來越喜歡開始，也越來越無法堅持。心理學家統計，一個人談到第三次戀愛，最容易結婚；談過五次以後，結婚的可能性就會直線下降。因爲這群人太優秀，也有太多的機會開始，相比之下，維持感情倒成了麻煩。

職業發展不好的人往往不是能力太低，而是能力太強，所以「開始」也太多，慢慢失去了核心競爭力。資深獵人頭者會告訴你，如果你在一兩個行業做過10年，那你是精英；如果你在三四個行業做過10年，你是精華；如果你在五六個不同的行業做過10年，那你是精神病——企業討厭不斷開始的人，滾石不生苔，轉行不聚財。

國際化企業中，多元化（更多開始）的失敗案例遠遠比成功案例要多，就是因爲開始容易，達成很難。企業失敗往往不是因爲項目太少，而是項目太多。

萬科在當年爲什麼叫作萬科？因爲那個時候的萬科什麼都做。十幾個部門，從萬佳百貨到怡寶純淨水，每一個都小有建樹。王石在20世紀90年代末感覺到這種蠢蠢欲動的「開始愛好者」的風險。他頂住壓力賣掉了其他公司，專心做房地產；而且，在房地產領域，萬科不做別的，只做大型住宅社區；大型住宅社區不做別的，只做非市中心的大型住宅社區。正是由於這種專注，萬科成爲大型住宅社區的金字招牌。

哪個行業最好？哪個行業都好，只是看你能不能耐得住，有定力不去擺新攤位。

如何避免這種無意義、自娛性的開始？在這裡提供一個有效的方法。

上過我職業生涯發展工作坊的學生，會發現一個看似奇怪的規定：上完課後，7天內不准做出重大決定。有的學員不聽，偷偷做出重大決策，一般三個月後都後悔不迭。這背後的原因是：你在激動的情況下做出來的職業決定，根本不足以讓你堅持做下去。

我一個美國朋友給我講過一個約會原則：在社交場合認識的男孩或女孩，拿到對方聯繫方式以後的72小時之內，都不會給對方打電話，因爲這被認爲是一種尊重。72小時之內，你對對方的感情只是生理衝動和激情。但是，如果三天以後，你還是情不自禁，那麼就好好投入這段感情吧。

所以，如果你眞的想要認眞地開始，一定要讓自己等一等，再等一次，然後再等一次，最後才眞正開始。如果這個開始的激情都不能推動你三次等待，那一定是個夭折的開始。只有那種不可抑制地想開始的開始，才是有結果的開始；而那種等幾次就沒有了的開始，基本上屬於衝動。

如果你要區分一個開始是愛情還是孽緣，是投資還是消費，是職業跳槽還是「職業跳樓」，是冒險還是冒傻氣，都可以這樣判斷。

總的來說，開始讓人可以丟下不滿的現狀，進入一個全新的希望中。但正是因爲全新，所以你會損失很多過去。花費你的一部分過去，去購買一個未來，那就是一個開始的價值。

萬科典當了自己的多元化，購買回一個專業化的未來；邱吉爾典當了自己的政治失敗，購買回一個自信的未來。你的過去應該典當嗎？你購買的未來眞的爲你而來？這是每一個人在開始之前都值得思考的問題。

正如紀伯倫所說：「在每個開始中都有過去，在每個過去中都有開始。」

如果你眞的決定了，那麼就認認眞眞地開始吧。正如德蕾莎修女所言，上帝不需要你成功，上帝只需要你嘗試。

給殘酷世界的溫暖規劃

生命是個三腳架，你是哪一種？

你見過三腳架嗎？是不是這樣的：三腳架上面架著一臺照相機，用來記錄看到的東西。其實我們的生命也一樣。我們的生活也由三個支架組成：自我，家庭與團體，職業。這樣的支架支撐著我們的靈魂，也在記錄著我們的生命。

普通人就好像一個普通三腳架：分開站立著。你知道，三角是最穩定的結構。如果遇到不平的地面，只要調節腳的不同高度就好。就好像在不同的情況下，有的人生活之腳長，有的人職業之腳長。

聰明人則像更加穩固的聯動三腳架，他們會這樣設計自己的生命：他們會讓職業和家庭平衡，互不衝突，也讓它們有各自的位置。他們願意爲了家庭放緩一些自己的工作，原因很簡單——你會因爲左手沒了就把你的右手剁掉接過去嗎？如果不會，那麼爲什麼你的工作壓力大，就要犧牲家庭和生活呢？

聰明人還會讓自我注入職業與家庭，他們知道自己要在職業裡獲得什麼、不要什麼，他們也知道自己希望在家庭裡獲得什麼、不能做什麼。

慢慢地，他們的生命會變成最穩固的聯動三腳架。

但是大部分人都不懂這些，他們一次次地壓縮自我時間，減少家庭的時間，慢慢地，他們變成了一個單腳架！

單腳架有什麼問題呢？因爲它只有一條腿，所有的重量都壓在這條腿上，他們的這條腿變得不堪重負。另外，一條腿的腳架是無法站穩的，所以他們還必須依靠一個人。

現在很多女孩子不是要找一個「與自己奮鬥」的人，就是要找一個「讓自己不用工作」的人。在我看來，這兩種想法都莫名其妙。如果要找一個與自己奮鬥的人，幹嘛找丈夫，找個股東就好了！至於後者，自己不工作，簡直是毀掉家庭的最迅速方式之一。

生命如同三腳架

普通三腳架　聯動三腳架

楊梅，前知名企業的人力資源經理，她的丈夫事業有成，收入不菲。結婚後，對方收入很高，楊梅覺得自己這點收入沒什麼意思，於是乾脆不上班了，也不再和閨密混在一起，全身心地做一個幸福的家庭主婦。

問題也就從這時開始了。楊梅開始從一個「三腳架」退化為「單腳架」了。

晚上，楊梅最期盼的事情就是見到丈夫回來。為了準備晚飯，她專門從網上下載了一個食譜，做了整整一下午才做好。但是丈夫5點多打過來一個電話：「親愛的，晚上不能回家了，你先吃吧。」楊梅恨恨地說：「你不回來，我就不吃！」丈夫以為是賭氣，也就沒有多想。等到晚上11

點回家，看到的是一桌涼了的大餐和一個餓了5個小時、一肚子怨氣的女人。一場惡戰不可避免。這樣的事情發生了一兩次，丈夫回家也越來越晚了。

楊梅從那天開始不斷發脾氣、購物，懷疑丈夫有外遇，還跟蹤丈夫到公司……她覺得自己很委屈，你怎麼就那麼不關心我呢？丈夫也有點迷惑了：這還是幾年前認識的那個體貼入微的楊梅嗎？楊梅也覺得自己怎麼就變成以前最鄙視的那種已婚潑婦了呢？

到底是誰錯了？

這就是單腳架效應。楊梅把關注點都放在了丈夫身上，把另外兩個角色縮了回去。「單腳架」楊梅自然需要時時刻刻地依賴一個人，而這種24小時的注意力，誰能受得了？在注意力不對稱的情況下，楊梅自然就覺得丈夫不夠愛自己。

其實問題很好解決：**你可以不上班，但是你不能不工作，更不能沒有朋友圈**。如果我是楊梅，即使準備回歸家庭，我也要有一份自己的工作，也許是SOHO（居家辦公），也許是一份相對清閒的工作，有一些自己的收入和成就感。這樣的楊梅接到丈夫不回來吃飯的電話，就可以開開心心地找一群朋友來家裡吃自己做的菜，然後再一起出去做瑜伽、做美容、做頭髮。等到丈夫晚上11點回到家，看到一個美麗優雅的女人正在沙發上看書，看到自己後抬頭一笑說：「嗨，你回來啦！」她丈夫一定心中一驚，想：今後要早點回來，我老婆太有魅力了。

所以，生命是個三腳架，永遠不要讓自己斷掉兩條腿。

莫當「漏斗人」

我們的生命如何才能有意義？

生命是一個甜筒，而你就是那個筒底，而圓筒的半徑就是你生命的半徑。如果你能先讓自己過得不錯，那麼慢慢地你可以擴展到你的家人，然後是你的團隊，甚至更大的生命半徑——你可以爲你的國家、爲世界做些什麼。如果你慢慢地開始這麼做，你會覺得內心踏實，甜甜蜜蜜。

但是有這樣一種人，他們的外壁很大，但是底部卻是空的！他們不像甜筒，卻像一個漏斗。隨著能力的增強，他們的外壁越來越高，他們需要承擔的東西越來越多，但是卻沒有收穫到內心的快樂。

這是因爲他們底部的那個洞，他們沒有照顧好自己，所以不管你倒入多少幸福、成功，這些東西都會從那個洞漏走。這種人就是「漏斗人」。

一個人如果成了「漏斗人」，就會有源源不斷的責任、壓力，卻很少收穫到內心的喜悅。他們一邊給予，一邊又對對方的回報耿耿於懷，因爲他們自己也需要愛啊！

但是愛不是給出去的，而是溢出來的。只有充滿自己的心靈，然後還溢出來的，才是愛。

如果你是「漏斗人」，讓身邊的人快樂的同時，快讓自己快樂起來吧！

在三個時間段減少工作

幸福有時候就好像股票，只要有一兩次在正確的時候做出正確的選擇，那就賺大了。讓我告訴你投資幸福的最好的三個時間段。

第一，結婚前兩年。

結婚的時候，老人家最愛祝願新婚夫妻「早生貴子」，可這是一個好規劃嗎？

很多家庭選擇在結婚後馬上生孩子，其實他們錯過了投資感情的最好時機。兩個人需要一段時間，理清楚婚姻和戀愛的區別，明白雙方老人的關係和家庭脈絡。總之，你需要先建立好二人系統，而不是著急生孩子。

那些一上來就結婚、房子、孩子的家庭，會陷入下一段以孩子爲目標的衝刺中，等到孩子慢慢長大，不需要太多家庭支援的時候，他們倆才開始重新回到二人世界，開始補當年落下的課。所以爲什麼那麼多家庭會在孩子大一點的時候離婚，就是之前兩年沒有做好基礎工作！

巴菲特就面臨這樣的問題。他的太太蘇珊在婚後第二年就生下了大女兒，在三個孩子都離家以後，她開始覺得非常沒意思。她試圖從巴菲特那裡得到關注，但是雄心勃勃的巴菲特卻沒有注意。她想去非洲當志工，巴菲特的回答只是「我可以爲你買一個莊園」。最後蘇珊選擇了離開巴菲特，而這也成爲巴菲特今生「最大的一個失誤」。

巴菲特最大的兩次投資都和蘇珊有關，我之前說過，蘇珊才是眞正的股神。

我寫到這裡的時候，我的小姪女過來看了看，說：「你太土了！現在誰還結婚？」如果你是這樣的新新人類，這一段當我沒說過。

第二，孩子1～3歲和14～17歲。

孩子1～3歲，是基本性格的養成階段；而14～17歲，則是世界觀養成的階段。前一個階段，母親重點參與；後一個階段，父親重點參與。這兩個階段都是孩子養成性格的最關鍵時刻，需要我們從工作中抽出更多時間，投資在家庭中。

很多父母，在孩子這兩個關鍵階段並沒有投入，而且他們還不覺得有什麼問題——因爲這個時候，小孩子的殺傷力有限，不會出太大的亂子。但是一旦孩子到了18歲，你就等著麻煩吧。

更好的方式是，在這兩個「3年」，好好陪陪孩子，等到他18歲以後，也許你眞的再也不用煩了。

第三，父母70歲以後。

我認識一個培訓師，在專案管理方面，絕對算是國內數一數二的人。作爲專案管理培訓師，他對自己有清晰的規劃：每年上課時間不低於200天！記得他講出這個目標的時候，我們都在腦子裡計算：這個傢伙一年賺多少錢啊？

今年再遇到他，他卻變得很不一樣。問他爲什麼，他說，父親走了，急匆匆趕回家，只見到最後一面。

這讓我震驚，因爲我聽到類似的故事不止一次了。上一次是一個國際集團的總監，他接到父親病危的消息，從千里之外的上海向陝西的小村子裡趕，飛到西安，然後坐火車，換汽車，就在走到村口的時候，父親離開了。

還有一個教育專家，他在廣西講課，卻沒有能趕回去見自己奶奶最後一面。他說：「我講課的費用是1萬元，但是那算什麼啊！我奶奶死的時候還在說，我的孫子呢？」他回家以後決定賣掉公司，他說我不想再錯過什麼了。

爸爸告訴我，他一生最遺憾的有兩件事情。第一件就是爺爺的離開。他說那個時候自己在礦山，幹活太拚命了，接到爺爺生病的通知，總是想著再做一會兒。最後下病危通知了，爸爸才匆匆趕回去，到家上樓，爺爺已經不認得爸爸了，下樓吃飯時，聽到樓上喊不行了，爺爺就走了。

第二件是奶奶的過世。奶奶是在廁所摔了一跤去世的，樣子很安詳，好像睡著一樣。當時奶奶80多歲了，算是喜喪。聽姑姑說，奶奶去世前一天，一直站在窗前往外看，想看看我們一家會不會過來。當時爸爸在研究所當所長，他們15日這一天要出一個項目。員工加班，他也不好意思走。等到聽到奶奶去世的消息，已經是第二天早上9點多了。爸爸很自責，現在看起來，提前15天完成工作眞的很重要嗎？比見奶奶一面還重要嗎？

其實工作和公司都沒有錯，如果能夠懂得更好的規劃，我們完全能夠避免這樣的遺憾。在30～40歲的時候留一段時間，那是爺爺奶奶80歲左右的時候；在50～60歲的時候留一段時間，那是父母80歲左右的時候。每年專門空出三五天去看看他們，不要在接到病危通知以後，帶著負罪感，再去看那個已經躺在病床上痛苦不堪的人。同樣的時間，爲什麼不分享幸福，而去分享痛苦呢？爲什麼不在他們身體還好的時候陪他們下下棋，聽聽他們的抱怨呢？

那些對你重要的人，在他們80歲以後，每年抽出時間陪陪他們，即使每年只有5天，一生也只需要花你不到兩個月的時間，但你會有一輩子的安寧。

做自己比成功更重要

你有過這樣的感受嗎？身心疲憊，做什麼都沒有意思，也不再有什麼新鮮感，不知道這份工作能給你帶來什麼。你一邊問自己，眞的要這樣下去嗎；一邊又告誡自己，別放棄，這可是一份大家都認爲很好的工作呢！

其實，這個世界不只有一條大路，還有許多密密麻麻的小路，帶領你走向不可知的遠方。如果別人的羨慕和頭頂的光環不能夠兌換成自己的幸福和快樂，那又有什麼價値呢？

如果饑荒，買不到吃的，你拿著黃金有什麼用呢？

如果心「荒」，換不回快樂，你頂著光環有什麼用呢？

爲什麼要用自己的生命，來點燃別人眼中的光環？

你可以不成功，但是不能不成長。成長是什麼？成功和成長有什麼區別？

卡繆說：「人是這樣奇怪的一種動物，一方面希望自己進入群體，一方面又需要自己與衆不同。」一人一方面有社會性，需要社會評定，一方面又希望有自己的個性。

亞里斯多德也說：「人格就是社會與天性的結合。」

成功，就是我們在群體裡玩的一種遊戲。

成功的標準由社會評定，標準單一，這就意味著人人成功永遠不可能。且不說對結果的攀比，更大的問題是我們每一個人都生而不同，又怎麼可能用同一把尺衡量成功。所以，成功不可能是大部分人的出路。作爲一種比較後的結果，成功永遠是小衆的、不民主的，無法滿足大部分人的單一的社會標準。作爲一個集體遊戲，成功永遠都是少數人歡笑、多數人哭泣。

我們這個世界已經因承擔了太多太久物質上的成功而疲憊不堪，這些成功污染了天空，弄髒了海洋，把核彈頭的威脅散佈到整個世界。最「成功」的國家美國，一個人對世界的污染比發展中國家60個人都要高。80%的資源，由20%的人類消耗掉。成功人士講究吃遠洋的乾淨魚類，但如果全世界的人都像他們這樣吃，全地球海裡的魚只夠我們吃一天。如果全世界的人都像他們一樣享受，地球上的資源又能撐多久？

什麼是成長？成長是你內心的一個尺度。你能夠感覺到成長，內心知道自己會成長爲什麼樣子。就好像一粒橡樹籽，無須教導，也會成長爲一棵挺拔的橡樹。世界上每一個人都可以成長爲自己最好的樣子，同時每一個人也擁有關於成長爲這個樣子所有的資源。

成功的遊戲永遠是排他的，一個樂團永遠只會有一個主提琴手，但是不同的樂器卻可以演奏出一首交響樂；一個國家只有一個首富，但是每一個人都可以登上自己的幸福高峰；一個班級只會有一個第一名，但是成長的遊戲卻有很多贏家。每一個人都有權利成爲籃球界第一、攝影界第一、莫名其妙自信界第一。中國只有一個清華、一個北大，但是中國另外的3000多所大學可以有各自的精彩。

羅素說，孔雀是世界上最溫順的鳥，那是因爲每一隻孔雀都認爲自己是最美麗的。

我們這個世界無法承擔更多的單一的成功，它需要全新的方式去滋養更多的人，讓他們更加快樂。那就是讓每一個人擺脫既有的成功定義，眞正享受作爲自己、一個獨特的自己的快樂。因爲到了那一天，每一個人都能感受到自我實現的快樂，每一個人都能享受到對方存在的樂趣而不是競爭。

這個世界因爲我而有所不同，我因爲這個世界而更加精彩，這才是這個新世紀應有的價值觀。

這個世界一定是一個從「我有什麼」到「我是誰」的世界。

這個世界一定是一個從成功到成長的世界。

這個世界一定是一個每個人都能成長爲自己樣子的世界。

人生顧問 451

拆掉思維裡的牆

改變心智模式，過你想要的人生

作者 古典

副總編輯 羅珊珊
特約編輯 温淑閔
責任編輯 蔡佩錦
校對 蔡榮吉
內頁排版 江麗姿
封面設計 任宥騰
行銷企劃 趙鴻祐

初版一刷 2022 年 7 月 1 日
定價 420 元
ISBN 978-626-335-473-9
Printed in Taiwan

總編輯 龔橞甄
董事長 趙政岷
出版者
時報文化出版企業股份有限公司
108019 臺北市和平西路三段 240 號四樓
發行專線 02-2306-6842
讀者服務專線 0800-231-705・02-2304-7103
讀者服務傳眞 02-2304-6858
郵撥 19344724 時報文化出版公司
信箱 10899 臺北華江橋郵局第 99 信箱
時報悅讀網 www.readingtimes.com.tw
思潮線臉書 https://www.facebook.com/trendage
法律顧問理律法律事務所陳長文律師、李念祖律師
印刷勁達印刷有限公司

時報文化出版公司成立於一九七五年，
並於一九九九年股票上櫃公開發行，於
二〇〇八年脫離中時集團非屬旺中，以
「尊重智慧與創意的文化事業」爲信念。
（缺頁或破損的書，請寄回更換）

拆掉思維裡的牆：改變心智模式，過你想要的人生 / 古典著 . -- 初版 . -- 臺北市：時報文化出版企業股份有限公司，2022.07
面； 公分 --（人生顧問；451）

ISBN 978-626-335-473-9（平裝）
1.CST: 人生哲學 2.CST: 生活指導

191.9 111007242